Andreas Reisen

Der Passexpedient

Geschichte der Reisepässe und Ausweisdokumente – vom Mittelalter bis zum Personalausweis im Scheckkartenformat

Nomos

Die Deutsche Nationalbibliothek verzeichnet diese Publikation in der Deutschen Nationalbibliografie; detaillierte bibliografische Daten sind im Internet über http://dnb.d-nb.de abrufbar.

ISBN 978-3-8329-7471-8

1. Auflage 2012

Ein Vorwort, oder: Der Passexpedient

Am 1. November 2010 wurde in Deutschland der neue elektronische Personalausweis eingeführt. Aufgrund seiner neuen Funktionen wurde er bereits mit Spannung erwartet. Denn im Zeitalter von Internet, YouTube und mp3 spielt der neue Personalausweis eine noch vor zehn Jahren nie erwartete Rolle. Alleine die Planungszeit umfasste rund fünf Jahre. Seit November 2010 kann sich jede Bürgerin und jeder Bürger sicher im Internet identifizieren - ohne Angst vor Phishing oder anderen Formen des Identitätsbetrugs.

Aber lassen Sie uns zunächst einen Blick in die Vergangenheit der Pässe und Ausweise sowie auf die vor 150 Jahren handelnden Personen werfen:

Einen der ältesten Hinweise auf einen sogenannten Pass-Expedienten, also dem Vorsteher eines Paß-Bureaus, habe ich in einem sehr seltenen Buch aus dem Jahre 1863 aus dem Verlag der königlichen geheimen Ober-Hofbuchdruckerei (R. Decker) gefunden, das mir vor einigen Jahren in einem Antiquariat in Warschau glücklicherweise in die Hände gefallen ist.[1] Neben einer Beschreibung aller damaligen Ministerien findet man dort auch einen Eintrag zum seinerzeitigen preußischen Paß-Bureau und dem für das Passwesen in Preußen verantwortlichen Beamten: “Hr. Koltzenborg, Geh. Rechn. Rath und Paß-Expedient, Ritterkreuz 3. Klasse“.

Nun fast 150 Jahre später gibt es diese Aufgabe im Bundesministerium des Innern immer noch und ich darf mich glücklich schätzen diese Aufgabe heute innezuhaben. Zu den Aufgaben des “Paß-Büros” gehören selbstverständlich immer noch die Aspekte der Sicherheit und Ausgestaltung hoheitlicher Dokumente. Dass aber inzwischen auch Fragen der Biometrie, der Chiptechnologie und der Kryptographie dazugehören, hätte sicherlich 1863 niemand erwartet.

In diesem Sinne möchte ich mit dem vorliegenden Buch einen Bogen der letzten 220 Jahre aufspannen: vom Reisepass der damaligen Zeit auf einem großen Papierbogen bis zum neuen Personalausweis in Scheckkartenform. Das Buch erhebt dabei nicht den Anspruch eines historischen Lehrbuches sondern vermittelt vielmehr die Entwicklung der Reise- und Identitätsdokumente über die Zeit. Schwerpunkte des Buches sind dabei die Dokumente selbst sowie die Gesetze und Verordnungen, die ihnen zugrunde lagen.

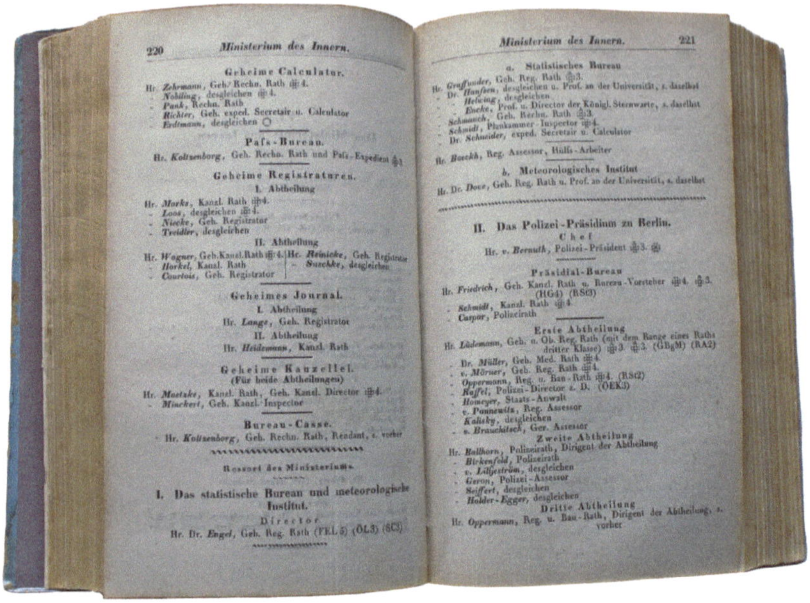

220 *Ministerium des Innern.*

Geheime Calculatur.

Hr. *Zehrmann*, Geh. Rechn. Rath 4.
- *Nobiling*, desgleichen 4.
- *Pank*, Rechn. Rath
- *Richter*, Geh. exped. Secretair u. Calculator
- *Erdmann*, desgleichen

Pass-Bureau.

Hr. *Koltzenborg*, Geh. Rechn. Rath und Pass-Expedient

Geheime Registraturen.

I. Abtheilung

Hr. *Morks*, Kanzl. Rath 4.
- *Loos*, desgleichen 4.
- *Niecke*, Geh. Registrator
- *Treidler*, desgleichen

II. Abtheilung

Hr. *Wagner*, Geh. Kanzl. Rath 4.
- *Horkel*, Kanzl. Rath
- *Courtois*, Geh. Registrator

Hr. *Reinicke*, Geh. Registrator
- *Suschke*, desgleichen

Geheimes Journal.

I. Abtheilung

Hr. *Lange*, Geh. Registrator

II. Abtheilung

Hr. *Heidemann*, Kanzl. Rath

Geheime Kanzellei.

(Für beide Abtheilungen)

Hr. *Mastzke*, Kanzl. Rath, Geh. Kanzl. Director 4.
- *Minckert*, Geh. Kanzl. Inspector

Bureau-Casse.

Hr. *Koltzenborg*, Geh. Rechn. Rath, Rendant, s. vorher

Ressort des Ministeriums.

I. Das statistische Bureau und meteorologische Institut.

Director

Hr. Dr. *Engel*, Geh. Reg. Rath (FEL5) (ÖL3) (SC3)

Ministerium des Innern. 221

a. Statistisches Bureau

Hr. *Graffunder*, Geh. Reg. Rath 3.
- Dr. *Hanßen*, desgleichen u. Prof. an der Universität, s. daselbst
- *Helwing*, desgleichen
- *Encke*, Prof. u. Director der Königl. Sternwarte, s. daselbst
- *Schmauch*, Geh. Rechn. Rath 3.
- *Schmidt*, Plankammer-Inspector 4.
- Dr. *Schneider*, exped. Secretair u. Calculator

Hr. *Boeckh*, Reg. Assessor, Hülfs-Arbeiter

b. Meteorologisches Institut

Hr. Dr. *Dove*, Geh. Reg. Rath u. Prof. an der Universität, s. daselbst

II. Das Polizei-Präsidium zu Berlin.

Chef

Hr. v. *Bernuth*, Polizei-Präsident 3.

Präsidial-Bureau

Hr. *Friedrich*, Geh. Kanzl. Rath u. Bureau-Vorsteher 4. 3. (HG4) (RSt3)
- *Schmidt*, Kanzl. Rath 4
- *Caspar*, Polizeirath

Erste Abtheilung

Hr. *Lüdemann*, Geh. u. Ob. Reg. Rath (mit dem Range eines Raths dritter Klasse) 3. 3. (GBgM) (RA2)
- Dr. *Müller*, Geh. Med. Rath 4.
- v. *Mörner*, Geh. Reg. Rath 4.
- *Oppermann*, Reg. u. Bau-Rath 4. (RSt2)
- *Raffel*, Polizei-Director z. D. (ÖEK3)
- *Homeyer*, Staats-Anwalt
- v. *Pannewitz*, Reg. Assessor
- *Kalisky*, desgleichen
- v. *Brauchitsch*, Ger. Assessor

Zweite Abtheilung

Hr. *Ballhorn*, Polizeirath, Dirigent der Abtheilung
- *Birkenfeld*, Polizeirath
- v. *Liljeström*, desgleichen
- *Geron*, Polizei-Assessor
- *Seiffert*, desgleichen
- *Holder-Egger*, desgleichen

Dritte Abtheilung

Hr. *Oppermann*, Reg. u. Bau-Rath, Dirigent der Abtheilung, s. vorher

Abbildung 1: Hinweis im Königlich Preussischen Staats-Kalender für 1862 und 1863 auf den Paß-Expedienten Koltzenborg

Nach meinen Recherchen ist dieses Buch erst der zweite Versuch, eine möglichst vollständige Darstellung des Pass- und Ausweisens für Deutschland zu erreichen. Die erste Veröffentlichung zur Entwicklung des Passwesens erfolgte im Jahr 1866 durch den Geheimen Regierungsrath Hugo Häpe.[2] Dessen Arbeit ist von besonderer Bedeutung und ermöglichte mir nicht nur einen fokussierten Blick ins Mittelalter mit Hinweisen auf zahlreiche Quellen, sondern ist mit ihrer vergleichenden Gegenüberstellung der Passsysteme der Deutschen Bundesstaaten Mitte des 19. Jahrhunderts einzigartig. Wie Herr Häpe zu der damaligen Zeit eine so bedeutende und weit zurückreichende Recherche zum Passwesen gelang, ist auf den ersten Blick kaum nachvollziehbar und auf den zweiten sehr wohl verständlich: Er war im sächsischen Innenministerium unter anderem für die Öffnung der Dresdener Bibliothek zuständig und machte deren Bestand einem breiteren Publikum zugänglich. Ebenfalls sorgte er für die Beschaffung historischer Werke, um das Bibliotheksangebot zu erweitern. Die Besorgung von Recherchematerial dürfte für Herrn Häpe also kaum problematisch gewesen sein. Nachträglich recht herzlichen Dank dafür.

Ich wünsche Ihnen eine angenehme Lektüre.

Ihr Andreas Reisen, Berlin im Mai 2012

Inhalt

4 Pass- und Ausweisrecht von 1987 bis heute

Nachwort

Danksagung

Anhang

Einleitung

Abgrenzung zum Mittelalter und zum Beginn der Neuzeit

Reisen war früher Privatangelegenheit. Soll heißen, man reiste auf eigenes Risiko und meist zu Fuß. Der beschwerlichen Reise lag dabei in der Regel ein konkreter Zweck zugrunde, zum Beispiel Handel zu treiben oder Nachrichten zu überbringen. Bereits 1500 v. Chr. gab es sogar erste Anzeichen einer Art von Bildungstourismus in Ägypten. Die gebildete Bevölkerung war schon damals bestrebt, sich durch Reisen fortzubilden bzw. zu unterhalten. Ziele waren vor allem die altägyptischen Sehenswürdigkeiten wie die Stufenpyramide zu Sakkara oder die Sphinx. Manche nahmen aber auch die Beschwerlichkeiten einer Reise auf sich, weil sie sich um ihre Gesundheit sorgten und deshalb Orte aufsuchten, die wegen ihrer medizinischen Heilwirkung bekannt waren. Thermal- und Kurbäder, wie die römische Vorstadt Baiae oder die Stadt Wiesbaden waren Ende des 1. Jahrhunderts begehrte Reiseziele. Wiesbaden etwa geht auf ein römisches Thermalbad zurück, das Aquae Maltiacea, welches 40 n.Chr. gegründet wurde.[3]

Bei derartigen Reisen, ob aus gewerblichen, gesundheitlichen oder touristischen Zwecken, reiste man in der Regel durch fremdes Gebiet. Besitztümer in Form von Ländereien waren gerade im Mittelalter eine enorme Einnahmequelle, sei es durch den landwirtschaftlichen Ertrag, den sie erwirtschafteten, oder durch die Einnahmen von Wegezöllen. Investitionen in ein Straßensystem dienten zwar auch der eigenen Bequemlichkeit, dieses aber kostenfrei Reisenden zur Nutzung - also für die Reise - zu überlassen, kam in der Regel nicht in Betracht. Wege und Straßen waren fast immer Privatbesitz von Grafen, Fürsten oder Lehnsherren. Diese hatten vor allem ein Sicherheitsinteresse daran festzustellen, ob Untertanen oder aber Fremde sich auf ihren Besitztümern aufhielten. Fremde standen zunächst einmal unter Generalverdacht. Andererseits bestand aber das Interesse, Kaufleute aus fernen Landen ins Land zu holen, damit diese ihre Waren auf Messen und Märkten zum Verkauf anboten. Die Reise dorthin stellte die Händler jedoch oft vor die Entscheidung über Leib und Leben im Tausch gegen die anzubietende Ware, wenn nämlich Wegelagerer oder Räuber leicht verdiente Beute suchten.

Es lag also nahe, den erwünschten Einreisenden Schutz und Geleit zu gewähren. In der Regel fiel für deren Gewährung die Entrichtung von Zöllen an. Um den Handel in Europa zu unterstützen, stellte Kaiser Friedrich II. im 13. Jahrhundert die Händler und Kaufleute unter seinen persönlichen Schutz. Die Handlungsreisenden erhielten dazu von ihm einen so genannten Geleitbrief, den Vorläufer der Reisepapiere so wie wir sie heute kennen. Jedoch gab es immer wieder Streit, ob die lokalen Fürsten des Heiligen Römischen Reiches oder aber der König bzw. der Kaiser für die Gewährung des Geleits sowie der damit einhergehenden Pflichten und Einnahmen zuständig waren. Mit dem „Statut zugunsten der Fürsten“[4] beendete Kaiser Friedrich II. den Disput im Mai 1232 und stand das Geleitrecht den Fürsten für ihre eigenen Ländereien zu. Im Reichsabschied von 1235 drohte Friedrich II. sogar, *„dass über Die, so Einen, der Geleit hat, zu Leide die Straßen angreifen, gerichtet werden soll, als über Straßenräuber“*.[5] Den folgenden Kaisern war dies so wichtig, dass dies im Landfrieden 1281 des Kaisers Rudolf und im Landfrieden des Reichstages zu Würzburg 1287 explizit bestätigt wurde. Auch Kaiser Karl IV. drohte in der Goldenen Bulle 1356 mit höchster Acht, sollten die unter kaiserlichem Geleitschutz stehenden Wahlherren und Botschafter bei ihrer Anreise zur Wahl des Kaisers angegriffen werden.[6]

Mit den „Maßregeln gegen herrenloses Gesindel, Bettler, Müßiggänger und Zigeuner“ befassten sich die jeweiligen Reichstage zu Augsburg 1530 und 1548 sowie zu Regensburg 1541 und legten diese in der „Ordnung und Reformation guter Polizei“ fest. Das Dokument von 1548 sah vor, dass *„herrenloses und zusammengelaufenes Gesindel, welches wo es keinen Herrn oder Vorsprecher anzuzeigen hätte, ohne mäunlichs Nachtheil und Schaden außer Landes, so viel möglich, gebracht werden soll, sofern sie sich aber auf den Kaiser oder auf seinen Bruder ansagen und desselben einen guten Schein und Urkund haben würden, soll man sie gehorsamlich auf ihre Kosten passieren lassen.*“[7] Zigeuner wurden nach der Verordnung von 1530 des Landes verwiesen. Geleit durfte ihnen seitdem nicht mehr gewährt werden.

Die beiden nachfolgend dargestellten Geleitbriefe waren typisch für die damalige Zeit. Sie stellen in dem einen Fall die Person, in dem anderen das zu transportierende Gut unter Schutz. Der Geleitbrief Kaiser Karls V. ermöglichte Martin Luther die sichere Reise nach Worms, um 1521 am Reichstag teilzunehmen, kann aber sicherlich gleichfalls als „Ladung zum Verhör“ interpretiert werden. Schließlich war wesentlichster Tagesordnungspunkt des Reichstages die Anhörung Luthers zu den in seinen zuvor erschienenen Büchern vertretenen religiösen Ansichten und der vom Kaiser erwartete Widerruf Luthers. Wie wir heute wissen, hatte der Kaiser sich getäuscht. Luther blieb bei seinen Standpunkten. Der Reichstag endete mit seiner Ächtung.

Der zweite Geleitbrief wurde um 1700 für die Barke Carlo Perodis in Venedig ausgestellt. Perodi sollte im Auftrage der Mailänder Handelsgesellschafter Mollo, Venino und Visconti Salz beschaffen. Venedig war zu dieser Zeit Hauptumschlagsplatz für Salz in Europa, das in Nordafrika beschafft wurde. Die durch das Dokument belegte Reise ging von Tripolis nach Cremona und Pavia.

Geleitbrief Kaiser Karls V.

für Luther zur Reise nach Worms 1521

(Original in der Gräflich Wallenrodtschen Bibliothek zu Königsberg in Preußen)

Wir Karl der Fünfft von gots gnaden erwelter Romischer Kaiser. zu allen zeitten Merer des Reichs etc. in Germanien zu Hispani. baider Sicilien Iherusalem Hunngern. Dalmatien. Croacien etc. Kunig. Ertzhertzog zu Osterreich. und Hertzog zu Burgundi. Grave zu Habspurg. Flanndern. und Tirol etc. — Bekennen als wir aus beweglichen Ursachen. Martin Luter Augustiner Ordens Her gen Wormbs erfordert. das wir jin deshalben unnser und des heiligen Reichs Freygestrackh sicherhait und Gelait. wider menigklich gegeben und zugesagt haben. Und tun das von kaiserlicher macht. wissenntlich in krafft diß briefs. Also das Er in Einundzwaintzig tagen. den nechsten nach uberantwurttung diß unnsers briefs. her gen Wormbs kumen. und daselbs unnser und des Reichs Stennde hanndlung. auswartten. und darnach von dannen. bis wider an sein sicher gewarsam ziehen sol und mag. von unns und allermenigklichen unbelaidigt und unverhindert. Und gepieten darauf allen Churfursten. Fursten geistlichen. und weltlichen. Prelaten. Graven. Freyen. Herrn. Rittern. Knechten. Haubtleuten. Vitzrumben. Vogten. Phlegern. Verwesern. Ambtleutten. Schultheißen. Burgermaistern. Richtern. Reten. Burgern. gemainden. und sonst allen andern unnsern und des Reichs Unnderthanen und getrewen. in was wirden stats. oder wesens die sein. ernnstlich mit disem Brief und wellen. Daz Sy sollen unnser und des Reichs sicherhait und Glait. an dem gedachten Martin Luter. stett und veßt hallten. Ine auch. in seinem hin und wider ziehen. gelaitten. und gelaittet zu werden verschaffen. und Ine dawider nit belaidigen. noch. bekumern. noch des yemands annderm zutun gestatten. in kein weise. als lieb ainem yeden sey. Unnser und des Reichs swer Ungnad. und straff zu vermeiden. das mainen wir ernnstlich. Mit Urkhundt diß briefs. Geben in unnser und des Reichs Statt Wormbs am Sechsten tag des monedts Martii. Nach Christi geburde funftzehenhunndert. und Ain und zwaintzigisten. Unseres Reiche des Römischen im Andern und der anndern aller im Sechsten Jaren. —

Ad mandatum domni
Imperatoris manu propria

CAROLUS

Albertus Cardinalis
Moguntinus Archicancellarius subscripsi
Niclas Zwyl.

Abbildung 2: 1521 Geleitbrief Kaiser Karls V. für Martin Luther zur Reise nach Worms 1521, Übersetzung

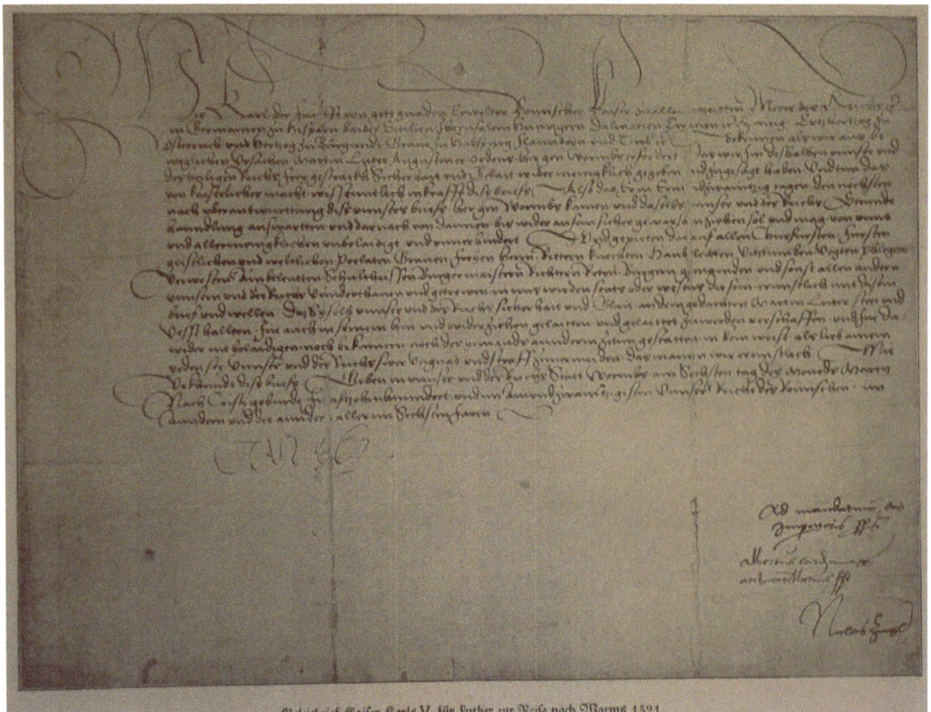

Geleitbrief Kaiser Karls V. für Luther zur Reise nach Worms 1521

Abbildung 3: 1521 Geleitbrief Kaiser Karls V. für Martin Luther zur Reise nach Worms 1521[8]

Den Begriff Reisepass findet man belegbar erstmals in seinen damaligen Sprech- und Schreibweisen „paß porten“, „pass porten“ „Paszporten“, „Pas Port“, „bassbort“, „PasPart“, „bostparten“, „postparten“, „Passbort“, „postport brieff“ seit Anfang des 16. Jahrhunderts (1523).[9] [10] Insbesondere werden die paß porten in der Reiterbestallung als Ergebnis der Verhandlungen auf dem Reichstag zu Speyer 1570 erwähnt. Die Bestallung wurde in der Reichskriegsordnung (Artikel 89) festgehalten. Dort heißt es: „*Ob dann wir, der Römisch Kayser, oder vnser feldtobrister leutenant ein oder mehr personen, stätt, flecken, märckt, dörffer, häuser vnnd andere güter mit glait, paß porten, salua guardia, freihaiten oder andern begnadigungen versehen vnnd versichern würden, so sollen diese bestelte reutter oder jemandt von jhrentwegen dawider nicht handeln oder thun, in kainerlay weiß, sondern sie dabey pleiben zulassen bey jren pflichten schuldig seyn.*“[11]

Neben den Geleit-Briefen (Glait) und den paß porten werden dort auch die kaiserlichen Schutzbriefe „salua guardia“ als privilegierte Ausweisdokumente aufgeführt. Mit diesen Schutzbriefen wurden deren Inhaber mit ihren Familien sowie mit Hab und Gut unter den Schutz des Kaisers gestellt. Angreifern wurde mit hohen Strafen gedroht. Das kaiserliche Wappen durfte an den Besitztümern angebracht werden. Auch die Commercienordnung Kaiser Josephs vom 8. Juni 1705 greift 135 Jahre später die Begriffe „passeporten" und „Salvaguardien" noch auf. In Artikel 12 heißt es, „*dass die trafiquirenden Handelsleute, derselben Bediente, Fuhrleute und Angehörige bei erheischender Nothdurft auf Verlangen mit Passeporten, Salvaguardien und Convoy (dergleichen sie jedoch wider Willen auszulösen keineswegs angehalten, sondern auch ohne dieselben die Waaren sicher, frei und ohne einig Hinderniß passiret, noch hingegen wegen solcher Passeporten, Salvaguardien und Convoy nicht etwas wider diese Verordnung zugelassen werden soll) versehen und ihnen an die Hand gegangen werde.*"[12]

N. 147 –

Burchio del Patron

CON il Nome di Dio à buon ſalvamento à Caricato per conto de Signori Mollo, Venino, Viſconti Compagni Partitanti del Tranſito de Sali per l'Impreſa dello Stato di Milano. Il Patron
con ſua Barca, & Alibi Moggia di queſta miſura di Venezia Sale di ben condizionato, per doverlo condurre à Cremona, e Pavia, e conſegnarlo nelli Reggi Magazeni deſtinati à detti Signori Partitanti. In fede dico Moza 90 –

Abbildung 4: Geleitbrief Venedig um 1700 für die Barke Carlo Perodis

Reisende ließen sich aber auch Empfehlungsschreiben von bekannten Lehnsherren, angesehenen Bürgern, dem Adel oder Geistlichen ausstellen. Auch diese Art der Fürsprache und Leumundszeugnisse erfüllten meist ihren Zweck, jedoch nahe liegender Weise nur in einem gewissen regionalen Umfang. Geleitbriefe waren dabei immer Sicherungsmittel im Interesse des Reisenden selbst und daher freiwillig. Einen Zwang zur Beantragung derartiger Reisepapiere gab es im Mittelalter und zu Beginn der Neuzeit nicht.

Grundsätzlich empfahl es sich aber, Reisedokumente auf seinen Reisen mitzuführen. Vor allem zu den Zeiten der großen Seuchen. Nachdem Anfang des 18. Jahrhunderts die Pest wieder in Polen und Ostpreußen und zuletzt 1720 in Marseille[13] aufgetreten war, erteilte man Handlungsreisenden Sanitätszeugnisse als Reisepässe, damit diese nicht am Ziel ihrer Reise vor verschlossenen Toren standen, weil man dort eine Neuansteckung durch Fremde befürchtete. Das hier abgebildete Sanitätszeugnis aus dem Jahre 1721 der Familie van Bree aus Amsterdam belegt etwa deren Stofflieferung nach Augsburg (Augusta Vindelicorum) und dass in Amsterdam keine Pestfälle mehr aufgetreten waren.

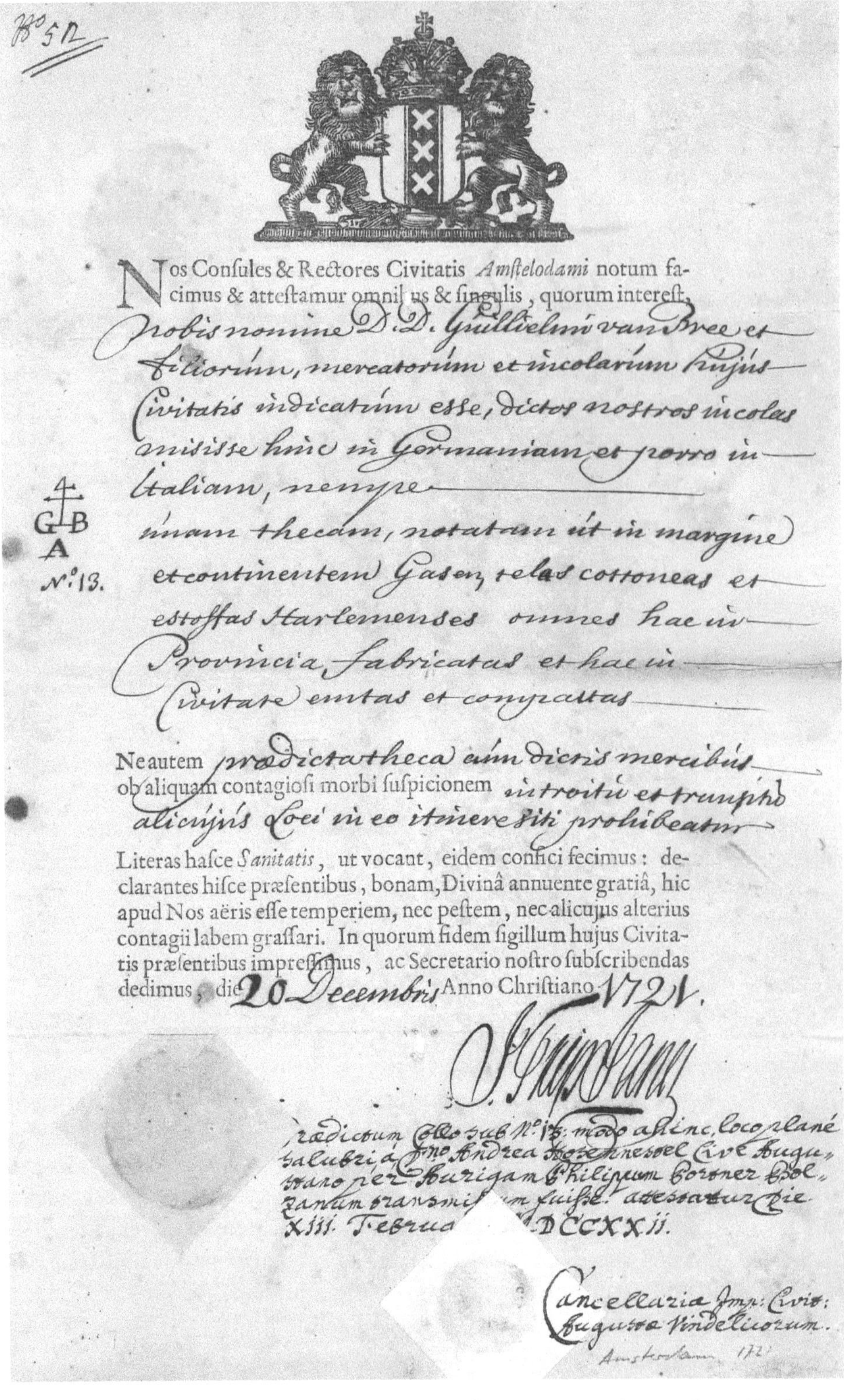

N° 52

Nos Consules & Rectores Civitatis *Amstelodami* notum facimus & attestamur omnibus & singulis, quorum interest,
Nobis nomine D.D. Guillielmi van Bree et filiorum, mercatorum et incolarum hujus Civitatis indicatum esse, dictos nostros incolas misisse hinc in Germaniam et porro in Italiam, nempe unam thecam, notatam ut in margine et continentem Gasen, telas cottoneas et estoffas Harlemenses omnes hac in Provincia fabricatas et hac in Civitate emtas et compactas

4
G B
A
N°. 13.

Ne autem praedicta theca cum dictis mercibus ob aliquam contagiosi morbi suspicionem introitu et transitu alicujus Loci in eo itinere siti prohibeatur
Literas hasce *Sanitatis*, ut vocant, eidem confici fecimus: declarantes hisce praesentibus, bonam, Divinâ annuente gratiâ, hic apud Nos aëris esse temperiem, nec pestem, nec alicujus alterius contagii labem grassari. In quorum fidem sigillum hujus Civitatis praesentibus impressimus, ac Secretario nostro subscribendas dedimus, die 20 Decembris Anno Christiano 1721.

[illegible]

Praedictum Collo sub N°. 13: modo adhinc loco plane salubri a Dno Andrea [illegible] Cive Augustano per Aurigam Philippum Kortner Bolzanum transmissum fuisse attestatur die XIII. Februa[illegible] [illegible]DCCXXII.

Cancellaria Imp: Civit: Augustae Vindelicorum.

Amsterdam 1721

Abbildung 5: Sanitätszeugnis der Familie van Bree, Amsterdam, 1721

Es gab allerdings auch die Pflicht zum Mitführen gültiger Reisepapiere für verschiedene Gruppen von Personen. Zur Legitimation beurlaubter, invalider oder entlassener Soldaten wurden Reisepässe ausgestellt, um insbesondere Deserteure aufzugreifen. Bereits der französische König Ludwig XI. machte 1462 derartige Dokumente zur Vorschrift für Soldaten, die sich offiziell von der Truppe entfernen durften.[14] Auch Pilger und Wallfahrer, etwa zum Besuch der Kathedrale von Santiago de Compostella, wurden 1590 durch Philipp II. verpflichtet, entsprechende Dokumente mitzuführen.[15] Nach dem abgebildeten Urlaubs-Paß des Königlichen Bayerischen 2. Artillerie Regiments hatte beispielsweise der Soldat „Anton Heidecker" auf unbestimmte Zeit Urlaub erhalten. Heidecker konnte mit diesem Dokument frei und ungehindert nach Hause reisen.

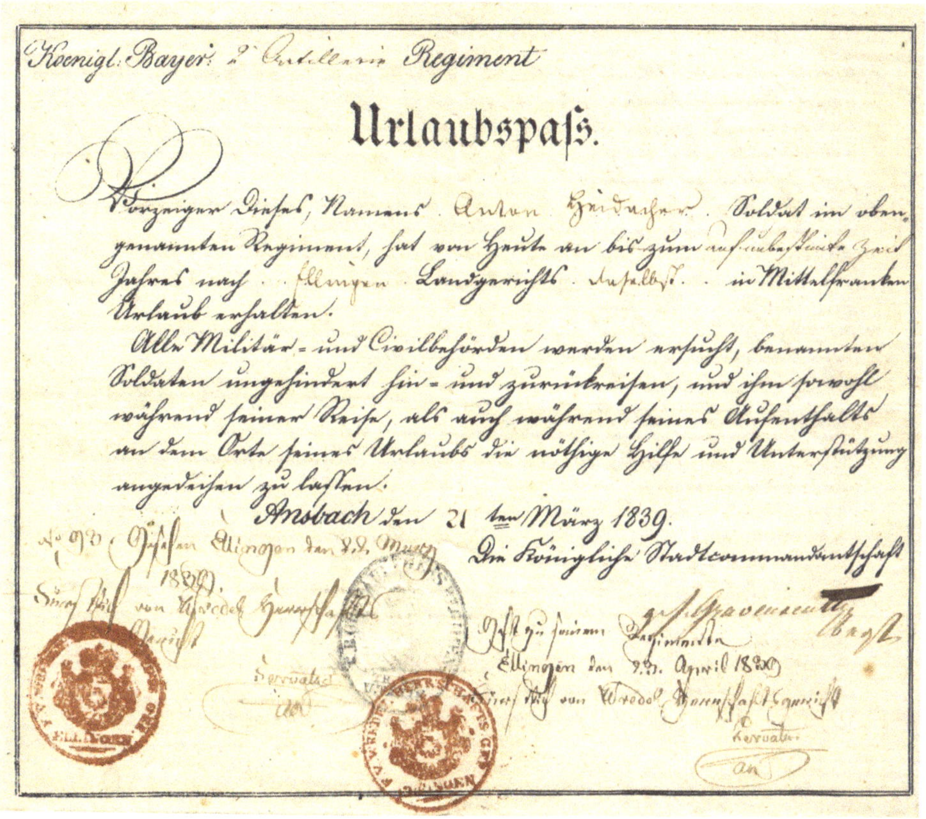
Koenigl: Bayer: 2 Artillerie Regiment

Urlaubspaß.

Ansbach den 21 ten März 1839

Abbildung 6: Urlaubs-Paß des Königlichen Bayerischen 2. Artillerie Regiments, Ansbach, 1839

Mit diesem Buch soll auf das Mittelalter und die frühe Neuzeit nicht weiter eingegangen werden. Wer sich intensiver mit Fragen der Identifizierung dieser Epochen auseinandersetzen möchte, dem empfehle ich die Arbeit von Hugo Häpe sowie die Lektüre des Buches „Der Schein der Person“ von Valentin Groebner, wobei letzterer seinen Schwerpunkt auf die Zeit des 13. bis 17. Jahrhunderts gesetzt hat. Dieses Buch hier schließt nahtlos an. Fragen zur Historie des Meldewesens und der damit einhergehenden Register werden hingegen sehr ausführlich von Holger Mühlbauer[16] behandelt.

Was der Leser erwarten darf

In der Übergangszeit vom 18. in das 19. Jahrhundert, beginnend mit der französischen Revolution bis etwa 1830, spielte ein besonderes Phänomen für das Passrecht eine neue Rolle: die organisierte Kriminalität. Während der Schinderhannes (Johannes Bückler, 1779 - 1803) meist nur aus Räubergeschichten und Romanen bekannt ist, standen seine Taten in unmittelbarem Zusammenhang mit den Folgen der französischen Revolution, den gewonnenen persönlichen Freiheiten und den Verschärfungen im Passwesen. Nachdem so etwas wie eine Polizei im Reich zur Überwachung des Reiseverkehrs zu Beginn des 18. Jahrhunderts insbesondere mit Blick auf die Fremden allenfalls in den größeren Städten existiert hatte, entstand schließlich auf Grundlage landesrechtlicher Regelungen erstmalig eine Landespolizei, die den Reisenden auch entsprechende Reisepapiere abverlangte. Bereits 1715 sah man sich in Sachsen nämlich mit dem „Mandat wider die Bettler, Landstreicher und ander böses Gesindel“ vom 7. Dezember 1715 gezwungen zu regeln, *„dass Niemand von den Ausländischen ohne einen richtigen, auf seine Person, Stand und Hanthierung eingerichteten, von Ort zu Ort bei allen Nachtlagern zu visirenden Paß in das Land eingelassen werden soll, auch die Einheimischen, wenn sie eine etwas weite, auf etliche Tage sich erstreckende Reise zu thun vorhaben, mit gewöhnlichen ausführlichen Pässen sich versehen sollen“*[17]. Regelungen dieser Art kamen im gesamten Reich zur Anwendung, wurden immer wieder verschärft und den lokalen Besonderheiten angepasst. So auch im Poenalpatent des Löblichen Fränckischen Kreises aus dem Jahr 1732 (Abbildung 7).

Mit derart klaren Regelungen hatte man dann auch im Verlauf des 18. Jahrhunderts das Problem der umherstreifenden Räuberbanden solange im Griff, bis in Folge der französischen Revolution die staatlichen Institutionen wieder weniger handlungsfähig bzw. organisiert waren. Naheliegend, dass dies als neue Chance der Räuberbanden wie der des Schinderhannes, der Moselbande oder der „Krefelder“ begriffen wurde.[18] In der Folge der zahlreichen Übergriffe schlossen sich daher 1801 Vertreter mehrerer Bundesländer zu einer Immediatsicherheitscommission zusammen, um mittels „gemeinschaftlicher Maßregeln gegen das Räuberwesen“ der Sache Herr zu werden.[19] Das wesentlichste Ergebnis der Commission jedoch war die Erkenntnis, in den Bundesstaaten nunmehr grundsätzlich eigene Passgesetze etablieren zu müssen. In den ersten beiden Jahrzehnten des 19. Jahrhunderts wurden diese daher in nahezu allen Bundesstaaten eingeführt. Das vorliegende Buch geht darauf näher ein. Die Passgesetzgebung Anfang des 19. Jahrhunderts stellt damit den Beginn eines in der Fläche geregelten und verfügbaren deutschen Passwesens dar.

Es liegt auf der Hand, dass bei den bis dahin ausgestellten Reisedokumenten, die hinsichtlich Form und Inhalt einer gewissen Willkür unterlagen, Fälschungssicherheit keine große Rolle gespielt hatte, selbst wenn Siegelmarken nicht von jedem Schmied um die Ecke hergestellt werden konnten. Auch die Vielfalt und Diversität der Urkunden trug nicht gerade zum Vertrauen in die Dokumente bei, so dass es nur eine Frage der Zeit war, bis mit dem Beginn einer unter den Bundesstaaten abgestimmten und vergleichbaren Gesetzgebung auch gewisse Standards die Reisedokumente selbst verallgemeinern sollten.

Des
Löbl. Fränckischen Creyses
verneuert- und geschärfftes
POENAL-
PATENT,
wider
Das Diebs- Rauberisch- Zigeuner- Jaunerisch-
Herren-loses und anderes
Bettel-Gesindt.
ANNO 1732.

Abbildung 7: Poenalpatent für den Fränckischen Kreis 1732

Somit wurden erst in Folge der französischen Revolution und in Verbindung mit der wieder aufkeimenden Kriminalität in Frankreich und den Staaten des Deutschen Bundes die ersten Reisepässe und Ausweise als staatliche Dokumente ausgestellt, die halbwegs standardisiert und damit wiedererkennbar und massentauglich waren. Hierbei handelte es sich um meist dekorative, großformatige Papiere mit Wappen, so genannten Trockensiegeln und Unterschriften. Individualdokumente, ob nun mit kaiserlicher Signatur oder eines Fürsten, wurden Geschichte.

Abbildung 8: Trockensiegel eines Reisepasses, Borna 1834

Aber das 19. Jahrhundert war gerade zu Beginn geprägt durch die Napoleonischen Kriege und eine Vielzahl territorialer Änderungen. Nachdem Franz II. die Kaiserkrone 1806 niedergelegt hatte, zerfiel das Heilige Römische Reich Deutscher

Nation. In dessen Folgen war das deutsche Staatengebilde ständigen Veränderungen unterworfen. Die Rheinbundstaaten, der deutsche Bund, der Norddeutsche Bund waren nur Staatengebilde der Übergangszeit bis zur Gründung des Deutschen Reichs 1871. Die Befreiungskriege 1813-1815, der Krieg Preußens gegen Deutschland (!), die Revolution 1848, der Bruderkrieg mit Österreich 1866 und der Deutsch-Französische Krieg 1870/71 lassen erkennen, dass bereits vor den beiden Weltkriegen in den deutschen Staaten von Stabilität keine Rede sein konnte.

Abbildung 9: Reisepass, Elsaß-Lothringen, 1917, S. 1

Standardisierte Reisedokumente konnte es daher trotz des oben erwähnten Beschlusses der Immediatsicherheitscommission schon aufgrund der Vielzahl der ausstellenden Staaten nicht wirklich geben. Dies sollte sich erst ändern, als mit der Gründung des Norddeutschen Bundes 1868 einheitliche Reisepässe in Form eines 16 seitigen Passbuchs (Abbildung 46) eingeführt wurden. Die Einzelstaaten des vormaligen deutschen Bundes schlossen sich 1871 mit Ausnahme Österreichs und Luxemburgs als Bundesstaat zum deutschen Kaiserreich zusammen. Mit der Verfassung vom 16. April 1871 zählte das Reich 25 Staaten. Elsaß-Lothringen kam 1911 hinzu. Die von diesen Staaten ausgestellten Pässe (Abbildung 9) übernahmen das Format des Norddeutschen Bundes und unterschieden sich nur auf Seite 1 durch die Angabe des Bundesstaates sowie des Wappens. 1916, also während des Krieges, wurde der Personalausweis für Inlandsreisen eingeführt.

Mit dem Ende des Ersten Weltkrieges, der Gründung der Weimarer Republik, dem Zerfall des Deutschen Reichs ebenso wie durch die territorialen Abtretungen dieser Zeit war es mit der Einheitlichkeit der Pässe jedoch bald wieder vorbei. Zwar hatten die Passhefte innerhalb der Republik noch Bestand, aber neue Staatengebilde wie das Saargebiet und die Freie Stadt Danzig kamen hinzu. Außerdem wurden in Folge des Krieges und des daraus resultierenden Rohstoffmangels vermehrt improvisierte Dokumente ausgestellt. Hinzu kamen individuelle Dokumente der Besatzungsmächte.

Die Kennkarte im Nationalsozialismus beinhaltete als Instrument der Judenverfolgung eine neue Eigenschaft staatlich ausgestellter Dokumente, die einzig und allein der Bevölkerungskontrolle diente. Von besonderer Dreistigkeit sind die durch die Nationalsozialistische Deutsche Arbeiterpartei ausgestellten Parteiausweise, die per Gesetz zum Personalausweis erklärt wurden. In der neuerlichen Besatzungszeit nach Ende des Zweiten Weltkrieges gab es ausschließlich improvisierte Dokumente, „entnazifizierte" Kennkarten und Dokumente der Besatzungsmächte. Reisepässe wurden gar nicht mehr ausgestellt. Vielmehr musste man um eine Reiseerlaubnis bei den Militärbefehlshabern ersuchen, um Deutschland verlassen bzw. Sektorengrenzen der vier Mächte übertreten zu dürfen.

Mit den beiden deutschen Staaten ab 1949 und dem Sonderstatus Berlins existierten schließlich drei nebeneinander stehende Pass- und Ausweissysteme, die erst mit der Wiedervereinigung 1990 zusammengeführt wurden.

Von je her gab es zwar rechtliche Regelungen getrennt nach In- und Ausländern, jedoch waren diese bis Mitte der 60er Jahre des 20. Jahrhunderts auf Basis eines in sich zusammenhängenden Rechtsrahmens, also typischerweise in ein- und demselben Gesetz zusammengestellt. Erst seit dem 1. Oktober 1965 war das Passgesetz von 1952 auf Ausländer nicht mehr anwendbar und eine separate Ausländergesetzgebung in Kraft getreten.[20] Dies und die Besonderheiten von Staatenlosen (z. B. die Ausstellung sogenannter Nansen-Pässe bzw. Reiseausweise für Staatenlose wie sie heute heißen) und Diplomatenpässe im Sinne internationalen Rechts (z.B. das Gesetz zu dem Wiener Übereinkommen vom 18. April 1961 über diplomatische Beziehungen[21]) werden nur gestreift. Das hier vorliegende Buch setzt sich zum Schwerpunkt, die betreffenden Regelungen für Deutsche im Sinne der jeweiligen Epochen wiederzugeben. Ausländerrechtliche Regelungen wurden nur dort aufgenommen und erläutert, wo sie für den jeweiligen Sachzusammenhang von Bedeutung waren. Das vorliegende Buch stellt dabei auch keine chronologische Aufarbeitung der politischen und wirtschaftlichen bzw. industriellen Entwicklungen in den jeweiligen Epochen dar, sondern setzt vielmehr die Entwicklung des

Pass- und Ausweiswesens in den jeweiligen Kontext. Dabei werden relevante Ereignisse wie die beiden Weltkriege oder die Entwicklung der Eisenbahn in Deutschland den pass- und ausweisrechtlichen Änderungen zugeordnet. Gleichfalls werden anhand einzelner Reisedokumente und Personen, z. B. des Leiters des Reichskolonialamtes (1911 – 1918) und späteren Außenministers (1918 – 1919) Dr. Wilhelm Solf, die Besonderheiten der betreffenden Zeit dokumentiert.

Aufgrund der Vielzahl der pass- und ausweisrechtlichen Regelungen, die leicht in die Hunderte gehen können, habe ich mich dabei bemüht, die entscheidenden wiederzugeben, um anhand dieser die wesentlichen politischen Ereignisse der letzten 220 Jahre in Deutschland zu rekonstruieren, die Einfluss auf die Ausweis- und Reisedokumente hatten. Der Leser darf dabei aber sehr wohl eine nahezu lückenlose Wiedergabe des Pass- und Ausweiswesens erwarten und wird auch einen vollständigen Überblick über die Entwicklung der Dokumente seit der Französischen Revolution erhalten.

1 Französiche Revolution bis zur Gründung des Deutschen Reichs

1.1 Französische Revolution und die Anfänge des Pass- und Ausweiswesens

Die Jahre 1789 und 1792 markieren zwei Zeitpunkte der Geschichte, die das politische Geschehen in Europa im Allgemeinen und das Pass- und Ausweiswesen im Besonderen nachhaltig beeinflusst haben. Die französische Revolution und der Beginn der Koalitionskriege führten über einen Zeitraum von 26 Jahren (1789 bis 1815) zu territorialen wie politischen Umwälzungen, die vor allem die Einführung staatlicher Pass- und Ausweissysteme in den europäischen Staaten nach sich zogen.

Getrieben wurde der Umsturz in Frankreich von dem Gedanken, mit den Privilegien der Kirche und des Adels abzurechnen und den „einfachen" Bürger in den Mittelpunkt eines damals neuen demokratischen Verständnisses zu rücken. Bereits im Juni 1789 konstituierte sich daher die Nationalversammlung aus Vertretern des bürgerlichen Standes. Sie verstand sich als einzig legitimiertes Organ zum Erlass einer Verfassung für die französische Nation. Mit Unterstützung des Volkes, das am 14. Juli 1789 in Paris die Bastille erstürmte, und der aufständischen Bauern wurden die maßgeblichen konstitutionellen Veränderungen in Frankreich umgesetzt, an deren Ende 1792 die Republik stand. Von der Amerikanischen Unabhängigkeitserklärung (1776) inspiriert wurde auch in Frankreich die Erklärung der Bürger- und Menschenrechte (*Déclaration des Droits de l'Homme et du Citoyen*) vom 26. August 1789 zum zentralen Verfassungsgegenstand und Kern der Demokratienentwicklung in Europa.[22]

Jedoch hatte das neue Parlament wohl eine andere Lesart der Verfassung als die Bürgerinnen und Bürger. Während die persönlichen Rechte des Einzelnen in der Verfassung umfassend angelegt waren, wurden die neuen Freiheiten und Rechte an Bedingungen wie etwa die Zahlung von Steuern gekoppelt. Für Frauen galten die neuen Bürgerrechte nicht.[23] Dies lässt sich auch am französischen Passsystem der damaligen Zeit ablesen, da die gewonnenen Reisefreiheiten bereits 1792 durch ein strenges Kontrollsystem wieder eingeschränkt wurden: Zwar wurde nach dem Sturm auf die Bastille die allgemeine Einschränkung der Reisefreiheit durch die revolutionäre Nationalversammlung beseitigt. Hierbei stand noch der Grundgedanke der Bürger- und Menschenrechtserklärung im Vordergrund. Jedoch waren die Erleichterungen für ein bedingungsloses und freies Reisen aufgrund der angespannten politischen Situation nur von kurzer Dauer. 1792 wurde in Frankreich ein umfassendes System zur staatlichen Kontrolle der Ein- und Auswanderung eingeführt. Danach mussten selbst Franzosen beim Verlassen ihres Departements einen Inlandspass vorweisen. Außerdem wurde in Paris ein zentrales Passbüro eingerichtet, das für die Genehmigungen zur Ein- und Ausreise zuständig war.[24]

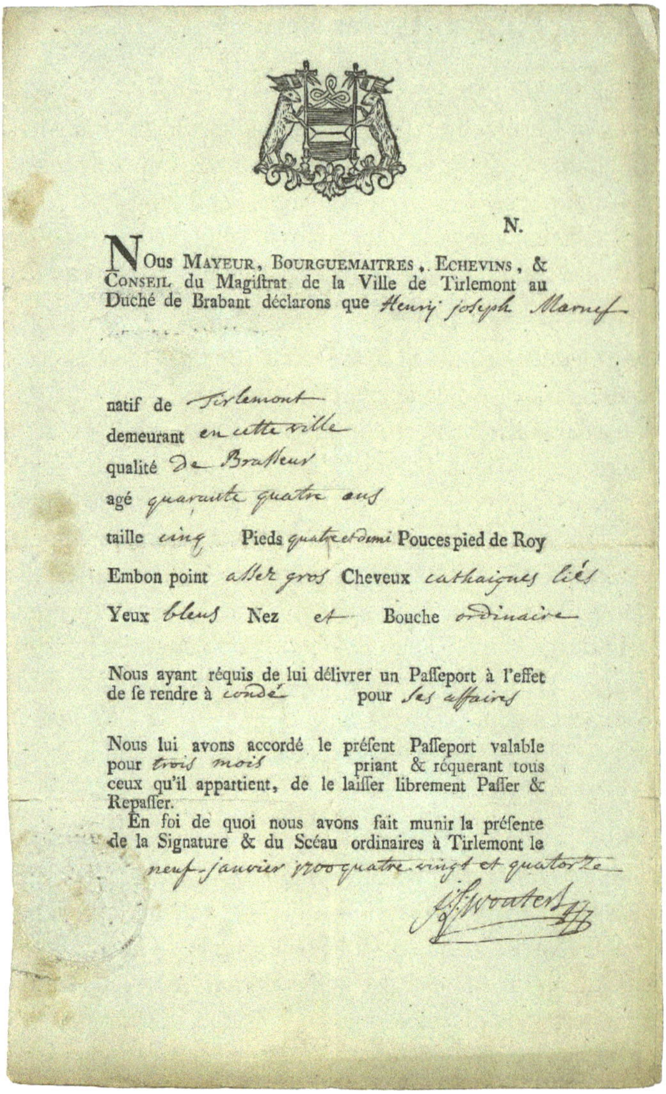

N.

Nous Mayeur, Bourguemaitres, Echevins, & Conseil du Magiſtrat de la Ville de Tirlemont au Duché de Brabant déclarons que Henry joseph Marnef

natif de Tirlemont

demeurant en cette ville

qualité de Brasseur

agé quarante quatre ans

taille cinq Pieds quatre et demi Pouces pied de Roy

Embon point assez gros Cheveux cathaignes liés

Yeux bleus Nez et Bouche ordinaire

Nous ayant réquis de lui délivrer un Paſſeport à l'effet de ſe rendre à condé pour ses affaires

Nous lui avons accordé le préſent Paſſeport valable pour trois mois priant & réquerant tous ceux qu'il appartient, de le laiſſer librement Paſſer & Repaſſer.

En foi de quoi nous avons fait munir la préſente de la Signature & du Scéau ordinaires à Tirlemont le neuf janvier 1700 quatre vingt et quatorze

Abbildung 10: Reisepass, Tirlemont/Tienen, Frankreich, für den Brauer Henry Joseph Marnef,1794

Der abgebildete Reisepass aus Tirlemont von 1794 zeigt einen drei Monate gültigen Inlandsreisepass für einen Brauer, mit dem ihm gestattet wurde, Geschäftsreisen zur Beschaffung von Gewürzen zu unternehmen.

Mit dem Dekret des Konvents vom 1. August 1793 wurde schließlich Fremden, die nach dem 14. Juli 1789 in Frankreich eingereist waren, die Festnahme angedroht, wenn sie nicht über entsprechende Legitimationspapiere der französischen Obrigkeit verfügten.[25]

Das wohl erste derartige standardisierte Dokument dieser Zeit und einer der Vorläufer unserer heutigen Dokumente war die so genannte Aufenthaltskarte. Diese Karten, welche im heutigen europäischen Recht für Nicht-EU-Bürger immer noch existieren, bescheinigten die Unverdächtigkeit und damit auch das Aufenthaltsrecht einer Person. Sie wurden mit dem „état civil" („Personenstand") vom 20. September 1792 in Frankreich eingeführt und durch die lokalen Polizeibehörden ausgestellt[26]. In der „Allgemeinen Encyclopädie der Wissenschaften und Künste"[27] von 1821 findet man den Hinweise auf ein nicht näher bezeichnetes Gesetz vom 19. September 1792: *„In Frankreich wurden sie* (die Aufenthaltkarten) *durch das Gesetz vom 19. Sept. 1792 als cartes civigues selbst für die Einwohner von Paris eingeführt, und zugleich bestimmt, dass die in Paris ankommenden Fremden binnen 24 Stunden nach ihrer Ankunft sich der Polizei ausweisen und Sicherheitscharten annehmen sollen."* Man darf sicherlich davon ausgehen, dass es sich hier um dieselbe Rechtsquelle handelte (auch heute noch tritt ein Gesetz meist am Tag nach seiner Verkündung in Kraft). In der Allgemeinen Encyclopädie findet sich darüber hinaus in einer Fußnote noch ein Hinweis auf die sich daraus ableitenden Instruktionen für die Polizei: „Guichard Dictionnaire de Police T. I. S. 312", einem ordnungspolitischen Handbuch mit Fachtermini zur französischen Revolution mit dem vollständigen Namen „Dictionnaire de la police administrative et judiciaire (1796)" des Directoire-Juristen Auguste-Charles Guichard[28].

1791 nahm die Spannung zwischen Österreich und Frankreich immer mehr zu. Schließlich standen der französische König Ludwig XVI. und seine Ehefrau Marie Antoinette, die Schwester des österreichischen Kaisers Leopold II., unter Hausarrest der französischen Revolutionäre. Die Aufstände und Unruhen in den Österreichischen Niederlanden, dem heutigen Belgien, taten schließlich ihr Übriges. Am 20. April 1792 erklärte Frankreich Österreich den Krieg und – aufgrund der Pillnitzer-Deklaration – damit auch dem mit Österreich verbündeten Preußen. Die Koalitionskriege gegen Frankreich hatten begonnen.

Im Ergebnis der französischen Revolution und den daraus resultierenden Liberalisierungen sowie dem Beginn des Ersten Koalitionskrieges gegen Frankreich war es nur konsequent, neue Formen und Arten von Reisedokumenten bereitzustellen, die dem Erfordernis, massentauglich zu sein, in gleicher Weise nachkamen wie den sicherheitspolitischen Interessen der Individualstaaten. Die Dokumente mussten den Urheber, also die ausstellende staatliche Autorität ebenso wie den Inhaber des Dokumentes zweifelsfrei erkennen lassen und dabei ein möglichst hohes Maß an Fälschungssicherheit aufweisen. Diese Kriterien sind auch heute selbstverständlich und die Lösung lag auf Hand. Die Staaten gingen dazu über, vereinheitlichte und damit wieder erkennbare, überprüfbare Dokumente auszustellen. Das standardisierte Reisedokument war geboren.

Dies war der Beginn einer neuen Ära hoheitlicher Identitätsdokumente. Sie nahm in Frankreich ihren Anfang und begründete das Pass- und Ausweiswesen, so wie wir es heute kennen.

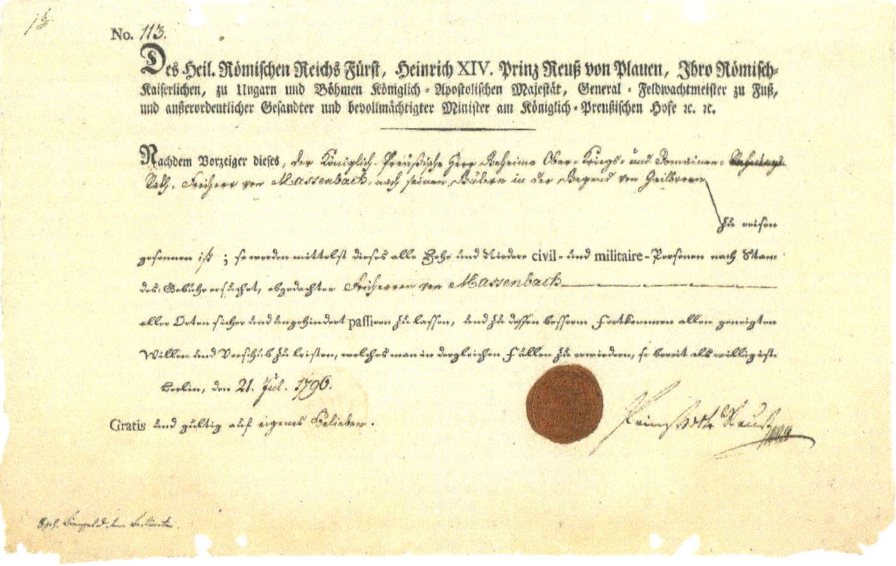

No. 113.

Des Heil. Römischen Reichs Fürst, Heinrich XIV. Prinz Reuß von Plauen, Ihro Römisch-Kaiserlichen, zu Ungarn und Böhmen Königlich-Apostolischen Majestät, General-Feldwachtmeister zu Fuß, und außerordentlicher Gesandter und bevollmächtigter Minister am Königlich-Preußischen Hofe rc. rc.

Nachdem Vorzeiger dieses, der Königlich-Preußische Herr Geheime Ober-Kriegs- und Domainen- [illegible] Rath, Freiherr von Massenbach, nach seinen Gütern in der Gegend von Heilbronn zu reisen gesonnen ist; so werden mittelst dieses alle Hohe und Niedere civil- und militaire-Personen nach Stand und Gebühr ersuchet, obgedachten Freiherrn von Massenbach aller Orten sicher und ungehindert passiren zu lassen, und zu dessen besserem Fortkommen allen geneigten Willen und Vorschub zu leisten, welches man in dergleichen Fällen zu erwiedern, so bereit als willig ist.

Berlin, den 21. Jul. 1796.

Gratis und gültig auf eigenen [illegible].

Abbildung 11: Reisepass Heiliges Römisches Reich Heinrich XIV 1796

Anmerkung: Der Reisepass wurde für den preußischen Obristen Christian Karl August Ludwig Freiherr von Massenbach (1758 – 1827) durch den österreichischen Botschafter in Berlin, Heinrich XIV., Fürst von Reuß zu Greitz (1749 – 1799), ausgestellt und persönlich unterschrieben. Der Pass ermöglichte dem „Preußischen Geheimen Ober-Kriegs- und Domänenrat Freiherr von Massenbach die Reise nach seinen Gütern in der Gegend von Heilbronn.

1.2 Pass- und Ausweiswesen in den deutschen Staaten von 1798 bis 1870

Nach dem Sieg Napoleons im Zweiten Koalitionskrieg und durch den Frieden von Lunéville am 9. Februar 1801 wurden die bereits im Ersten Koalitionskrieg besetzten linksrheinischen Gebiete des Reichs formal an Frankreich abgetreten. Zur Kompensation der betroffenen Fürsten und Landessherren war daher eine territoriale Neuordnung in Deutschland erforderlich. Den enteigneten Grundbesitzern wurden mit dem Reichsdeputationshauptschluss vom 25. Februar 1803 rechtsrheinisch neue Gebiete zugesprochen, was zu einer deutlichen Reduzierung der deutschen Staaten führte. 112 Stände und geistliche Fürstentümer gingen in andere Länder auf. Drei Millionen deutsche Bürger erhielten durch die Reform eine neue Obrigkeit.[29] Das Heilige Römische Reich Deutscher Nation hielt daraufhin den sich weiterentwickelnden Bestrebungen hin zu einem stärkeren Nationalismus nicht mehr stand. Zunächst erklärten 16 deutsche Staaten ihren Austritt aus dem Reich und gründeten am 12. Juli 1806 den stark mit Frankreich sympathisierenden Rheinbund. Kaiser Franz II. legte daraufhin nur knapp vier Wochen später am 6. August die römische Krone nieder und erklärte Amt und Würde des Römischen Kaisers für erloschen. Preußen trat neben Russland in die Koalitionskriege (Vierter Krieg, 9. Oktober 1806) mit Frankreich ein, während sich der Rheinbund neutral verhielt.

Vor dem Hintergrund der zunehmenden Flüchtlingszahlen aus dem revolutionären Frankreich aber auch um französische Spione während der Koalitionskriege zu enttarnen, begannen die deutschen Staaten in diesem Zeitraum die fremdenpolizeilichen Bestimmungen zu verschärfen und zur Kontrolle der Einwanderer und der eigenen Bevölkerung – wie schon die Franzosen zuvor – Aufenthaltskarten und Pässe einzuführen.[30] In Bayern wurde mit den Verordnungen vom 6. Februar 1798 und 10. Juli 1810 ein Strafgeld in Höhe von zwölf Talern fällig, wenn sich ein Fremder nicht durch eine Aufenthaltskarte ausweisen konnte. Einwohner, die seit mehr als zehn Jahren ansässig waren und einem bürgerlichen Gewerbe nachgingen, waren vom Zwang der Aufenthaltskarten jedoch befreit.[31] In Preußen wurden Aufenthaltskarten hingegen erst 1807 für Berlin eingeführt[32]. 1810 folgten Breslau, Stettin und Königsberg. Auch hier benötigten Fremde, die sich – je nach Region – länger als zwei bis drei Tage aufhielten, für ihren Aufenthaltsort eine polizeiliche Erlaubnis in Form der Aufenthaltskarte.

Die abgebildete Passverordnung von Ludwig X., Landgraf zu Hessen etc. vom 2. April 1800 stellte die Vergabe von Pässen an Verdächtige und Unbekannte unter 50 Reichstaler Strafe. Auch Reisende, die bereits im Besitz eines Reisepasses waren, egal ob In- oder Ausländer, sollten strengstens kontrolliert werden. Die Pässe waren gegenzuzeichnen und zusätzlich mit dem Hinweis „passirt" zu versehen. Um Missbrauch durch umherziehende Bettler (Collectanten) vorzubeugen, wurde im

Rahmen der Visierung der Dokumente auch ein Eintrag „jedoch ohne collectiren zu dürfen“ vorgenommen. Weiterhin waren neu ausgestellte Dokumente zu befristen und die erforderliche Reiseroute festzulegen. Die Verordnung wurde 1803 von Westfalen übernommen (Abbildung 15).

Aber nicht die französische Bedrohung allein ließ die Fürsten und Landesherren handeln. Aufgrund der in den Deutschen Ländern eingetretenen Kriegssituation hatte auch die Kriminalität der Räuberbanden wieder zugenommen. Dies stellte eine ernst zu nehmende Bedrohung für die Zivilbevölkerung dar, da die umherstreunenden Banden – wie die des Schinderhannes – die allgemeine kriegsbedingte Lage zu ihren Gunsten ausnutzten. Eine umfassende Neugestaltung der Regelungen im Pass- und Fremdenwesen wurde erforderlich, so dass in den ersten drei Jahrzehnten des 19. Jahrhunderts nahezu in allen Bundesstaaten Verordnungen und Gesetze in Kraft gesetzt wurden.

Ein interessantes Beispiel für die Berücksichtigung des Zusammenhangs von Passwesen und dem damaligen Räubertum war der Beschluss des Fränkischen Kreistages von 12. Dezember 1801 zur „Ausrottung, Abhaltung und Entfernung des Jauner-Vagabunden-Diebs- und Bettel-Gesindels in- und von den fränkischen Kreislanden“.[33] [34] Danach hatten *„die höchst und hohen Fürsten und Stände zum Schutz der Personen und des Eigenthums über die inneren Länder-Sicherheit mittels Maasregeln zur Abhaltung einer ihr so schädlichen Menschenklasse zu wachen“.* Als wesentlichste Maßregel wurde in Kapitel IV eine umfassende Passverordnung mit elf Paragraphen niedergelegt, die festlegte, dass Pässe nur noch von der Landesregierung und den Landesoberpolizeibehörden ausgestellt werden durften. Gleichfalls wurden das Muster und die aufzunehmenden Daten, wie die Personenbeschreibung, die Dauer der Gültigkeit und die einzuschlagende Marschroute verpflichtend. Wohl als eine der ersten Verordnungen überhaupt sah der fränkische Beschluss auch die eigenhändige Unterschrift des Passinhabers vor.

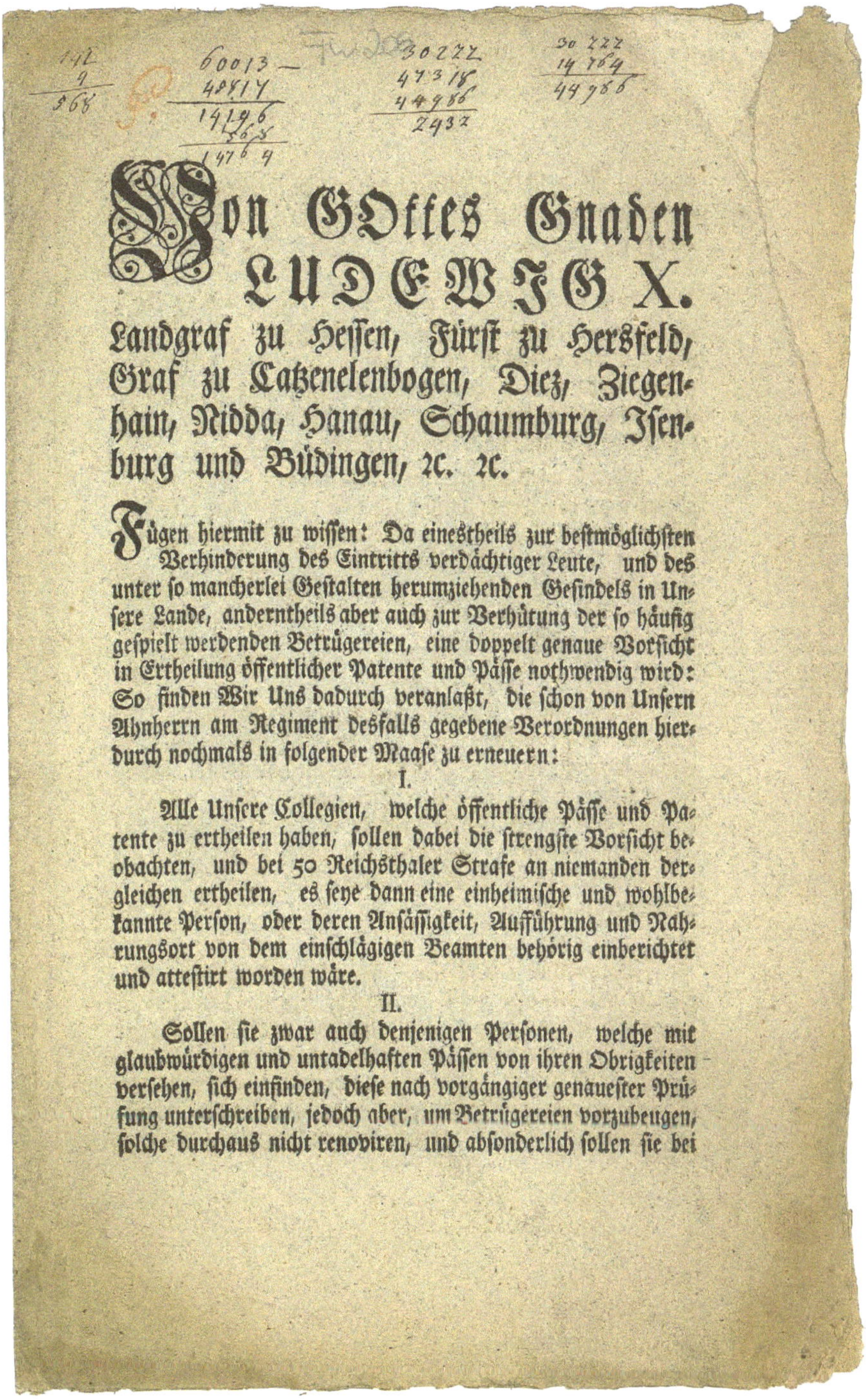

Von GOttes Gnaden
LUDEWIG X.
Landgraf zu Hessen, Fürst zu Hersfeld, Graf zu Catzenelenbogen, Diez, Ziegenhain, Nidda, Hanau, Schaumburg, Isenburg und Büdingen, ꝛc. ꝛc.

Fügen hiermit zu wissen: Da einestheils zur bestmöglichsten Verhinderung des Eintritts verdächtiger Leute, und des unter so mancherlei Gestalten herumziehenden Gesindels in Unsere Lande, anderntheils aber auch zur Verhütung der so häufig gespielt werdenden Betrügereien, eine doppelt genaue Vorsicht in Ertheilung öffentlicher Patente und Pässe nothwendig wird: So finden Wir Uns dadurch veranlaßt, die schon von Unsern Ahnherrn am Regiment desfalls gegebene Verordnungen hierdurch nochmals in folgender Maase zu erneuern:

I.

Alle Unsere Collegien, welche öffentliche Pässe und Patente zu ertheilen haben, sollen dabei die strengste Vorsicht beobachten, und bei 50 Reichsthaler Strafe an niemanden dergleichen ertheilen, es seye dann eine einheimische und wohlbekannte Person, oder deren Ansässigkeit, Aufführung und Nahrungsort von dem einschlägigen Beamten behörig einberichtet und attestirt worden wäre.

II.

Sollen sie zwar auch denjenigen Personen, welche mit glaubwürdigen und untadelhaften Pässen von ihren Obrigkeiten versehen, sich einfinden, diese nach vorgängiger genauester Prüfung unterschreiben, jedoch aber, um Betrügereien vorzubeugen, solche durchaus nicht renoviren, und absonderlich sollen sie bei

Abbildung 12: Passverordnung Hessen 1800 / Westfalen 1803 S. 1

das unter die Pässe der Collectanten zu schreibende Wort „passirt," auch allemal die Worte „jedoch ohne collectiren zu dürfen," beisetzen.

III.

Gleicher Vorsicht in Ertheilung öffentlicher Pässe sollen auch Unsere Beamte und städtische Magistrate, wann- und in wie weit leztere das Recht dergleichen zu ertheilen hergebracht haben, beobachten, solche aber schlechterdings an niemanden anders auszustellen befugt seyn, als lediglich an ihre ihnen genüglich bekannte Amts- und respective Stadt-Eingesessene.

Eben so wird allen Unsern Beamten und städtischen Magistraten zur besonderen Pflicht gemacht, auf alle aus dem Ausland eintretende Fremde die genaueste Obsicht zu tragen, denselben beim Eintritt in Unsere Lande ihre Pässe abzufordern, und wann solche glaubwürdig und untadelhaft von ihnen befunden werden, sich alsdann nach der im vorhergehenden §pho enthaltenen Vorschrift zu benehmen.

IV.

Damit auch, wie schon mehrmals vorgekommen, nicht ganz alte Pässe in der zweiten und dritten Hand herumlaufen und mißbraucht werden, so ist Unser Wille und Befehl, daß in einem jedweden Paß oder Patent jedesmal die Zeit, wie lange er gültig ist, und welche die Behörde nach dem Bedürfniß des darum Ansuchenden zu bestimmen hat, auch bei besonders eintretenden Umständen die einzuhaltenden Reise-Route mitangemerkt werden soll.

V.

Haben Unsere Collegien, Beamten und städtische Magistrate alle diejenige Personen, welche sich mit verdächtigen oder falsch erscheinenden Pässen einfinden, nach Beschaffenheit der Umstände entweder ausweißen, oder arrettiren zu lassen, und auf gleiche Weise mit Collectanten zu verfahren, es seyen dann inländische Collectanten, welche sich mit einer besondern Erlaubniß hierzu von Uns oder Unsern Behörden legitimiren können.

Abbildung 13: Passverordnung Hessen 1800 / Westfalen 1803 S. 2

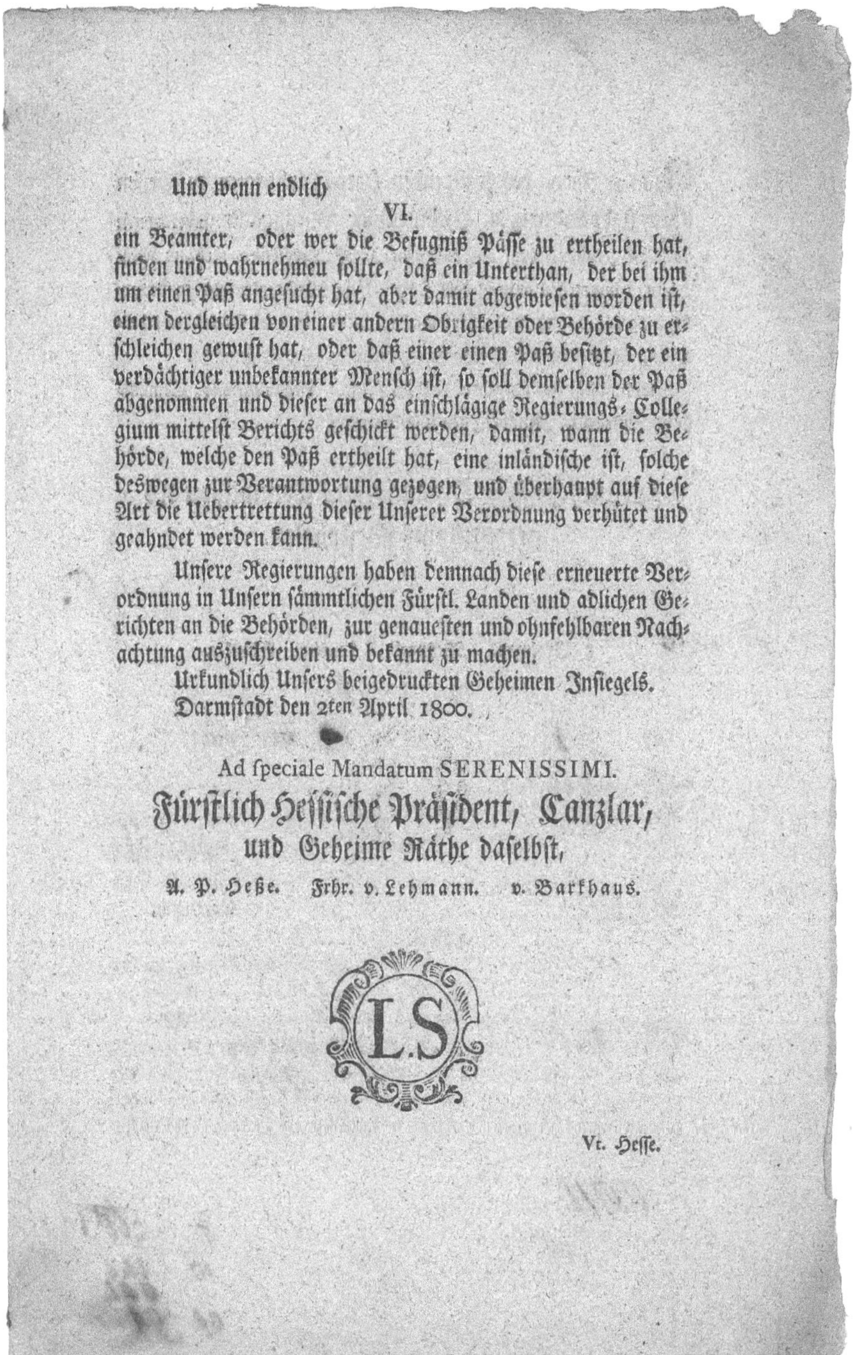

Und wenn endlich

VI.

ein Beamter, oder wer die Befugniß Pässe zu ertheilen hat, finden und wahrnehmeu sollte, daß ein Unterthan, der bei ihm um einen Paß angesucht hat, aber damit abgewiesen worden ist, einen dergleichen von einer andern Obrigkeit oder Behörde zu erschleichen gewust hat, oder daß einer einen Paß besitzt, der ein verdächtiger unbekannter Mensch ist, so soll demselben der Paß abgenommen und dieser an das einschlägige Regierungs-Collegium mittelst Berichts geschickt werden, damit, wann die Behörde, welche den Paß ertheilt hat, eine inländische ist, solche deswegen zur Verantwortung gezogen, und überhaupt auf diese Art die Uebertrettung dieser Unserer Verordnung verhütet und geahndet werden kann.

Unsere Regierungen haben demnach diese erneuerte Verordnung in Unsern sämmtlichen Fürstl. Landen und adlichen Gerichten an die Behörden, zur genauesten und ohnfehlbaren Nachachtung auszuschreiben und bekannt zu machen.

Urkundlich Unsers beigedruckten Geheimen Insiegels.
Darmstadt den 2ten April 1800.

Ad ſpeciale Mandatum SERENISSIMI.

Fürstlich Hessische Präsident, Canzlar, und Geheime Räthe daselbst,

A. P. Heße. Frhr. v. Lehmann. v. Barkhaus.

L.S

Vt. Hesse.

Abbildung 14: Passverordnung Hessen 1800 / Westfalen 1803 S. 3

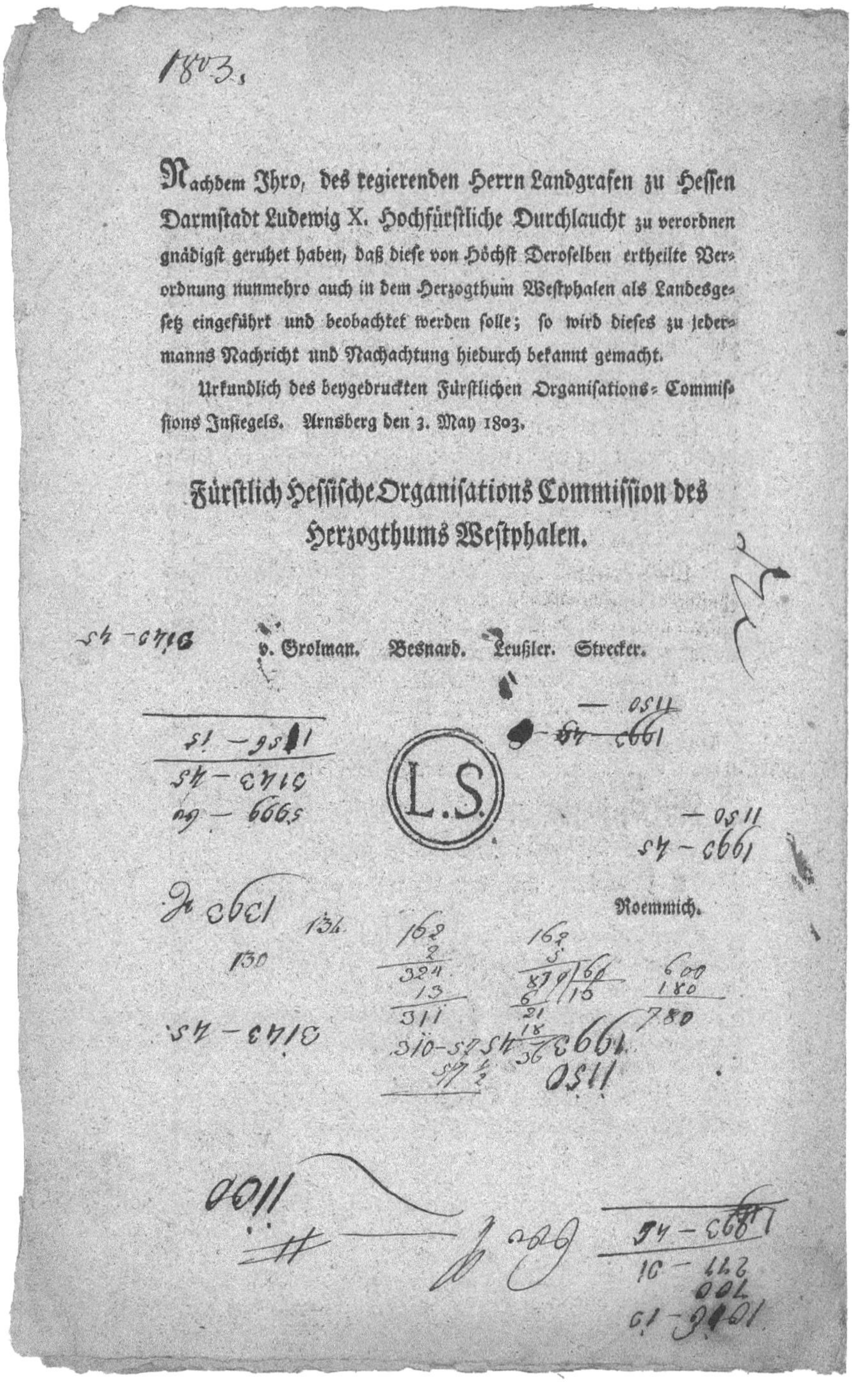

1803.

Nachdem Ihro, des regierenden Herrn Landgrafen zu Hessen Darmstadt Ludewig X. Hochfürstliche Durchlaucht zu verordnen gnädigst geruhet haben, daß diese von Höchst Deroselben ertheilte Verordnung nunmehro auch in dem Herzogthum Westphalen als Landesgesetz eingeführt und beobachtet werden solle; so wird dieses zu jedermanns Nachricht und Nachachtung hiedurch bekannt gemacht.

Urkundlich des beygedruckten Fürstlichen Organisations-Commissions Insiegels. Arnsberg den 3. May 1803.

Fürstlich Hessische Organisations Commission des Herzogthums Westphalen.

v. Grolman. Besnard. Leußler. Strecker.

L.S.

Roemmich.

Abbildung 15: Passverordnung Hessen 1800 / Westfalen 1803 S. 4

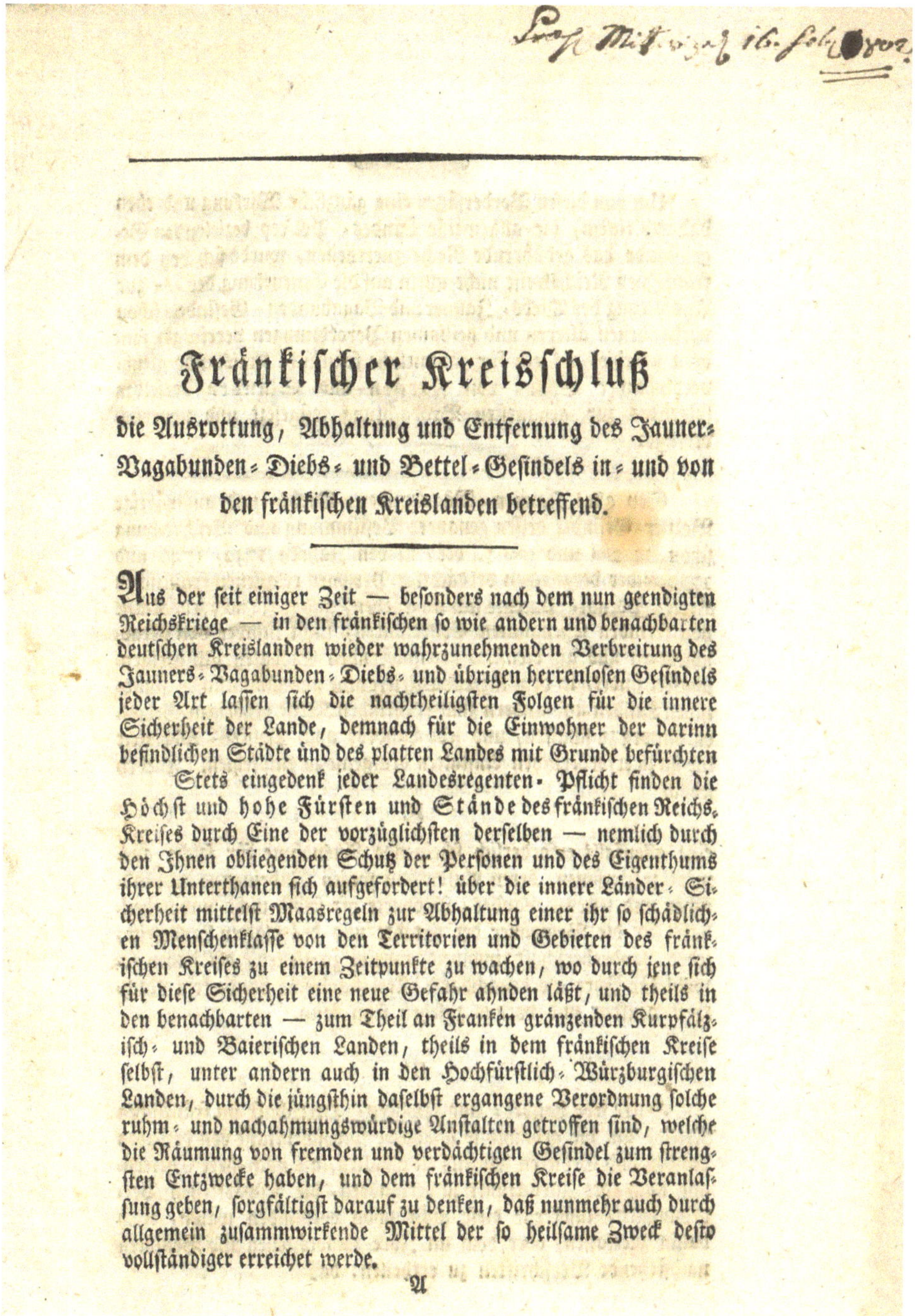

Fränkischer Kreisschluß

die Ausrottung, Abhaltung und Entfernung des Jauner= Vagabunden= Diebs= und Bettel=Gesindels in= und von den fränkischen Kreislanden betreffend.

Aus der seit einiger Zeit — besonders nach dem nun geendigten Reichskriege — in den fränkischen so wie andern und benachbarten deutschen Kreislanden wieder wahrzunehmenden Verbreitung des Jauners= Vagabunden= Diebs= und übrigen herrenlosen Gesindels jeder Art lassen sich die nachtheiligsten Folgen für die innere Sicherheit der Lande, demnach für die Einwohner der darinn befindlichen Städte und des platten Landes mit Grunde befürchten

Stets eingedenk jeder Landesregenten=Pflicht finden die Höchst und hohe Fürsten und Stände des fränkischen Reichs=Kreises durch Eine der vorzüglichsten derselben — nemlich durch den Ihnen obliegenden Schutz der Personen und des Eigenthums ihrer Unterthanen sich aufgefordert! über die innere Länder=Sicherheit mittelst Maasregeln zur Abhaltung einer ihr so schädlichen Menschenklasse von den Territorien und Gebieten des fränkischen Kreises zu einem Zeitpunkte zu wachen, wo durch jene sich für diese Sicherheit eine neue Gefahr ahnden läßt, und theils in den benachbarten — zum Theil an Franken gränzenden Kurpfälzisch= und Baierischen Landen, theils in dem fränkischen Kreise selbst, unter andern auch in den Hochfürstlich=Würzburgischen Landen, durch die jüngsthin daselbst ergangene Verordnung solche ruhm= und nachahmungswürdige Anstalten getroffen sind, welche die Räumung von fremden und verdächtigen Gesindel zum strengsten Entzwecke haben, und dem fränkischen Kreise die Veranlassung geben, sorgfältigst darauf zu denken, daß nunmehr auch durch allgemein zusammwirkende Mittel der so heilsame Zweck desto vollständiger erreichet werde.

A

Abbildung 16: Fränkischer Kreisschluß die Ausrottung, Abhaltung und Entfernung des Jauner=Vagabunden=Diebs= und Bettel=Gesindels in= und von den fränkischen Kreislanden betreffend, 1801.

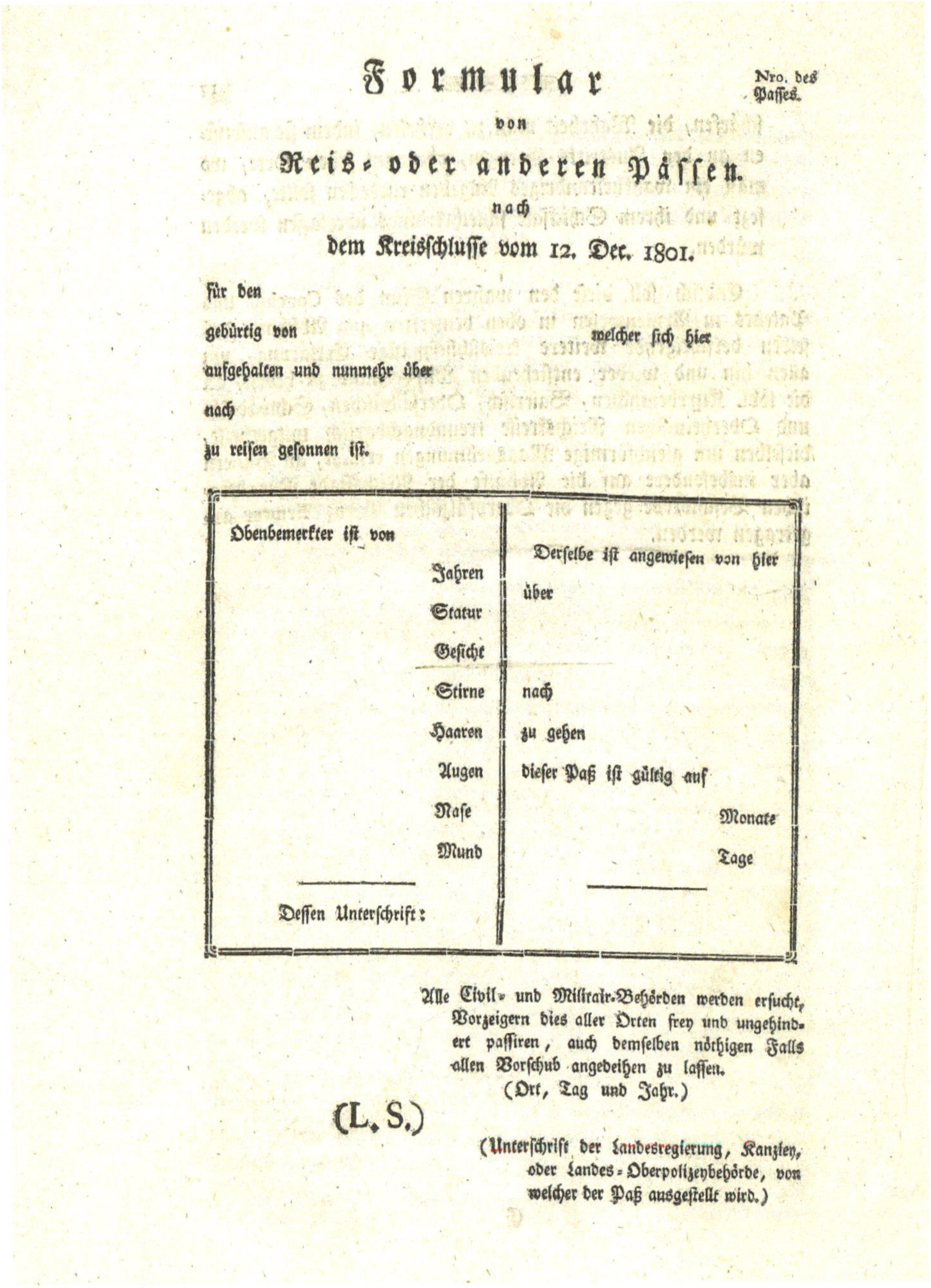

Formular Nro. des Passes.

von

Reis- oder anderen Pässen.

nach

dem Kreisschlusse vom 12. Dec. 1801.

für den

gebürtig von welcher sich hier

aufgehalten und nunmehr über

nach

zu reisen gesonnen ist.

Obenbemerkter ist von	Derselbe ist angewiesen von hier
Jahren	über
Statur	
Gesicht	
Stirne	nach
Haaren	zu gehen
Augen	dieser Paß ist gültig auf
Nase	Monate
Mund	Tage
Dessen Unterschrift:	

Alle Civil- und Militair-Behörden werden ersucht, Vorzeigern dies aller Orten frey und ungehindert passiren, auch demselben nöthigen Falls allen Vorschub angedeihen zu lassen.

(Ort, Tag und Jahr.)

(L. S.)

(Unterschrift der Landesregierung, Kanzley, oder Landes-Oberpolizeybehörde, von welcher der Paß ausgestellt wird.)

Abbildung 17: Formular von Reis- oder anderen Pässen nach dem Kreisschlusse vom 12. Dec, 1801

Schinderhannes und die Moselbande

„Räuber und Mörder sind in Zeiten der Noth keine seltene Erscheinung." So beginnt die „Actenmäßige Geschichte der verschiedenen Räuberbanden an den beyden Ufern des Rheins" des Sicherheitsbeamten Becker aus dem Jahre 1804.[35] Becker führte aus, dass in Folge des Krieges mit Frankreich, der Justizapparat kaum noch arbeitsfähig und ein Großteil der Polizeibeamten aus dem Land vertrieben worden war.[36] Insbesondere die Moselbande hatte mit ihren Pferdediebstählen bei der französischen Armee leichtes Spiel, da die Not leidenden Einheimischen, denen die Pferde günstig verkauft wurden, in dem Diebstahl beim Feind kein Verbrechen sahen. Nach dem Sieg der französischen Truppen und der Annektierung des Gebiets links des Rheins wurde die Situation für die Räuberbanden jedoch weniger komfortabel. Allerdings bekamen die Bandenmitglieder weiterhin genügend Unterstützung, um sich innerhalb ihrer angestammten Territorien dem Zugriff der Obrigkeiten zu entziehen. Die Einheimischen sympathisierten nämlich weiterhin mit den Banden, da viele zuvor französisches Kriegsgut erworben und nun Angst vor Repressalien der Franzosen hatten, Auch der Zulauf zu den Räuberbanden war durch die französischen und von deutschen Truppen zurückgelassenen Überläufer immens. Becker führte schließlich allein 36 Verbrechen der Moselbande mit mehreren Morden, Pferdediebstählen und Brandanschlägen an. Die Hauptverantwortlichen, unter ihnen Richard Bruttig und Johann Jacob Krämer, wurden schließlich am 26. Frimaire des Revolutionsjahres VIII[37] durch die Guillotine hingerichtet. Neben der Moselbande war auch der Schinderhannes (Johannes Bückler, 1779–1803) durch seine Verbrechen bekannt geworden. Bückler verstand sich zunächst auch auf Pferdediebstahl und gewann unter seinen Gleichgesinnten großes Ansehen. In den von den Franzosen annektierten Bezirken um Kirn, Sobernheim, Herrstein, Rhaunen, Kirchberg, Simmern und Stromberg scharte er viele Räuber um sich, ohne jedoch selbst mit einer größeren Bande aufzutreten. Vielmehr agierte Bückler von Gelegenheit zu Gelegenheit, meist mit wechselnden Partnern. Nachdem die französische Vorherrschaft durch den Frieden von Lunéville offiziell geworden war, richteten sich die Aktivitäten des Schinderhannes – wie schon bei der Moselbande – kaum noch gegen die französische Armee sondern mit Straßenräuberei jetzt auch gegen die eigenen Landsleute. Die Erpressung von Schutzgeldern vor allem bei den ortansässigen Juden war an der Tagesordnung.[38] Um die Schutzgelderpressung zu systematisieren stellte Schinderhannes denjenigen, die bezahlt hatten, sogar eigene Reisepässe in Form einer Sicherheitskarte aus. Die Sicherheitskarten waren von ihm persönlich unterschrieben und sicherten dem Vorzeiger gegen eine vorher entrichtete Gebühr zu, „mit sichern Gelait bis über die Grenze Vom Quartir aus passiren und repassiren" zu können.

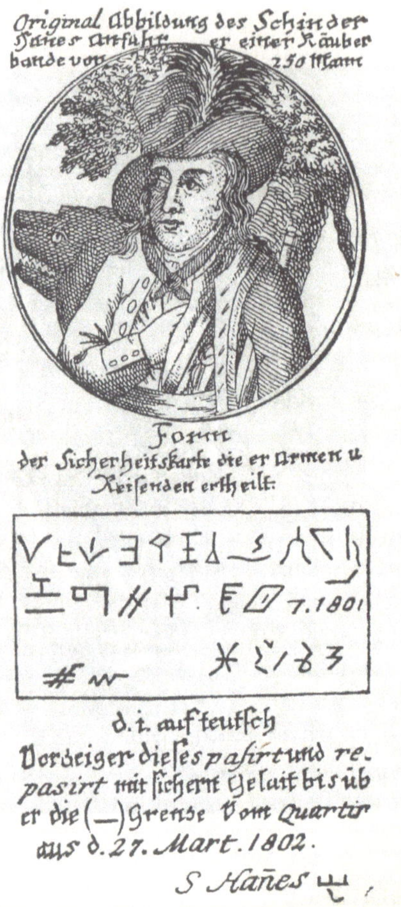

Abbildung 18: Sicherheitskarte des Schinderhannes, 1802, Schutzgelderpressung[39]

In der Folge des sich immer weiter ausbreitenden Räubertums, vor allem im Hinblick auf die Moselbande und die Bande des Schinderhannes, sahen sich die verantwortlichen Kriminalbeamten an Rhein und Mosel zum Handeln gezwungen. Für den 27. Dezember 1797 lud der damals zuständige Justizbeamte von Embden aus Rhaunen (auch Raunen) die Kollegen der umliegenden Bezirke zu einer Konferenz ein, die sich ausschließlich mit den Räuberbanden beschäftigen sollte. Im Ergebnis wurde insbesondere beschlossen, dass öffentlich bekannt zu machen sei, dass „Niemand ohne Paß beherbergt werden soll".[40] Jedoch mit wenig Erfolg. Am 28. Januar 1801 waren schließlich auf Landesebene Vertreter mehrerer Bundesländer zusammen gekommen, um mittels „gemeinschaftlicher Maßregeln gegen das Räuberwesen" der Sache Herr zu werden. Es wurde eine Immediatsicherheitscommission in Bochum eingesetzt und beschlossen, die Vorschriften zum Passwesen dringend zu verschärfen. Außerdem sollten in den Bundesstaaten nunmehr grundsätzlich eigene Passgesetze eingeführt werden. Am 2. Nivose X (23. Dezember 1801) erließ der französische General-Regierungs-Commissaire Jollivet eine Order, nach der eine Pass-Polizei-Garde errichtet wurde, die Tag und Nacht auf Streife ging und jeden verhaftete und vor den Richter führte, der ohne Pass aufgegriffen wurde. Das Gesetz vom 10. Vendémiaire IV (2. Oktober 1795), mit dem den Gemeinden die Kompetenz für die Bekämpfung des Räuberwesens übertragen worden war, wurde entsprechend angepasst. Aber immer noch war die Wirkung der jetzt systematisierteren Vorgehensweise der Gendarmen begrenzt. Erst der Nachfolger Jollivets, Jeanbon St. André, war am Ende erfolgreich, nachdem er sich mit den rechtsrheinischen deutschen Behörden zusammengetan hatte und dazu den Sonderermittler Anton Keil auf die andere

Rheinseite entsandte. Schließlich war Schinderhannes (wie auch andere Banden) dort ebenso tätig gewesen. [41] [42]

Die Geschichte von Bückler's Verhaftung kommt gleichfalls nicht ohne eine Anekdote zu den Reisepässen aus. Bückler wurde am 31. Mai 1802 in Limburg an der Lahn, also auf der deutschen Seite des Rheins, vom churtrierischen Hofgerichtsrath Fuchs und seinem Kommando gestellt. Fuchs sah Bückler aus einem Kornfeld heraustreten und fragte nach seinem Pass. Schinderhannes antwortete: „Ich habe keinen nöthig, weil ich aus hiesiger Gegend zu Hause bin." Fuchs ließ sich jedoch nicht überlisten, sondern überstellte Bückler mit den Worten „Ihr seyd ein Spitzbube!" seinem Kommando. Bückler gab sich als Jacob Schweikard aus und erst ein Vergleich mit der Personenbeschreibung (Signalement), die die Franzosen (wahrscheinlich durch Anton Keil) übermittelt hatten, zeigte, wer ihnen da ins Netz gegangen war. Bückler wurde an die französischen Behörden überstellt, wo am 7. Februar 1803 das Special-Gericht vom Donnersberg in einem 53-Punkte-Katalog seine Verbrechen zusammenfasste und die Anklage verlies. Bemerkenswert war, dass unter Punkt 1 Bückler eines Passvergehens beschuldigt wurde, nämlich „im Jahre 1796 sein väterliches Haus verlassen, ohne gültigen Paß herumgestrichen, ohne in eine Bürger-Liste eingeschrieben zu seyn, und ohne irgend einen festen Wohnsitz zu haben". [43]

Am 21. November 1803 wurde Johannes Bückler alias Schinderhannes guillotiniert.

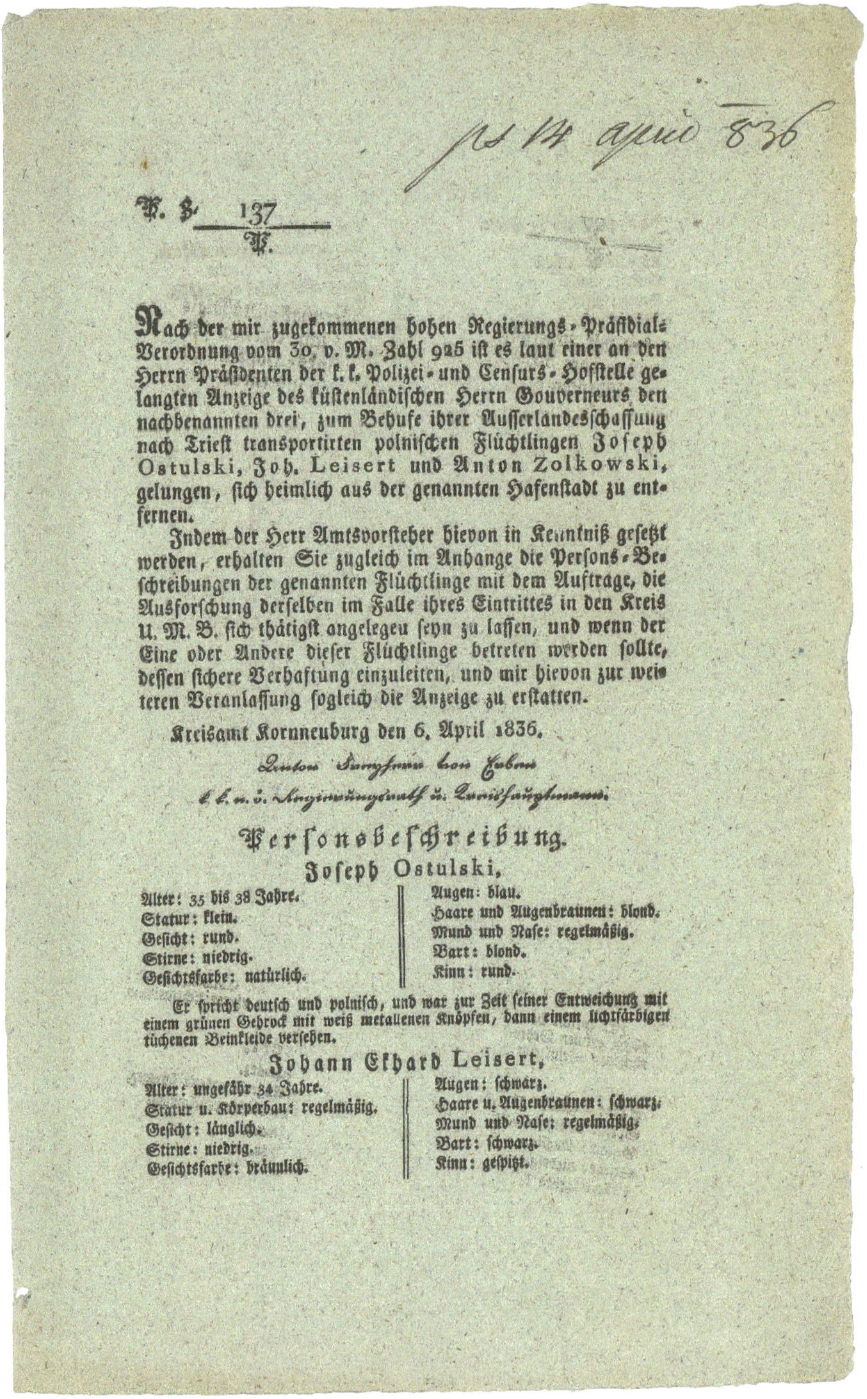

P. Z. 137
P.

Nach der mir zugekommenen hohen Regierungs-Präsidial-Verordnung vom 30. v. M. Zahl 925 ist es laut einer an den Herrn Präsidenten der k. k. Polizei- und Censurs-Hofstelle gelangten Anzeige des küstenländischen Herrn Gouverneurs den nachbenannten drei, zum Behufe ihrer Ausserlandesschaffung nach Triest transportirten polnischen Flüchtlingen Joseph Ostulski, Joh. Leisert und Anton Zolkowski, gelungen, sich heimlich aus der genannten Hafenstadt zu entfernen.

Indem der Herr Amtsvorsteher hievon in Kenntniß gesetzt werden, erhalten Sie zugleich im Anhange die Persons-Beschreibungen der genannten Flüchtlinge mit dem Auftrage, die Ausforschung derselben im Falle ihres Eintrittes in den Kreis U. M. B. sich thätigst angelegeu seyn zu lassen, und wenn der Eine oder Andere dieser Flüchtlinge betreten werden sollte, dessen sichere Verhaftung einzuleiten, und mir hievon zur weiteren Veranlassung sogleich die Anzeige zu erstatten.

Kreisamt Kornneuburg den 6. April 1836.

Personsbeschreibung.

Joseph Ostulski,

Alter: 35 bis 38 Jahre.	Augen: blau.
Statur: klein.	Haare und Augenbraunen: blond.
Gesicht: rund.	Mund und Nase: regelmäßig.
Stirne: niedrig.	Bart: blond.
Gesichtsfarbe: natürlich.	Kinn: rund.

Er spricht deutsch und polnisch, und war zur Zeit seiner Entweichung mit einem grünen Gehrock mit weiß metallenen Knöpfen, dann einem lichtfärbigen tüchenen Beinkleide versehen.

Johann Ekhard Leisert,

Alter: ungefähr 34 Jahre.	Augen: schwarz.
Statur u. Körperbau: regelmäßig.	Haare u. Augenbraunen: schwarz.
Gesicht: länglich.	Mund und Nase: regelmäßig.
Stirne: niedrig.	Bart: schwarz.
Gesichtsfarbe: bräunlich.	Kinn: gespitzt.

Abbildung 19: Steckbrief für polnische Flüchtlinge, Kornneuburg, 6. April 1836

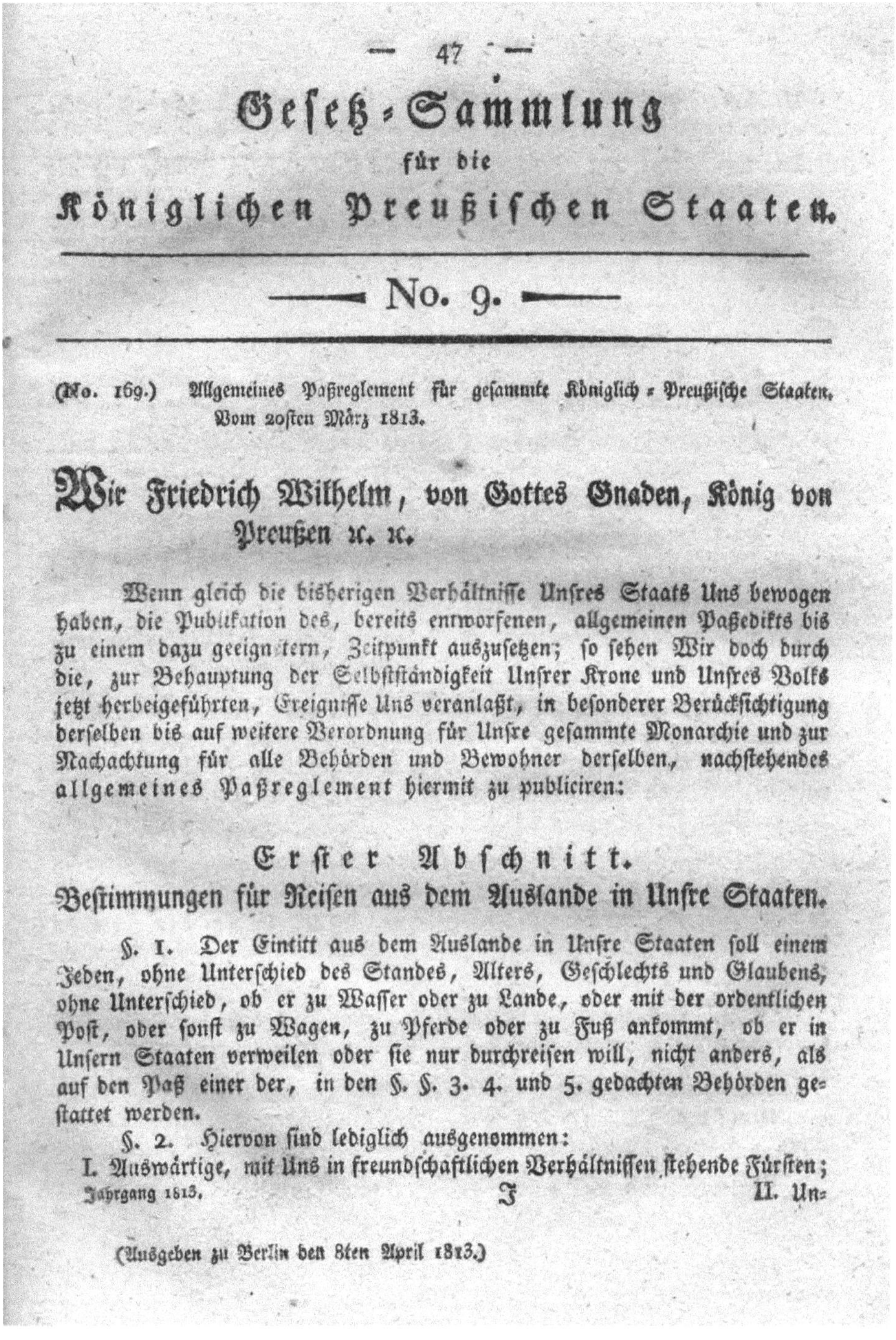

— 47 —

Gesetz-Sammlung

für die

Königlichen Preußischen Staaten.

No. 9.

(No. 169.) Allgemeines Paßreglement für gesammte Königlich-Preußische Staaten. Vom 20sten März 1813.

Wir Friedrich Wilhelm, von Gottes Gnaden, König von Preußen ꝛc. ꝛc.

Wenn gleich die bisherigen Verhältnisse Unsres Staats Uns bewogen haben, die Publikation des, bereits entworfenen, allgemeinen Paßedikts bis zu einem dazu geeignetern, Zeitpunkt auszusetzen; so sehen Wir doch durch die, zur Behauptung der Selbstständigkeit Unsrer Krone und Unsres Volks jetzt herbeigeführten, Ereignisse Uns veranlaßt, in besonderer Berücksichtigung derselben bis auf weitere Verordnung für Unsre gesammte Monarchie und zur Nachachtung für alle Behörden und Bewohner derselben, nachstehendes allgemeines Paßreglement hiermit zu publiciren:

Erster Abschnitt.

Bestimmungen für Reisen aus dem Auslande in Unsre Staaten.

§. 1. Der Eintitt aus dem Auslande in Unsre Staaten soll einem Jeden, ohne Unterschied des Standes, Alters, Geschlechts und Glaubens, ohne Unterschied, ob er zu Wasser oder zu Lande, oder mit der ordentlichen Post, oder sonst zu Wagen, zu Pferde oder zu Fuß ankommt, ob er in Unsern Staaten verweilen oder sie nur durchreisen will, nicht anders, als auf den Paß einer der, in den §. §. 3. 4. und 5. gedachten Behörden gestattet werden.

§. 2. Hiervon sind lediglich ausgenommen:

I. Auswärtige, mit Uns in freundschaftlichen Verhältnissen stehende Fürsten;

Jahrgang 1813. J II. Un-

(Ausgeben zu Berlin den 8ten April 1813.)

Abbildung 20: Allgemeines Paßreglement 1813, Titelblatt

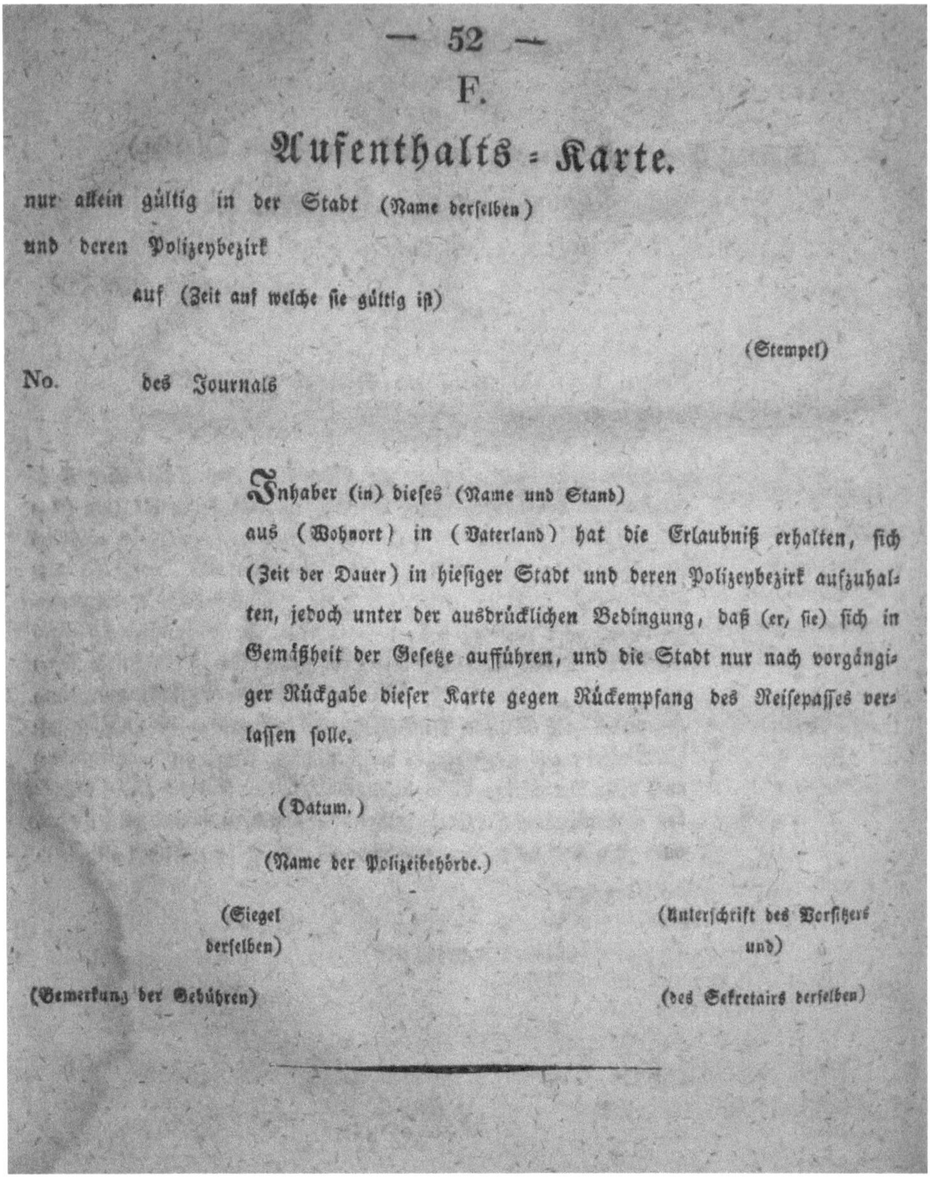

— 52 —

F.

Aufenthalts = Karte.

nur allein gültig in der Stadt (Name derselben)
und deren Polizeybezirk

auf (Zeit auf welche sie gültig ist)

(Stempel)

No. des Journals

Inhaber (in) dieses (Name und Stand) aus (Wohnort) in (Vaterland) hat die Erlaubniß erhalten, sich (Zeit der Dauer) in hiesiger Stadt und deren Polizeybezirk aufzuhalten, jedoch unter der ausdrücklichen Bedingung, daß (er, sie) sich in Gemäßheit der Gesetze aufführen, und die Stadt nur nach vorgängiger Rückgabe dieser Karte gegen Rückempfang des Reisepasses verlassen solle.

(Datum.)

(Name der Polizeibehörde.)

(Siegel derselben)

(Unterschrift des Vorsitzers und)

(Bemerkung der Gebühren)

(des Sekretairs derselben)

Abbildung 21: Muster einer Aufenthaltskarte, 1813[44]

Die weiteren Koalitionskriege und der Russlandfeldzug Napoleons bestimmten die Zeit bis Preußen und Österreich 1813 wieder in die Kampfhandlungen eingriffen. Eine Woche bevor der preußische König Friedrich Wilhelm III am 27. März 1813 gemeinsam mit Zar Alexander I Frankreich erneut den Krieg erklärte, wurde in Preußen das "Allgemeine Paßreglement für gesamte Königlich-Preußische Staaten, vom 20. März 1813" erlassen[45]. Das Reglement ist das erste Passgesetz für den gesamten preußischen Staat und sollte mit den deutlich verschärften Einreisebedingungen und fremdenpolizeilichen Bestimmungen der Kriegssituation in besonderer Weise Rechnung tragen. Aus diesem Grunde wurden die bereits in verschiedenen Städten eingeführten Aufenthaltskarten jetzt grundsätzlich im gesamten Land zur Pflicht. In § 23 des Reglements heißt es:

„Jeder Auswärtige, mit Ausnahme derjenigen, welche keines Eingangspasses bedürfen (§ 2), der über Vierundzwanzig Stunden in einer Unsrer Städte sich aufhalten will, soll den mitgebrachten Paß bei der Polizeibehörde des Orts niederlegen und dagegen von derselben eine Aufenthaltskarte nehmen, jede, zum Gefolge des Fremden gehörige, Person, dessen Ehefrau, Kinder und Dienstboten, insofern sie nicht unter Vierzehn Jahr alt ist, muß eine besondere Aufenthaltskarte nehmen, auch wenn sie keinen besonderen Paß führt, sondern auf dem des Familienvaters enthalten ist.“

Trotz der Kriegssituation machte man sich dennoch nach der „Allgemeinen Encyclopädie“ schon damals Gedanken über Nutzen und Lasten derartiger Regelungen. Zu den Aufenthaltskarten hieß es nämlich dort: *„Lästig werden sie nur dann, wenn bei ihrer Ertheilung fehlerhaft verfahren, unnötige Strenge angewandt, kein Unterschied zwischen unbekannten oder gar verdächtigen, und den als unverdächtig hinreichend bekannten Personen gemacht wird; mit Liberalität und Umsicht verwaltet, sind sie dagegen den Fremden selbst so angenehm und nützlich als für die Verwaltung der Sicherheits-Polizei wichtig.“*[46] Eine Bewertung mit Augenmaß.

Das „Allgemeine Paßreglement“ regelte jedoch weit mehr: In erster Linie sah sich die preußische Regierung *„zur Behauptung der Selbständigkeit und durch die jetzt herbeigefügten Ereignisse“* gezwungen, die Passpflicht für die Einreise in die Königlich Preußischen Staaten einzuführen. Dabei wurde explizit geregelt, dass Pässe nicht mehr wie bisher üblich durch Ortsbehörden ausgestellt wurden, sondern dazu lediglich der Staatskanzler, das Außen- und Innenministerium sowie die zuständige Polizeideputation der Provinzregierung ermächtigt wurden. Polizeideputationen hingegen durften nur in unbedenklichen Fällen und für fest vorgegebene Reiserouten Dokumente ausstellen, die zudem täglich in einer Polizeistation visiert werden mussten. Auch die Pässe des Außen- oder Innenministeriums waren nicht ohne weiteres reisetauglich und mussten zunächst für den Zweck der Ein- oder Ausreise vom jeweils anderen Ministerium visiert, also gegengezeichnet, werden. Unterschieden wurde dabei zwischen Pässen, die für Einreise zugelassen waren, sogenannten Eingangspässen, und Pässen für die Ausreise, also Ausgangspässen.[47]

Ausnahmen von der Passpflicht bei der Ein- oder Ausreise bestanden jedoch für a) Diplomaten mit Pässen des jeweiligen alliierten Staates, b) Dienstreisenden mit Militärpässen von mit Preußen oder Russland alliierten Staaten, c) Handlungsreisenden mit entsprechenden Reisedokumenten und d) Inhabern von Pässen von Zivilbehörden. Allerdings waren auch diese zu visieren und mit einem behördlichen Stempel, dem Visum, zu versehen. Daneben wurden als Sonderfälle der Besuch der Frankfurter Messe als auch der kleine Grenzverkehr, also der tagtägliche Grenzübertritt für Arbeitende im Grenzgebiet, geregelt. Das Reglement enthielt darüber hinaus Regelungen für Künstler und Handwerker, für die Wanderpässe ausgestellt wurden. Entsprechende Regelungen für Diplomaten- und Dienstpässe sowie für den kleinen Grenzverkehr bestehen im Übrigen auch heute noch.

Man war sich mit Inkrafttreten des Reglements sehr wohl bewusst, dass dies zu deutlichen Erschwernissen im Reiseverkehr führen würde, und regelte deswegen großzügig mit Hinweis auf die „größere Strenge" eine Gültigkeitsdauer der Reisepässe von immerhin drei Monaten.

Die zeitgleich mit dem Reglement erlassene Pass-Instruktion[48] war hingegen innovativ. Mit ihr wurde das mehr oder weniger willkürliche Format der Reisepässe in Preußen abgeschafft und durch fünf in der Anlage abgedruckte Formulare abschließend festgelegt. Abweichungen von Form und Inhalt waren fortan nicht mehr zulässig. Unterschieden wurde in 1. gewöhnliche Reisepässe – also für inländische Reisen, 2. Reisepässe zur Einreise, 3. Reisepässe zur Ausreise, 4. Quartalspässe zur mehrmaligen Einreise und 5. Quartalspässe zur mehrmaligen Ausreise. Die Quartalspässe waren in erster Linie für den kleinen Grenzverkehr vorgesehen. Zudem durften ab sofort die veränderlichen Einträge (z. B. das Ausstellungsdatum) nicht mehr als Zahlen, sondern immer nur als ausgeschriebene Worte vorgenommen werden. Die Instruktion sah zudem das Signalement, also die detaillierte Beschreibung des Reisenden, die Reiseroute und den Reisezweck, die Gültigkeit und neuerdings auch die Unterschrift des Passinhabers vor. Die Lack- bzw. Wachssiegel wurden abgeschafft. Es durften nur noch schwarze Amtssiegel verwendet werden, um die Fälschungssicherheit der Dokumente zu verbessern[49].

Die Instruktion wies explizit auf die Reisefreiheit der Staatsbürger im Inland hin. Für diese bestand grundsätzlich Passfreiheit, außer gesetzlich war etwas anderes bestimmt. In diesem Sinne bestand nämlich die Passpflicht im Inland für Postreisende, Juden, die nicht Staatsbürger waren, Handwerksgesellen, Tagelöhner und andere „*Personen niedern Standes, insonderheit beurlaubte, verabschiedete oder aktive Soldaten geringern Grades*".

Neu waren auch die Vorgaben für die Register, bzw. Journale. Die zur Verwaltung des Passwesens berechtigten Behörden hatten vier Journale zu führen: das Pass-Journal, das Visa-Journal, eines für die Aufenthaltskarten und ein weiteres für die Anmeldungen der Fremden, die in Gasthäusern übernachteten. Wilhelm Anton von Klewitz, Gouverneur der preußischen Provinzen[50] zwischen Elbe und Weser, hatte für das von ihm befohlene Gebiet durch Verordnung vom 19. April 1814[51] den Aufbau der Journale wie nachfolgend abgebildet festgelegt. Das Journal für die Anmeldung der Fremden bestand hingegen lediglich aus einem „Zettelkasten" der von den Gastwirten eingegangenen Meldungen.

Am 11. Februar 1814 erließ das „Departement der höhern und Sicherheitspolizey im königlichen Ministerium des Innern" die „Instruction für die Schulzen, die Verwaltung der Fremden und Paß-Polizey auf dem platten Land betreffend".[52] Diese Polizeiinstruktion war nichts anderes als eine Visa-Verordnung. Der Schulze, also der örtliche Beamte im Auftrag des Landesherrn, wurde angewiesen, wie die Überprüfung der Fremden und ihrer Pässe zu erfolgen hatte und dass diese bei der Abreise zu visieren waren. Ankommende Reisende mussten sich vor 21 Uhr noch am gleichen Abend und bei späterer Anreise bis spätestens fünf Uhr morgens beim Schulzen anmelden. Der Schulze wurde instruiert, selbst bei Vorliegen entsprechender Gewerbescheine und Hausierkonzessionen der Handlungsreisenden bzw. Kundschaften[53] der Handwerksgesellen zu prüfen, ob zusätzlich ein Pass erforderlich war. Wie wir bereits gesehen haben, galt dies insbesondere für Juden ohne preußische Staatsbürgerschaft, wandernde Handwerksgesellen, Tagelöhner, Postreisende oder Soldaten niederen Ranges.

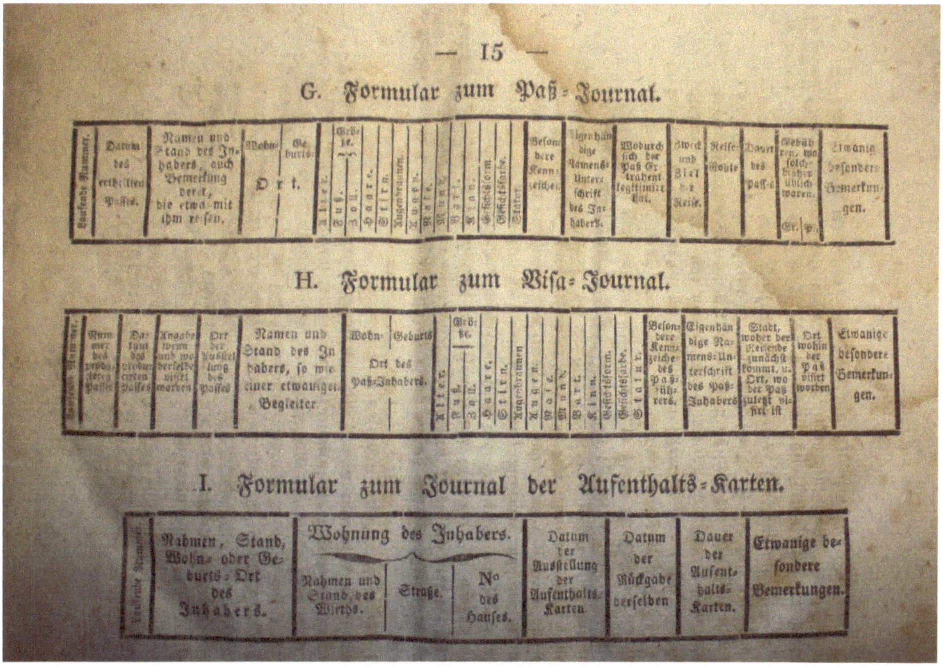

— 15 —

G. Formular zum Paß-Journal.

Laufende Nummer.	Datum des ertheilten Passes.	Namen und Stand des Inhabers, auch Bemerkung derer, die etwa mit ihm reisen.	Wohn-Ort.	Geburts-Ort.	Größe. Fuß. Zoll.	Alter.	Haare.	Stirn.	Augenbraunen.	Augen.	Nase.	Mund.	Bart.	Kinn.	Gesichtsform.	Gesichtsfarbe.	Statur.	Besondere Kennzeichen.	Eigenhändige Namens-Unterschrift des Inhabers.	Wodurch sich der Paß-Extrahent legitimirt hat.	Zweck und Ziel der Reise.	Reise-Route.	Dauer des Passes.	Gebühren, wo solche bisher üblich waren. Gr. Pf.	Etwanige besondere Bemerkungen.

H. Formular zum Visa-Journal.

Laufende Nummer.	Nummer des producirten Passes.	Datum des producirten Passes.	Angabe, wenn und wo derselbe visirt worden.	Ort der Ausstellung des Passes.	Namen und Stand des Inhabers, so wie einer etwanigen Begleiter.	Wohn-Ort des Paß-Inhabers.	Geburts-Ort.	Größe. Fuß. Zoll.	Alter.	Haare.	Stirn.	Augenbraunen.	Augen.	Nase.	Mund.	Bart.	Kinn.	Gesichtsform.	Gesichtsfarbe.	Statur.	Besondere Kennzeichen des Paß-Führers.	Eigenhändige Namens-Unterschrift des Paß-Inhabers.	Stadt, woher der Reisende zunächst kommt, u. Ort, wo der Paß zuletzt visirt ist.	Ort wohin der Paß visirt worden.	Etwanige besondere Bemerkungen.

I. Formular zum Journal der Aufenthalts-Karten.

Laufende Nummer.	Nahmen, Stand, Wohn- oder Geburts-Ort des Inhabers.	Wohnung des Inhabers. Nahmen und Stand des Wirths.	Straße.	No des Hauses.	Datum der Ausstellung der Aufenthalts-Karten.	Datum der Rückgabe derselben.	Dauer der Aufenthalts-Karten.	Etwanige besondere Bemerkungen.

Abbildung 22: Formulare zum Paß-, Visa- und Aufenthalts-Karten-Journal, Halberstedt, 1814[54]

Der abgebildete „Freiwillige Reise-Paß im Inlande" von 1822 zeigt – wie gefordert – bereits das vorgedruckte Feld für die Unterschrift des Passinhabers. Der Pass enthält neben den Stempeln der ausstellenden Behörde in Görlitz auch ein heute übliches Sicherheitsmerkmal: Ein Wasserzeichen „H Sr M F", dessen Bedeutung sich jedoch nicht unmittelbar erschließt. Während der Pass aus Görlitz formal durch den preußischen Staat für die Dauer von einem Jahr ausgestellt wurde, war der vom Stadtrath der Stadt Borna 1834 ausgestellte Reisepass lediglich für die Dauer eines Monats und für die Route *„Borna - Waldheim - Nossen - Dresden und von dort nach Deumen zurück"* gültig. Unterschrieben ist der Pass von dem „Expedienten" Carl August Gottlieb Opitz. Auf der Rückseite ist ein Visum der Polizeibehörde Königstein aufgebracht.

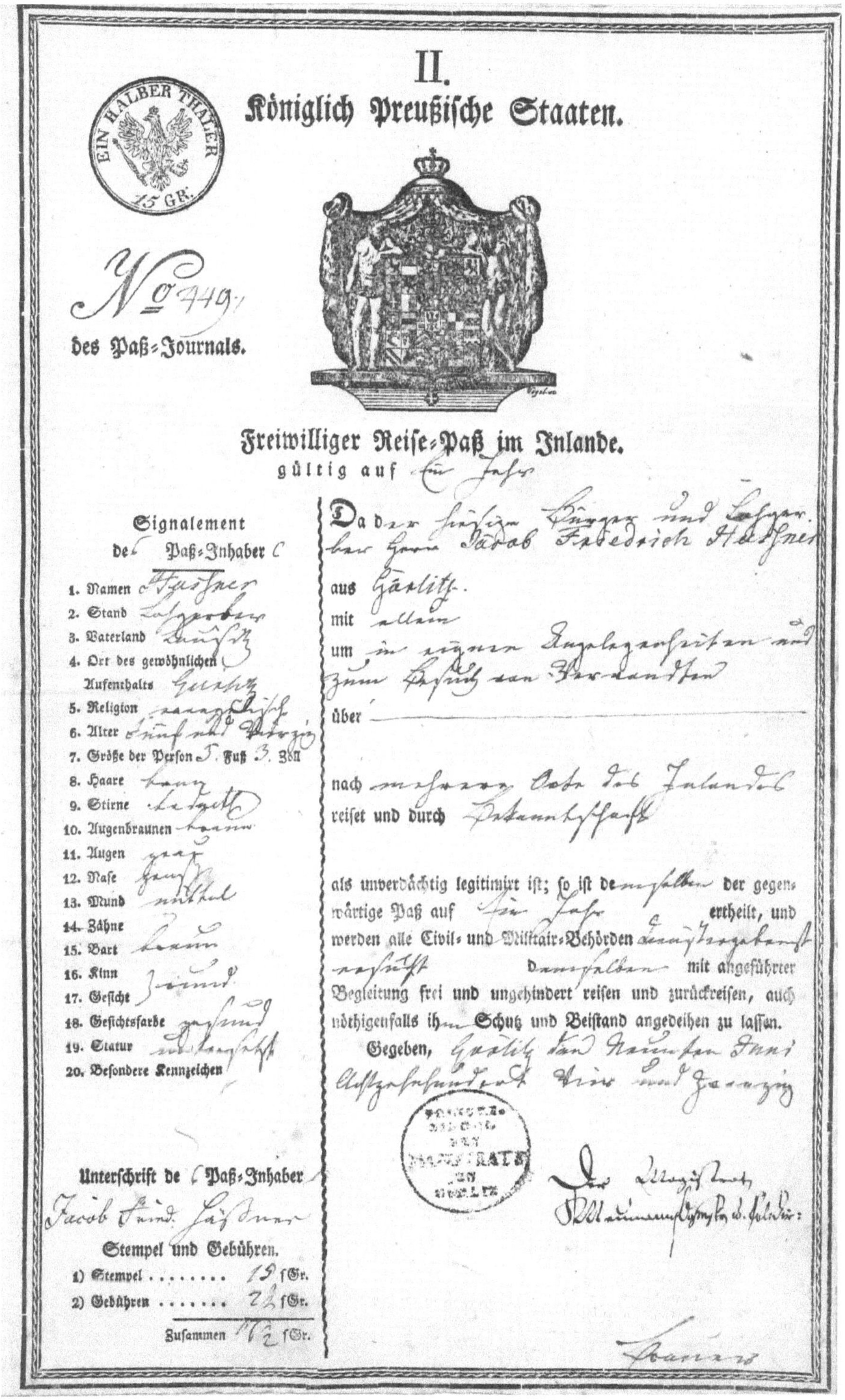
II.

Königlich Preußische Staaten.

EIN HALBER THALER 15 GR.

No 449

des Paß-Journals.

Freiwilliger Reise-Paß im Inlande.

gültig auf

Signalement des Paß-Inhabers

1. Namen
2. Stand
3. Vaterland
4. Ort des gewöhnlichen Aufenthalts
5. Religion
6. Alter
7. Größe der Person 5. Fuß 3. Zoll
8. Haare
9. Stirne
10. Augenbraunen
11. Augen
12. Nase
13. Mund
14. Zähne
15. Bart
16. Kinn
17. Gesicht
18. Gesichtsfarbe
19. Statur
20. Besondere Kennzeichen

Unterschrift des Paß-Inhabers

Stempel und Gebühren.

1) Stempel .... 15 sGr.
2) Gebühren .... 2½ sGr.

Zusammen 17½ sGr.

Da der
aus
mit
um
über
nach
reiset und durch
als unverdächtig legitimirt ist; so ist demselben der gegenwärtige Paß auf ertheilt, und werden alle Civil- und Militair-Behörden denselben mit angeführter Begleitung frei und ungehindert reisen und zurückreisen, auch nöthigenfalls ihm Schutz und Beistand angedeihen zu lassen.

Gegeben,

Abbildung 23: Freiwilliger Reise-Paß im Inlande (Preussen), ausgestellt 1824 Görlitz / Görliz

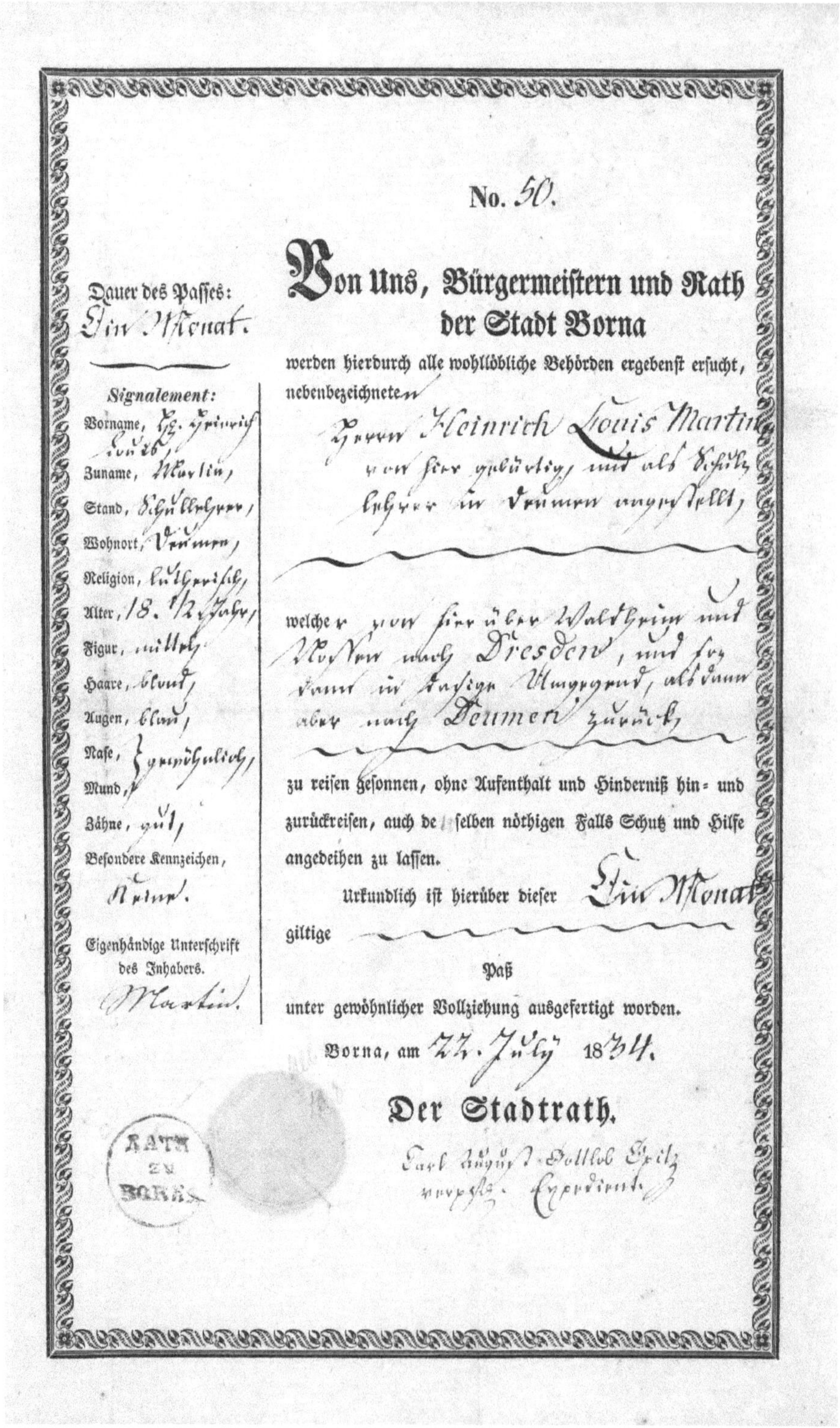

No. 50.

Von Uns, Bürgermeistern und Rath der Stadt Borna

werden hierdurch alle wohllöbliche Behörden ergebenst ersucht, nebenbezeichneten

Herrn Heinrich Louis Martin

welcher … nach Dresden, …

zu reisen gesonnen, ohne Aufenthalt und Hinderniß hin- und zurückreisen, auch de selben nöthigen Falls Schutz und Hilfe angedeihen zu lassen.

Urkundlich ist hierüber dieser Ein Monat giltige

Paß

unter gewöhnlicher Vollziehung ausgefertigt worden.

Borna, am 22. July 1834.

Der Stadtrath.

Dauer des Passes: Ein Monat.

Signalement:

Vorname,

Zuname, Martin,

Stand,

Wohnort,

Religion,

Alter, 18 1/2 Jahr,

Figur,

Haare,

Augen,

Nase,

Mund,

Zähne,

Besondere Kennzeichen,

Eigenhändige Unterschrift des Inhabers.

Martin.

RATH ZU BORNA

Abbildung 24: Reisepass des Stadtrats zu Borna, 1834

Abbildung 25: Reisepass des Stadtrats zu Borna, 1834, Rückseite mit Visum der Polizeibehörde Königstein

Das Paß-Reglement vom 20. März 1813 wurde bereits im darauf folgenden Jahr durch die Deklaration vom 20. Februar 1814[55] angepasst. Ein Grund war sicherlich die zutreffende Einschätzung, Reisebedingungen nur mit Augenmaß festzulegen, die – wie oben schon erwähnt – später in der Allgemeinen Encyclopädie wiedergeben werden sollte. Wesentlicher war aber die aktuelle Lage in Europa. Nachdem in der Völkerschlacht bei Leipzig vom 16. Oktober bis zum 19. Oktober 1813 Preußen gemeinsam mit seinen Verbündeten (Österreich, Russland und Schweden) den Franzosen unter Napoleon die kriegsentscheidende Niederlage zugeführt hatte, sah man sich in der Lage, einzelne 1813 getroffenen Verschärfungen im Reiseverkehr wieder aufzuweichen.

Mit der Deklaration wurden deswegen Reiseerleichterungen für Handwerksgesellen, Frachtfuhrleute und Viehhändler eingeführt. Ausländer der genannten Profession durften von nun an mit den Reisepässen ihrer Heimatstadt, also mit ausländischen Reisepässen in den Herrschaftsbereich Preußens einreisen. Natürlich nur bei Reisen aus befreundeten Staaten, etwa Schweden und Russland. Grenzbeamte hatten derartige Reisepässe zu visieren und die Reisenden an die Polizeibehörde der nächsten preußischen Grenzstadt zu verweisen. Dort erhielt der Fuhrmann, Handwerker oder Viehtreiber einen stempelfreien Interimspass, mit dem er sich auf einer fest vorgegebenen (möglichst geraden) Route zu seinem Zielort in Preußen auf den Weg machte. Die Route wurde zwecks Kontrollmöglichkeiten in den Pass eingetragen. Den mitgebrachten ausländischen Pass vereinnahmte die Polizeibehörde der Grenzstadt und sendete diesen zusammen mit der Personenbeschreibung (Signalement) per Postkurierdienst an die zuständige Passbehörde am Zielort. Das bei Handwerkern übliche Wanderbuch durfte der Geselle behalten. In der Ziel-Passbehörde wurde schließlich der endgültige „Eingangspass“, also der für die Einreise nach Preußen offiziell benötigte Pass, ausgestellt.

Sollte der Handwerker aber auf seiner Reise, also vor dem Erreichen des Zielortes, Arbeit finden, meldete er sich bei der dortigen Polizeibehörde. Diese übernahm das Wanderbuch, den Interimspass und alle sonstigen Legitimationspapiere und sendete diese an die ursprüngliche Ziel-Passbehörde. Diese wiederum schickte alles, ergänzt um den endgültigen Pass zurück. Während dieses „Hin und Her“'s musste die lokale Polizeibehörde jederzeit „*auf den Handwerksgesellen ein wachsames Auge haben*“.

Soviel zu den eingetretenen „Reiseerleichterungen“! Vor allem, da die Ausreise weiterhin nur mit einem preußischen „Ausgangspass“ möglich war, der nach wie vor unter den schärferen Regularien von 1813 ausgestellt wurde.

Die Deklaration enthiel darüber hinaus eine Regelung, die wir heute Verordnungsermächtigung nennen würden: Dem Ministerium des Innern wurde aufgetragen, *„für die Vollziehung des Gesetzes Sorge zu tragen und dasselbe, vorkommenden Umständen nach, näher zu bestimmen und zu erläutern"*.

Nachdem Napoleon besiegt war, ging es erneut darum, Europa neu zu gliedern. Diskutiert wurde die Rückkehr zum Heiligen Römischen Reich ebenso wie die Gründung eines einheitlichen Bundesstaates. Aber der einzig politisch gangbare Weg lag in der Gründung eines Staatenbundes unter österreichischer Vorherrschaft. Am 8. Juni 1815 wurde auf dem Wiener Kongress der Deutsche Bund gegründet, in dem sich 39 Mitgliedstaaten zusammenfanden. Diese unterzeichneten in einem formalen Akt die so genannte Bundesakte, die Verfassung des Bundes, mit der das Gleichgewicht in Europa wiederhergestellt werden sollte. Ein letztes kurzes Aufbegehren Napoleons wurde bei Waterloo in Belgien durch Großbritannien und Preußen am 18. Juni 1815 niedergeschlagen.

Damit waren nach 23 Jahren Krieg in Europa die Voraussetzungen geschaffen, um den Bürgerinnen und Bürger Ruhe und Frieden zurückzubringen. Aufgrund der eingetretenen politischen Entspannung konnten das Passgesetz vereinfacht und weitere Reiseerleichterungen eingeführt werden. Am 22. Juni 1817 wurde das Reglement und die Deklaration aus 1813/1814 außer Kraft gesetzt und durch das „Allgemeine Paß-Edikt für die Preußische Monarchie"[56] ersetzt.

Was war neu?

Neben den bestehen gebliebenen Ausnahmen für Diplomaten, Grenzgänger, Polizisten, mitreisenden Familienangehörigen usw. wurden die Wanderbücher der Handwerksgesellen und Künstler zu eigenständigen Pässen aufgewertet und dienten fortan als Passersatzpapiere (Abbildungen 26 und 29). Die Provinzregierungen wurden zudem ermächtigt, Eingangspässe nicht mehr nur für ihre Provinzen sondern jetzt auch für den gesamten preußischen Staat auszustellen. Schiffsmannschaften benötigten, sofern sie ihre Schiffe nicht verließen, keine eigenen Reisepapiere mehr, wenn sie in der Musterrolle oder dem Pass des Kapitäns eingetragen waren (Abbildungen 27 und 28).

— 391 —

Anlage B.

Formular zu einem Wanderbuche.

NB. Dieses Formular ist in Octavformat anzufertigen, und zu einem Buche, welches 16 paginirte Blätter enthalten muß, zu formiren. Das Formular ist mit blauem Untergrunde und dunkelblauer Schrift auf violettem Papiere bedruckt.

1

№ des Registers.

(16 Blätter enthaltend.)

Königreich Hannover.

Wanderbuch

für

gebürtig aus

wohnhaft in

Profession

Gegenwärtiges Wanderbuch dient dem Inhaber zu seiner Legitimation und vertritt die Stelle gewöhnlicher Päffe und Kundschaften.

Erinnerung.

1) Der Inhaber dieses Wanderbuchs muß in hiesigem Lande an jedem Orte, wo er sich zweimal 24 Stunden aufhält, sich bei der Polizeibehörde melden und sein Wanderbuch von derselben visiren lassen.

2) Die Visa's der Wanderbücher werden gratis ertheilt.

3) Der Inhaber darf an den Orten, wo er keine Arbeit findet, sich nicht länger als zweimal 24 Stunden aufhalten.

2

4) Die in dem Wanderbuche vorgeschriebene Route darf er ohne ausdrückliche Erlaubniß der betreffenden Behörde nicht verlassen.

5) Bei Gefängnißstrafe ist ihm das Betteln und zwecklose Umherziehen untersagt.

6) Die Annahme eines falschen Namens, der Gebrauch eines fremden oder verfälschten Wanderbuchs, Rasuren, Ausstreichungen, oder jede andere vorgenommene Verfälschung wird mit der gesetzlichen Strafe belegt.

7) Hinsichtlich der Theilnahme an unerlaubten Gesellenverbindungen, Gesellengerichten, Verrufserklärungen und dergleichen Mißbräuchen ist ein Auszug aus der Königlichen Verordnung vom 31. December 1840, der Gewerbeordnung und dem Polizeistrafgesetze, sowie auch ein Vermerk darüber, daß der Inhalt der genannten gesetzlichen Bestimmungen dem Inhaber eröffnet ist, in das Wanderbuch eingeheftet.

Signalement.

Alter	Nase
Größe Fuß Zoll.	Mund
Statur	Zähne
Haare	Kinn
Stirn	Bart
Augenbrauen	Gesicht
Augen	Gesichtsfarbe
Besondere Zeichen:	

Unterschrift des Inhabers:

(Ort und Datum der Ausstellung.)

Die nächstfolgenden Seiten enthalten einen Auszug aus den betreffenden Bestimmungen der Verordnung vom 31. December 1840, der Gewerbeordnung und des Polizeistrafgesetzes. Am Schlusse derselben ist Ort und Datum der Ausstellung und Unterschrift und Siegel der Behörde einzutragen. — Ort und Datum der Ausstellung ist auch am Schlusse der zweiten Seite zu bemerken.

Abbildung 26: Muster eines Wanderbuches aus „Sammlung der Gesetze, Verordnungen und Ausschreiben für das Königreich Hannover vom Jahre 1862“, Hannover, Karl Friedrich Kius, 1862, S. 391

Duplicat!

Deutsches Reich.

Musterrolle

der Mannschaft des deutschen Segel „Schiffes
„Venus“

~~Heimatshafen:~~
Registerhafen:
Augustenburg

Unterscheidungssignal:
L. M. S. W.

Für die ~~Reise~~*) in der Ostsee
~~Zeit~~*) unbestimmt

Hafen der Ausreise: Augustenburg

Vor dem unterzeichneten Seemannsamte sind erschienen der nachbenannte Schiffer auf kleiner Fahrt als Kapitän einerseits, und die unter Nr. 1 bis – nachbenannten Schiffsoffiziere und Schiffsleute andererseits und haben erklärt, daß diese sich zum Schiffsdienste nach Maßgabe der deutschen Seemannsordnung auf dem obengenannten Schiffe und, soweit nicht nachstehend anderes vermerkt, für die vorbezeichnete Reise*) / Zeit*) gegen die bei ihrem Namen angegebene Heuer sowie nach Empfang des unter der Heuer angegebenen Vorschusses und unter den umstehend aufgeführten weiteren Bedingungen verheuert haben.

Die Heuer ist, soweit dabei nichts anderes vermerkt steht, in Mark und für den Monat angegeben; die Zahlung beginnt mit dem Tage der Anmusterung, soweit ein früherer Tag des Dienstantritts vermerkt ist, mit diesem.

Sonderburg, den 1 März 1906

Das Seemannsamt.

Königl. Preuß. Musterungsbehörde

*) Das Unzutreffende ist zu durchstreichen.

A.
№ 98. Reichsdruckerei.

Abbildung 27: Musterrolle des Deutschen Reichs, 1906, Segelschiff Venus

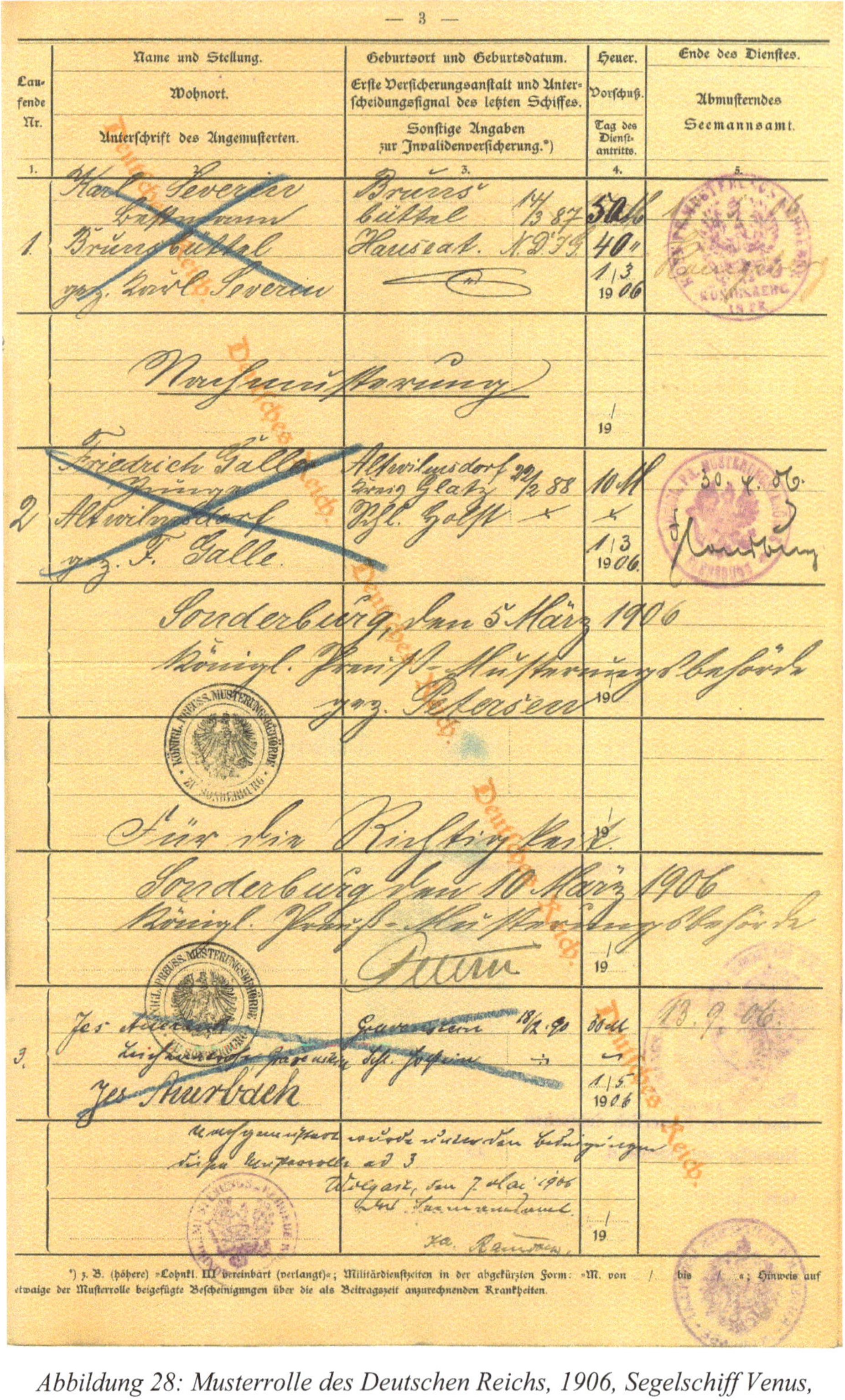

— 3 —

Laufende Nr.	Name und Stellung. Wohnort. Unterschrift des Angemusterten.	Geburtsort und Geburtsdatum. Erste Versicherungsanstalt und Unterscheidungssignal des letzten Schiffes. Sonstige Angaben zur Invalidenversicherung.*)	Heuer. Vorschuß. Tag des Dienstantritts.	Ende des Dienstes. Abmusterndes Seemannsamt.
1.	2.	3.	4.	5.
1.	Karl Severin, Bootsmann, Brunsbüttel, gez. Karl Severin	Brunsbüttel 14/3 87, Hanseat. N.D.T.G.	50 M, 40 M, 1/3 1906	
	Nachmusterung		/19	
2.	Friedrich Galle, Jungmann, Altwilmsdorf, gez. F. Galle	Altwilmsdorf Kreis Glatz 22/2 88, Schl. Holst	10 M, 1/3 1906	30. 4. 06.
	Sonderburg den 5. März 1906 Königl. Preuß. Musterungsbehörde gez. Petersen		19	
	Für die Richtigkeit		19	
	Sonderburg den 10 März 1906 Königl. Preuß. Musterungsbehörde		19	
3.	Jes Auerbach, Jes Auerbach	18/2 90	1/5 1906	13. 9. 06.
	Sonderburg, den 7. Mai 1906		19	

Deutsches Reich.

*) z. B. (höhere) »Lohnkl. III vereinbart (verlangt)«; Militärdienstzeiten in der abgekürzten Form: »M. von . / . bis . / .«; Hinweis auf etwaige der Musterrolle beigefügte Bescheinigungen über die als Beitragszeit anzurechnenden Krankheiten.

Abbildung 28: Musterrolle des Deutschen Reichs, 1906, Segelschiff Venus, Eintragungen der Angemusterten

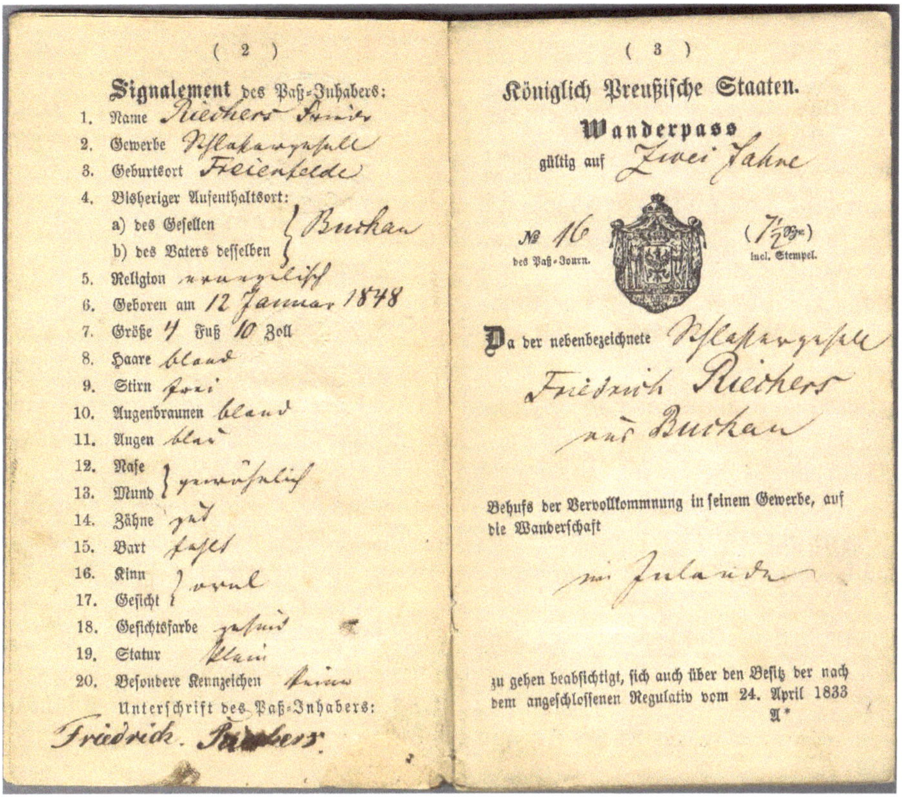
(2)

Signalement des Paß-Inhabers:

1. Name
2. Gewerbe
3. Geburtsort
4. Bisheriger Aufenthaltsort:
   a) des Gesellen
   b) des Vaters desselben
5. Religion
6. Geboren am 12 Januar 1848
7. Größe 4 Fuß 10 Zoll
8. Haare
9. Stirn
10. Augenbraunen
11. Augen
12. Nase
13. Mund
14. Zähne
15. Bart
16. Kinn
17. Gesicht
18. Gesichtsfarbe
19. Statur
20. Besondere Kennzeichen

Unterschrift des Paß-Inhabers:

Friedrich Riechers

(3)

Königlich Preußische Staaten.

Wanderpass

gültig auf Zwei Jahre

№ 16 des Paß-Journ.

incl. Stempel.

Da der nebenbezeichnete

Friedrich Riechers

Behufs der Vervollkommnung in seinem Gewerbe, auf die Wanderschaft

zu gehen beabsichtigt, sich auch über den Besitz der nach dem angeschlossenen Regulativ vom 24. April 1833

Abbildung 29: Wanderpass für den Schlossergesellen Friedrich Riechers, Preußen 1866

Die Landräte und städtischen Polizeiverwaltungen wurden sogar ermächtigt, Eingangspässe für die ausländischen Grenzgänger auszufertigen, sofern diese in einer grenznahen Gemeinde bis zu einer Entfernung von zwei Meilen wohnten, „*wiederkehrende Geschäfte*" erbrachten und natürlich unbescholten und unverdächtig waren. Diese Pässe durften außerdem als Generalpässe, also ohne regionale Einschränkungen, und für die Dauer eines Jahres ausgegeben werden (wie der Pass aus Görlitz, siehe oben). Neben den weiterhin bestehenden Erleichterungen für Kaufleute, Fuhrleute, Messebesucher und Viehhändler kam aber eine neue Gruppe Reisender hinzu, die bislang als solche nicht in Erscheinung getreten war. Zumindest nicht durch rechtliche Würdigung. Kurbesuche waren populär geworden und Grund für einen neuartigen Tourismus. Ausländische Besucher der preußischen Brunnen und Bäder wurde die Einreise von nun an auch mit ihrem Heimatpass gestattet. Offensichtlich hatte Preußen einen neuen Wirtschaftszweig entdeckt.

Geschichte der Kur- und Heilbäder[57]

Viele der deutschen Kur- und Heilbäder wie Wiesbaden oder Baden-Baden sind römischen Ursprungs, wurden aber vor allem während des Dreißigjährigen Krieges aus nahe liegenden Gründen nicht mehr aufgesucht. Das Bäderwesen war daher erst seit dem 18. Jahrhundert wieder in Mode gekommen. Die Reisen dorthin dienten aber tatsächlich weniger gesundheitlichen Zwecken als dem Amüsement. Der Besuch kultureller Veranstaltungen und vor allem der Spielkasinos durch die in der Regel wohlhabenden Reisenden stellte eine enorme Einnahmequelle dar, so dass es gerade im Interesse der Landesherren lag, vor allem die Anreise zu erleichtern. Dazu gehörten der Ausbau der Straßen und die Aufweichung der Bestimmungen für die zur Einreise gültigen Dokumente. Dass die Rechnung aufging, zeigte sich etwa am Bespiel Bad Ems', wo Ende des 19. Jahrhunderts mehr als die Hälfte aller Gäste aus dem Ausland kam, als prominentestes Beispiel der russische Zar Nikolaus I. Der entstehende „Massentourismus" gerade des gut situierten Bürgertums fand aber keinesfalls die Zustimmung des selbst Erholung suchenden deutschen Adels, der die Bäder bisher als exklusives Refugium gesehen hatte.

Das erste deutsche Seebad entstand 1793 in Doberan-Heiligendamm an der Ostsee. Bis Mitte des 19. Jahrhunderts folgten an den deutschen Küsten insgesamt weitere 25. Die Motivation war hier auf beiden Seiten die gleiche, wie schon bei den inländischen Bädern: Staatsfinanzen und Unterhaltung.

Auch die Passfreiheit für Reisen im Inland wurde weniger streng gefasst. „*Zu Reisen im Innern Unsers Reichs soll der Inländer eines Polizeipasses nicht bedürfen, sondern ohne denselben frei und ungehindert reisen dürfen,...*". Es war lediglich erforderlich, sich bei Bedarf und auf Verlangen zu legitimieren, also auszuweisen. Die dazu vorzulegenden Dokumente waren aber nicht fest vorgegeben. Selbst Zeugnisse, Briefe oder „*sonstige glaubwürdigen Mittel*" konnten dazu vorgelegt werden. In diesem Sinne ist auch die „Freiwilligkeit" des Reisepasses aus Görlitz (vgl. obige Abbildung) zu interpretieren.

Die Passfreiheit im Inland war auch der Grundstein für die Einführung der Personalausweise, so wie wir sie heute kennen. Insbesondere darf § 13 des Allgemeinen Paß-Edikts zu Recht als erste gesetzliche Regelung innerdeutscher Personalausweise verstanden werden: „*Zur Erleichterung der Legitimation sollen jedoch den im Inland Unsers Staates reisenden Inländern auf Verlangen von Unserm Polizeiministerium, von der Regierung der Provinz, oder von der ordentlichen Polizeiobrigkeit ihres Wohnortes, entweder Pässe, oder mit dem Signalement versehene Legitimationskarten, gegen Gebühr von vier Groschen incl. des Stempels von zwei Groschen, auf ein Jahr ertheilt, und nach Ablauf desselben anderweitig unentgeldlich verlängert werden.*" Die so eingeführten Legitimationskarten gehen damit den oft als erste Personalausweise bezeichneten Passkarten (s. u.) voraus. Die nachfolgende Legitimations-Karte wurde 1846 für den berühmten Maler und Verleger Kaspar Braun (1807 – 1877) für seine Reise nach Aschaffenburg und Augsburg ausgestellt.

Kaspar Braun

Kaspar Braun wurde am 13. August 1807 in Aschaffenburg geboren. Braun war Zeichner, Maler, Holzschneider und später auch Verleger.

Bekannt geworden ist Braun vor allem durch die Zeichnung des Münchner Kindl, das dem Münchner Stadtwappen entsteigt (1847).

Abbildung 30: Kaspar Braun[58]

Braun lernte an der Münchner Kunstakademie und bei Henri Brévière in Paris. Studienreisen führten ihn bis nach Ungarn. Nach seiner Rückkehr (1839) baute er zusammen mit dem Hofrat von Dessauer eine Lehranstalt für Holzschneidekunst auf, in der eine Reihe später bekannt gewordener Holzschneider ausgebildet wurden. Mit dem Buchhändler Friedrich Schneider (* 10. Oktober 1815) gründete Braun 1844 das Verlagshaus „Braun und Schneider“, das die „Fliegenden Blätter“ und den „Münchener Bilderbogen“ herausgab. Zu den bekanntesten Künstlern des Verlages gehörte Wilhelm Busch mit „Max und Moritz“.

Abbildung 31 und die Dokumente im Anhang belegen zahlreiche Studienreisen Brauns zwischen 1833 und 1846.

Kaspar Braun verstarb am 29. Oktober 1877 in München

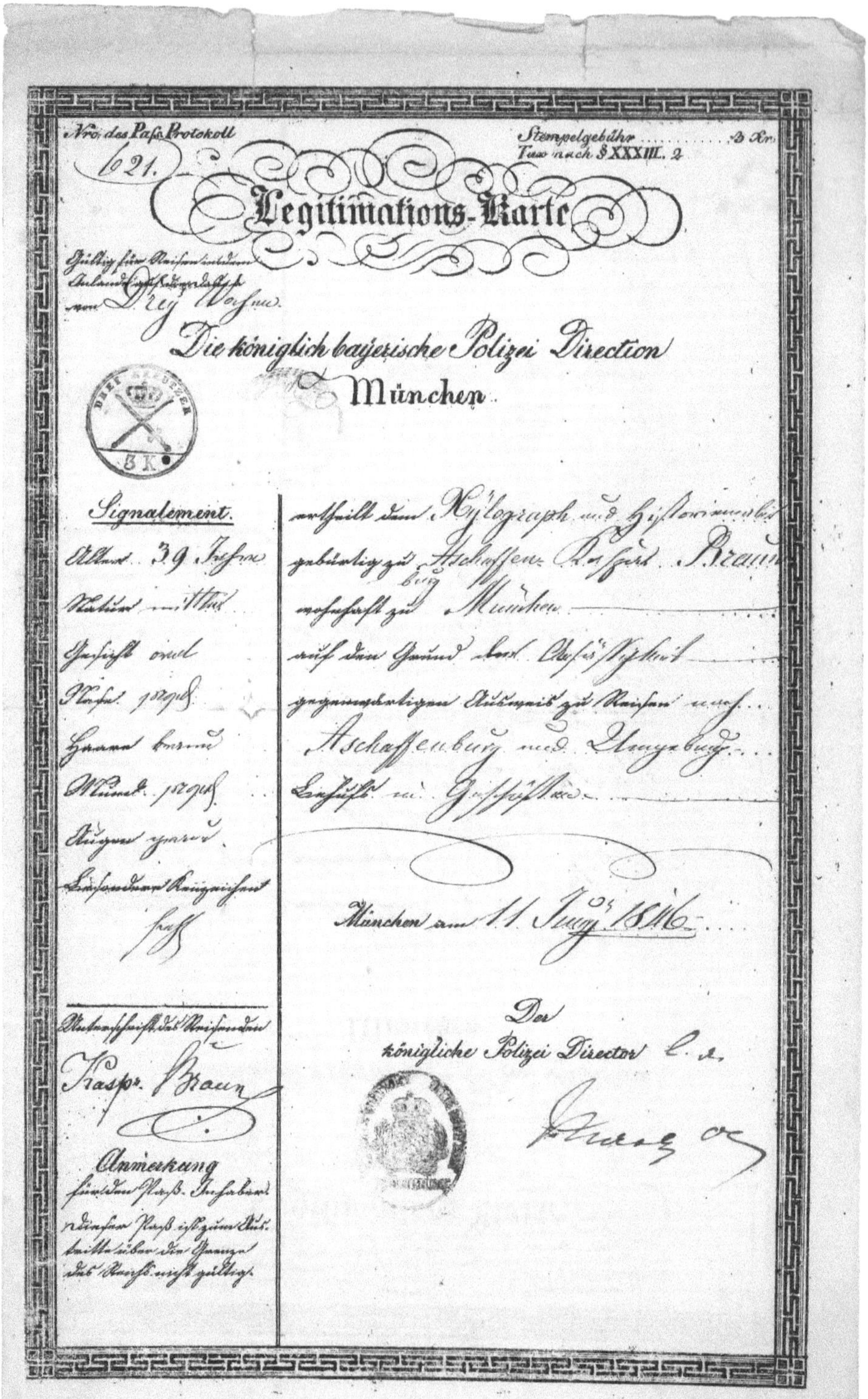

Nro. des Paß Protokoll 621.

Stempelgebühr .... 3 Kr.
Tax nach § XXXIII. 2

Legitimations-Karte

Die königlich bayerische Polizei Direction
München

DREI KREUZER
3 K

Signalement.

Alter 39 Jahre

München am 11 Aug. 1846

Der
königliche Polizei Director

Unterschrift des Reisenden
Kaspr. Braun

Anmerkung

Abbildung 31: Legitimationskarte der königlich bayerischen Polizei Direction München für den Maler Kaspar Braun, 1846

Magyarország. — Königreich Ungarn.

Érvényes egy évre. Gültig für ein Jahr.

33 1874

Igazolási jegy

Legitimations-Karte

für

Vezeték és melléknevе / Vor- und Zuname: Wolf János

Rangja, foglalkozása / Charakter, Beschäftigung: Napszámos

Lakhelye / Wohnort: Bonisdorf

Kora / Alter: 1822

szolgabíró

Kelt / Ausgestellt am: St. Gotthard 1874 Janu 28án

Az igazolási jegynek hamisítása vagy azzal elkövetett visszaélés a fenálló törvények szerint büntettetik.

Jede Verfälschung einer Legitimations-Karte, oder jeder Missbrauch mit derselben wird nach den bestehenden Gesetzen bestraft.

Abbildung 32: Legitimation-Karte, Königreich Ungarn, Szentgotthárd, 1874

Anmerkung: Die abgebildete Legitimations-Karte von 1874 aus Szentgotthárd im Königreich Ungarn unterscheidet sich bereits durch ihr deutlich kleineres Format. Auch ein ausführliches Signalement fehlt.

Allerdings wurde in dem Paß-Edikt die diskriminierende Regelung für in Preußen lebenden Juden beibehalten. Diese wurden selbst als Inländer weiterhin von der Passbefreiung ausgenommen, wenn sie nicht die preußische Staatsangehörigkeit besaßen.

Neben den beschriebenen Edikten und Verordnungen von Bayern, Preußen, Hessen und Westfalen wurden analoge Regelungen auch in den übrigen Staaten eingeführt. Hugo Häpe hat in seinem Artikel von 1866 die Gesetzgebung der einzelnen Bundesstaaten umfassend recherchiert und die Unterschiede detailliert herausgearbeitet. Danach wurde je nach innenpolitischer Lage mal mehr die öffentliche Sicherheit und mal mehr die Bequemlichkeit des Einzelnen beim Reisen in den Vordergrund gestellt.[59]

Die 20er und 30er Jahre waren passrechtlich nicht von besonderer Bedeutung. Bis Ende 1841 hatten die bestehenden Regelungen im Grundsatz Bestand. Änderungen betrafen lediglich die Durchführungsbestimmungen zur unverändert bestehenden Rechtslage. Die jeweiligen passrechtlichen Bestimmungen der Bundesstaaten dienten insofern der internen wie der staatenübergreifenden Konsolidierung, behandelten Einzelfragen, wie etwa die Finanzierung von Vordrucken bzw. der Feststellung der Staatsangehörigkeit, oder trafen spezielle Regelungen für Juden.

Als Besonderheiten dieser Zeit und zur Vervollständigung des Portfolios verfügbarer und standardisierter Reisedokumente sind noch die nur in Einzelfällen ausgestellten Individualpässe hervorzuheben. Solche waren Lumpensammlerpässe (Abb. 33 und 34), Leichenpässe und sogenannte Zwangspässe (Abb. 35). Für letztere wurde zunächst der schlichte Begriff „Reise-Route" (Abb. 36) verwendet.

Lumpen wurden damals als Rohstoff für die industrielle Papierherstellung verwertet. Den Papierfabrikanten wurde durch Erlass der lokalen Verwaltungsbehörden auferlegt, den für sie umherziehenden Sammlern Lumpensammlerpässe sozusagen als Gewerbeschein auszustellen. Das Sammeln von Lumpen ohne solche Pässe war unter Strafe gestellt, damit die wichtigen Rohstoffe nicht ohne weiteres außer Landes geschafft werden konnten.[60] Mit Bekanntmachung vom 6. April 1857 wurde der Lumpensammlerpass zum Beispiel in verschiedenen Bezirken des Königreichs Hannover sogar zum regulären aber widerrufbaren Reisepass aufgewertet. [61]

Die Ausstellung von Leichenpässen ist hingegen schon im Allgemeinen Preußischen Landrecht[62] vom 5. Februar 1794 geregelt, wonach für Leichentransporte durch andere Gerichtsbezirke zunächst beim Obergericht der Provinz ein Leichenpass beantragt werden musste. Als Beispiel für eine regionale Umsetzung sei hier die Verordnung der Landdrostei Hildesheim erwähnt, wonach das Formular eines solchen Leichenpasses nachfolgenden Text enthalten musste:

> *„Auf desfallsiges Ansuchen ist gestattet, den entseelten Körper abzuführen, und werden deshalb alle betreffenden Behörden der Orte, durch welche die Leiche durchgeführt wird, mittelst dieses Passes ersucht, dieselbe nebst Begleitung unaufgehalten passieren zu lassen, und deren Fortbringung erforderlichen Falles thunlichst zu befördern."*[63]

Zwangspässe und Reise-Routen wurden Fremden ausgestellt, deren weiterer Aufenthalt im Land unerwünscht war. Sie wurden unter Mitgabe dieser Dokumente ausgewiesen. Voraussetzung dafür war, dass das jeweilige Individuum selbst nicht als gefährlich eingestuft worden war und sich keiner schweren Verbrechen schuldig gemacht hatte. Dies betraf vor allem Bettler und Landstreicher. Bis 1824 war es noch üblich gewesen, aufgrund der „Circulare des königl. Polizei-Ministeriums, das Verfahren bei Vagabonden-Transporten betreffend“[64] reguläre Reisepässe mit vorgegebener Route auszustellen. Da diese aber bei den Kontrollen nicht offensichtlich erkennen ließen, dass es sich um ausgewiesene Reisende handelte, wurden mit dem Circular-Rescript vom 18. August 1824[65] besagte Zwangs-Pässe und die „Reise-Route“ genannten Dokumente eingeführt. Diese ließen nun den Zweck der Reise offensichtlich werden und erschwerten den Missbrauch der Dokumente.

Der abgebildete Zwangspass der Freien und Hansestadt Lübeck aus dem Jahr 1858 beschreibt in dem von Hand einzutragenden Inhalt zugleich die dem Inhaber zur Last gelegten Vorwürfe: *„Carl Eduard Schwarz .... ist wegen Bettelei und Gebrauchs eines gefälschten Dokumentes hier bestraft und ausgewiesen worden, ... “.*

Die Reise-Routen wurden zudem durchnummeriert und auch in den Fällen ausgestellt, wenn der Aufgegriffene seinen regulären Pass verloren hatte oder dies zumindest behauptete. Der abgebildete Reisepass mit der Bezeichnung „Reise-Route Nro. 332“ der Polizeibehörde zu Magdeburg von 1855 wurde genau aus diesem Grunde ausgestellt, da der Inhaber *„seinen Reisepaß von Hamburg für verloren zu haben anführt“*. Er hatte sich innerhalb von acht Tagen von Magdeburg über Wittenberge nach Hamburg zu begeben.

Die weitere Entwicklung im Passwesen war Mitte des 19. Jahrhunderts aber nicht nur durch politische oder kriegerische Entwicklungen bestimmt. Zwei geschichtliche Ereignisse sind in diesem Sinne von besonderer Bedeutung. Die Cholera Epidemie von 1831 und die Entwicklung der Eisenbahn.

1831 wurde die Cholera über Danzig und Königsberg nach Preußen eingeschleppt und weitete sich zur Epidemie aus. Man vermutete, dass die beiden Städte auf dem Seeweg infiziert worden waren.[66] Die Cholera erreichte 1831 auch Hamburg und Berlin. Dort starben jeweils mehr als 1000 Menschen. Zu dieser Zeit wurden daher vermehrt Gesundheitspässe (Abb. 37) – wie schon im Mittelalter die sogenannten Pestbriefe – statt regulärer Reisepässe ausgestellt, damit die Reisenden aufgrund einer befürchteten Ansteckung nicht an den Stadttoren abgewiesen wurden. Abbildung 38 zeigt einen Reisepass der Hansestadt Hamburg, der 1848 für eine Mutter mit ihren drei Kindern für eine Reise von Hamburg über Lübeck nach Christiana (also Oslo) ausgestellt wurde. Bemerkenswert ist der vorgedruckte Zusatz, dass in Stadt und Hafen Hamburgs keine ansteckenden Krankheiten herrschten. Es dürfte davon auszugehen sein, dass auch hier die Hamburger Verantwortlichen die Epidemie von 1831 im Blick gehabt hatten. Verheerend war auch der erneute Choleraausbruch im Jahr 1892. Allein in Hamburg starben weit mehr als 10.000 Menschen.[67]

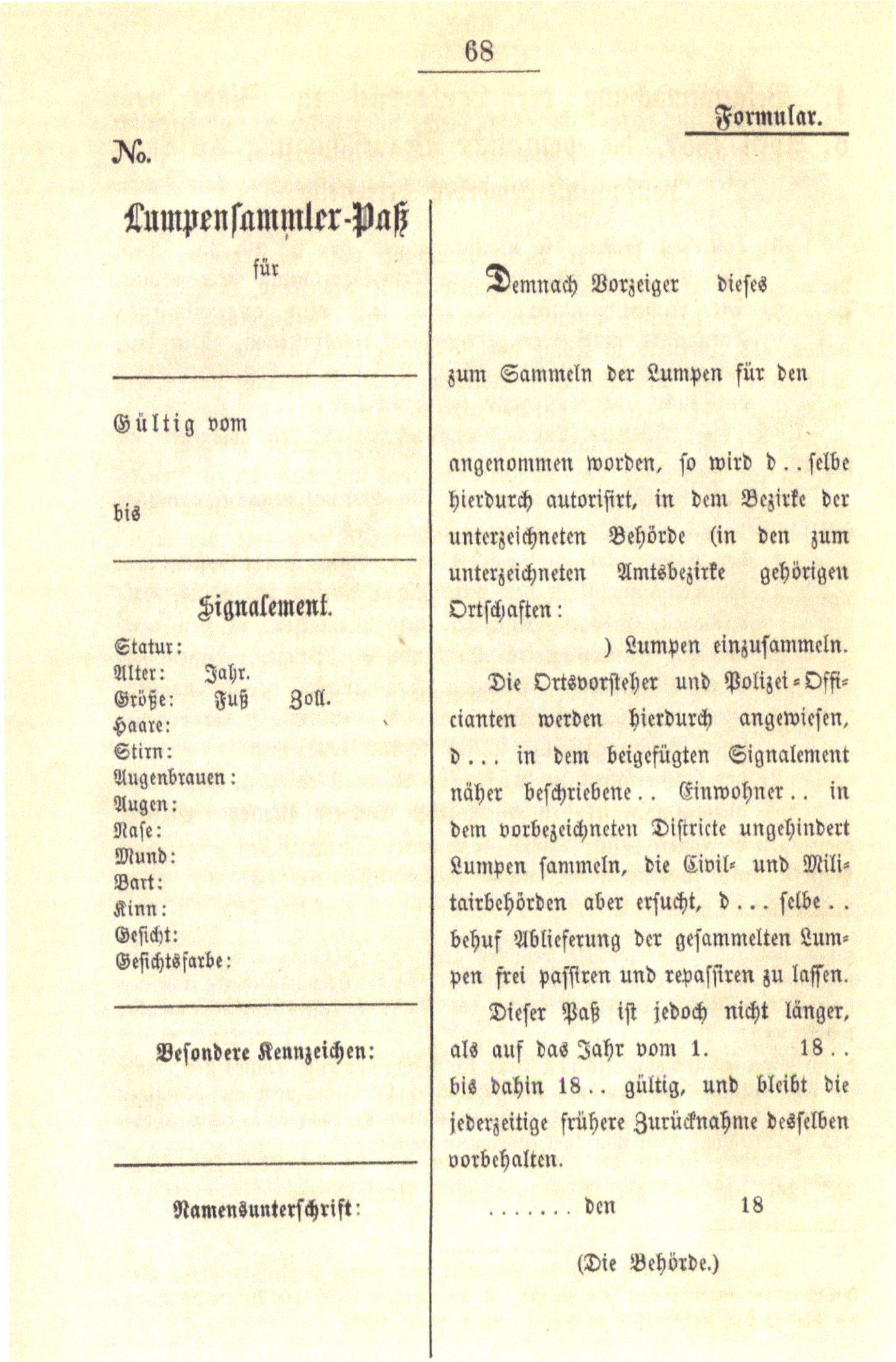

68

Formular.

No.

Lumpensammler-Paß

für

Gültig vom

bis

Signalement.

Statur:
Alter: Jahr.
Größe: Fuß Zoll.
Haare:
Stirn:
Augenbrauen:
Augen:
Nase:
Mund:
Bart:
Kinn:
Gesicht:
Gesichtsfarbe:

Besondere Kennzeichen:

Namensunterschrift:

Demnach Vorzeiger dieses

zum Sammeln der Lumpen für den

angenommen worden, so wird d . . selbe hierdurch autorisirt, in dem Bezirke der unterzeichneten Behörde (in den zum unterzeichneten Amtsbezirke gehörigen Ortschaften:

) Lumpen einzusammeln.

Die Ortsvorsteher und Polizei-Officianten werden hierdurch angewiesen, d . . . in dem beigefügten Signalement näher beschriebene . . Einwohner . . in dem vorbezeichneten Districte ungehindert Lumpen sammeln, die Civil- und Militairbehörden aber ersucht, d . . . selbe . . behuf Ablieferung der gesammelten Lumpen frei passiren und repassiren zu lassen.

Dieser Paß ist jedoch nicht länger, als auf das Jahr vom 1. 18 . . bis dahin 18 . . gültig, und bleibt die jederzeitige frühere Zurücknahme desselben vorbehalten.

. . . . den 18

(Die Behörde.)

Abbildung 33: Vordruck Lumpensammlerpaß, 1857[68]

71

Anlage.

Formular

zu einem Reisepasse für **Lumpensammler,** bezw. dessen Visirung.

№ (II.)
des Registers.

Widerruflicher

Reise-Paß

für
(das -Land.)

Gültig (für) bis zum (letzten December 1850 und acht.)

Beschreibung
des Inhabers.

Alter:
Größe: Fuß Zoll.
Statur:
Haare:
Stirn:
Augenbrauen:
Augen:
Nase:
Mund:
Zähne:
Kinn:
Bart:
Gesicht:
Gesichtsfarbe:

Besondere Zeichen:

Spricht:

Unterschrift des Reisenden:

(Bezahlt)

Königreich Hannover.

(Wappen.)

Alle Civil- und Militairbehörden werden geziemend ersucht, den Vorzeiger dieses
(Namen und Stand)
gebürtig aus
wohnhaft in
(mit) welcher für den (Papierfabrikanten, Kaufmann N. zu B.) als Lumpensammler beschäftigt ist, [1]) auf seiner behuf *Lumpensammelns* im hiesigen Bezirke, und denjenigen Bezirken der Landdrostei Stade, für welche ihm die Erlaubniss *in diesem Passe* obrigkeitlich ertheilt werden wird, vorhabenden Reise (von hier über)

(nach) frei und ungehindert reisen und zurückreisen, ihm auch nöthigen Falls jeden möglichen Schutz angedeihen zu lassen.

Zur Beachtung des Lumpensammlers.

Tauschhandel mit, oder Verkauf von anderen als den im § 249 der Gewerbe-Ordnung genannten Waaren, so wie das Mitsichführen der Familie Seitens des Passinhabers wird mit gesetzlicher Strafe geahndet. — Ausserdem unterliegt dessen Verkehr innerhalb des Grenzbezirks den zollgesetzlichen Beschränkungen.

.... den ...... (1850 und acht)

(Siegel.) (Unterschrift.)

(№. IV.)

[1]) Die Worte, „welcher für den Papierfabrikanten, Kaufmann N. zu B. als Lumpensammler beschäftigt ist, fallen nach der Bemerkung zu №. II. der Bekanntmachung gegenwärtig weg.

Abbildung 34: Vordruck widerruflicher Reisepass für einen Lumpensammler, 1857[69]

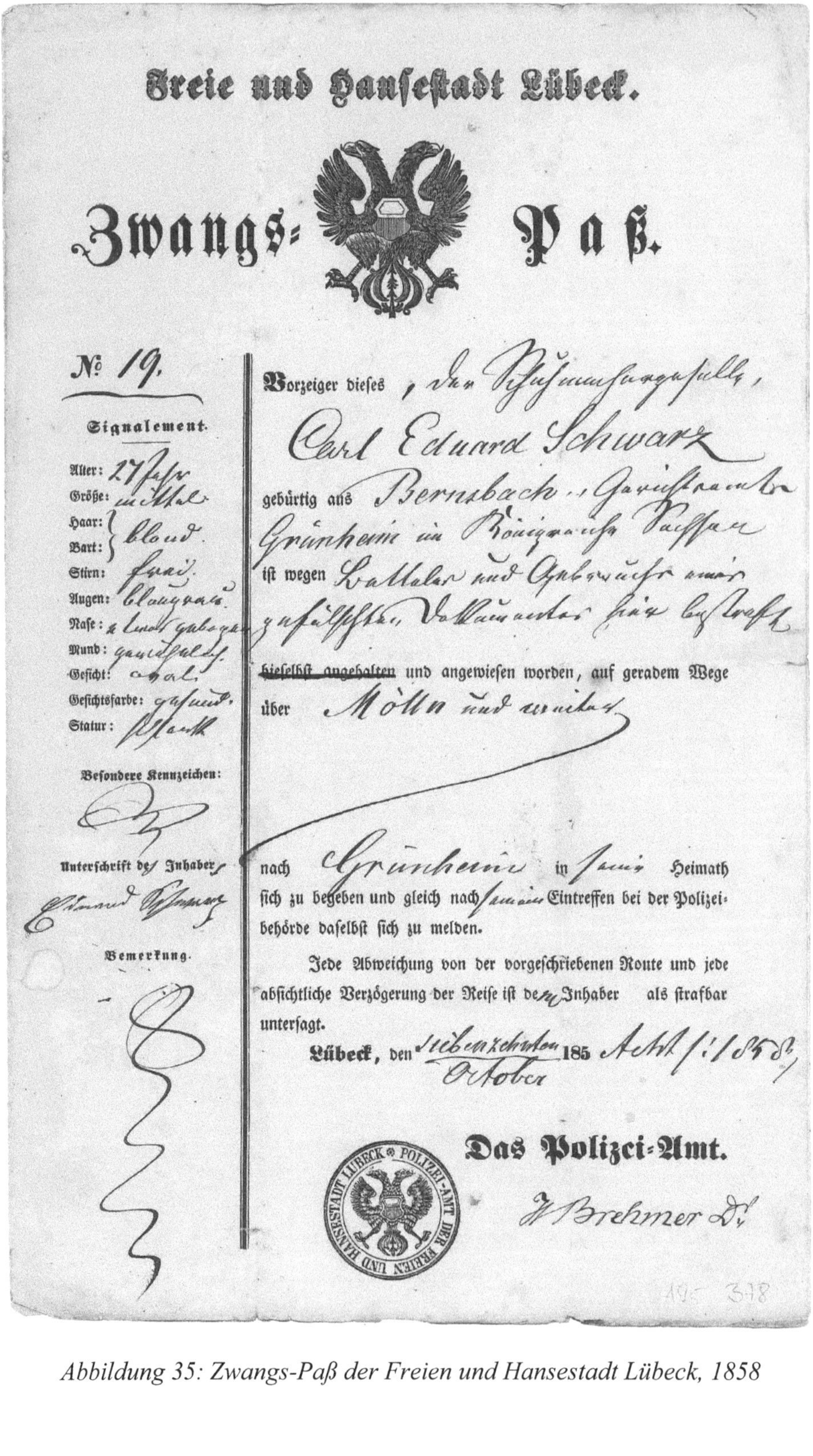

Abbildung 35: Zwangs-Paß der Freien und Hansestadt Lübeck, 1858

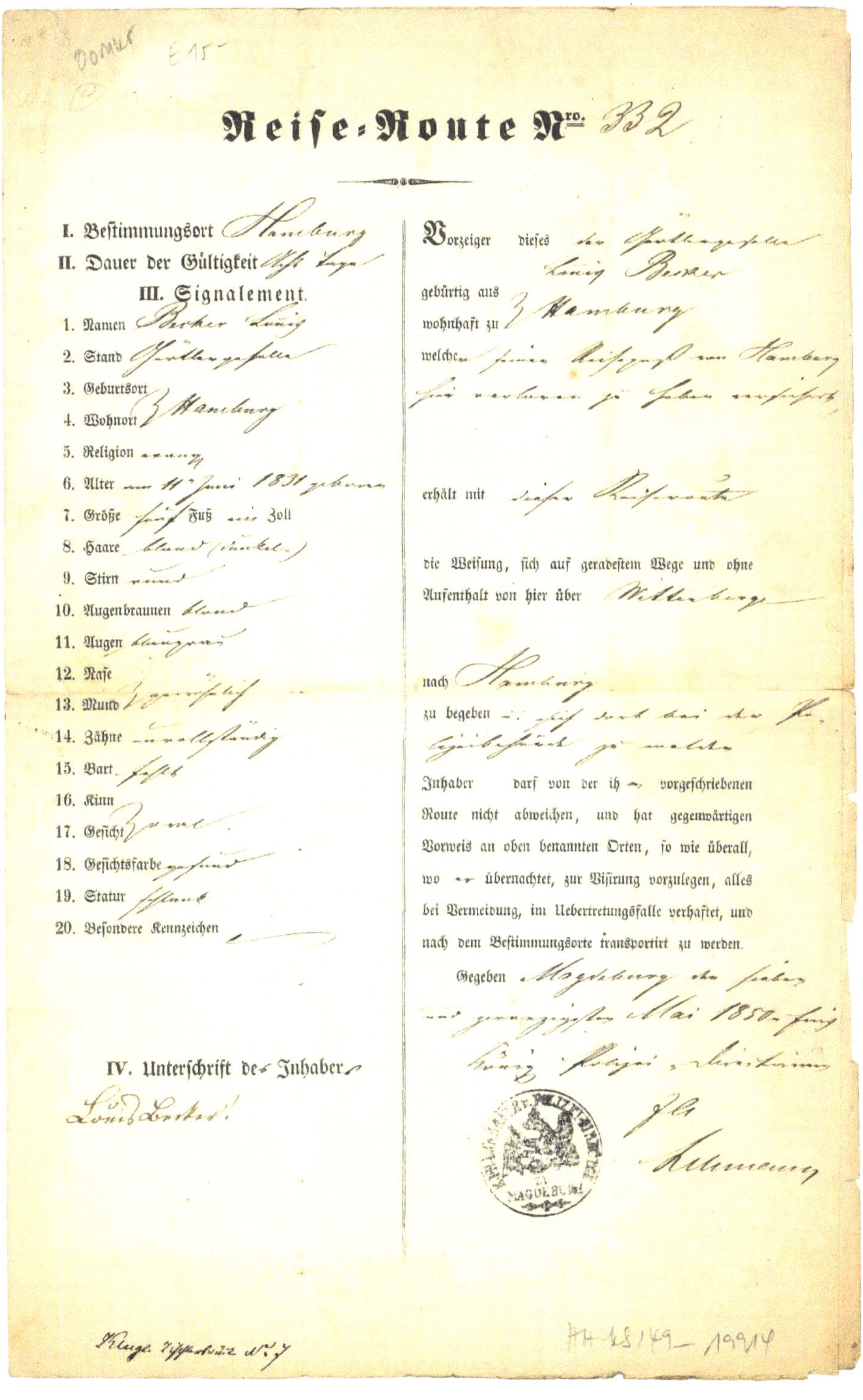
Reise-Route Nro. 332

I. Bestimmungsort Hamburg
II. Dauer der Gültigkeit
III. Signalement.
1. Namen
2. Stand
3. Geburtsort
4. Wohnort Hamburg
5. Religion
6. Alter
7. Größe Fuß Zoll
8. Haare
9. Stirn
10. Augenbraunen
11. Augen
12. Nase
13. Mund
14. Zähne
15. Bart
16. Kinn
17. Gesicht
18. Gesichtsfarbe
19. Statur
20. Besondere Kennzeichen

IV. Unterschrift des Inhabers

Vorzeiger dieses
gebürtig aus Hamburg
wohnhaft zu Hamburg
welcher

erhält mit

die Weisung, sich auf geradestem Wege und ohne Aufenthalt von hier über

nach Hamburg

zu begeben

Inhaber darf von der ihm vorgeschriebenen Route nicht abweichen, und hat gegenwärtigen Vorweis an oben benannten Orten, so wie überall, wo er übernachtet, zur Visirung vorzulegen, alles bei Vermeidung, im Uebertretungsfalle verhaftet, und nach dem Bestimmungsorte transportirt zu werden.

Gegeben Magdeburg

Abbildung 36: Ersatz-Reisepass der Stadt Magdeburg, Reise-Route Nro. 332, 1855

Gesundheit-Attest.

Freie Hansestadt Hamburg.

Wir Bürgermeister und Rath der freien und Hansestadt Hamburg bezeugen hiemit auf Ansuchen des Herrn Ludwig Parreyss. daß jetzt wieder in hiesiger Stadt und Hafen vollkommen gute Gesundheit herrsche.

Urkundlich Unsers hierunter gedruckten gewöhnlichen Stadt-Secret-Siegels. Actum d. neun und zwanzigsten Märtz 1832.

In Auftrag des Senats.

Secretarius.

Unterschrift des Inhabers

Ludwig Parreyss

Abbildung 37: Gesundheitspass Hamburg 1832

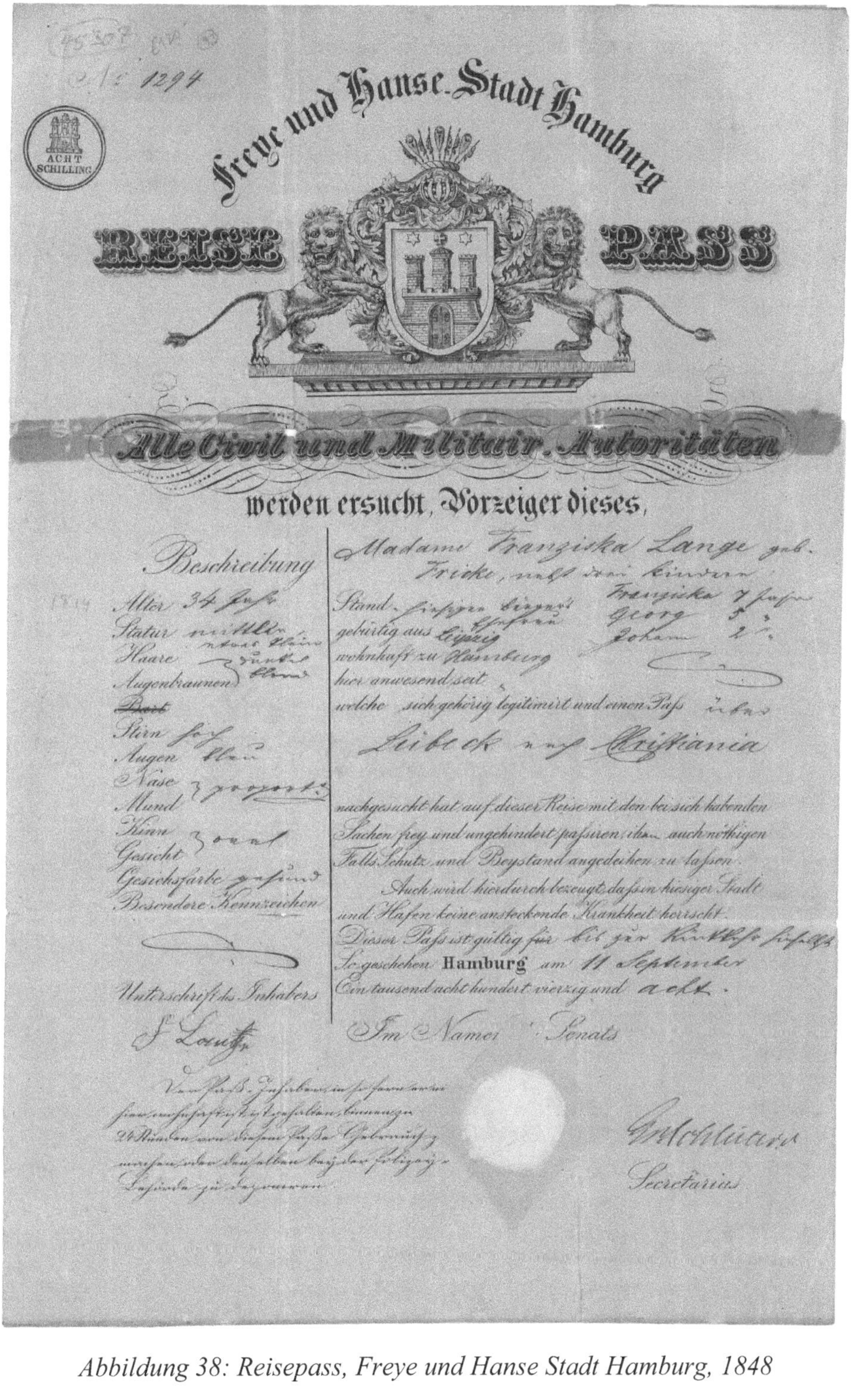

No. 1294

ACHT SCHILLING

Freye und Hanse-Stadt Hamburg

REISE PASS

Alle Civil und Militair-Autoritäten

werden ersucht, Vorzeiger dieses,

Madame Franziska Lange geb. Fricke

Beschreibung

Alter 34 Jahre

Statur

Haare

Augenbraunen

Bart

Stirn

Augen

Nase

Mund

Kinn

Gesicht

Gesichtsfarbe

Besondere Kennzeichen

Unterschrift des Inhabers

Stand

gebürtig aus

wohnhaft zu Hamburg

hier anwesend seit

welche sich gehörig legitimirt und einen Pass über

Lübeck nach Christiania

nachgesucht hat auf dieser Reise mit den bei sich habenden Sachen frey und ungehindert passiren ihr auch nöthigen Falls Schutz und Beystand angedeihen zu lassen.

Auch wird hierdurch bezeugt, dass in hiesiger Stadt und Hafen keine ansteckende Krankheit herrscht.

Dieser Pass ist gültig für

So geschehen Hamburg am 11 September

Ein tausend acht hundert vierzig und acht.

Im Namen Senats

Secretarius

Abbildung 38: Reisepass, Freye und Hanse Stadt Hamburg, 1848

Entwicklung der Eisenbahn und der Zollverein

Der erste Eisenbahnzug mit Personenbeförderung fuhr am 27. September 1825 im Nordosten Englands von Stockton nach Darlington und wurde von der Damplokomotive „Locomotion“ gezogen. In Deutschland dauerte es noch zehn Jahre bis die Strecke Nürnberg – Fürth am 7. Dezember 1835 in Betrieb genommen wurde. Interessant ist, dass diese Strecke bis 1862 im Mischbetrieb befahren wurde. Es wurden sowohl Pferdezugwerke also auch Dampflokomotiven eingesetzt. Im ersten Jahr standen 2364 Lokomotivenfahrten rund 6100 Pferdefahrten gegenüber.[70]

Von besonderer Bedeutung für den Reiseverkehr und damit natürlich auch für das Passwesen des 19. Jahrhunderts war der Ausbau des Schienennetzes in Deutschland. Vor allem stellte sich die Frage, zwischen welchen Städten Züge mit welcher Frequenz fahren sollten. Schon damals fanden daher Verkehrszählungen statt, um darauf basierend eine richtige Entscheidung für die wirtschaftlichen Investitionen zu treffen. Dem Streckenbau Fürth – Nürnberg etwa ging die Zählung des Drechslermeisters Johann Muz voran, der an einem Sonntag alle Reisenden auf der Fürther Landstraße zählen musste.[71] Jedoch blieben die Prognosen oft weit hinter den tatsächlichen Nutzungszahlen zurück. Die kürzeren und bequemeren Reisen sollten ja auch gerade den Reiseverkehr und Handel stimulieren.

Während England mit der ersten Personenbeförderung noch die Nase vorn hatte, konnte Deutschland, vornehmlich die dem Zollverein angeschlossenen Staaten, schon bald aufholen. In den ersten fünf Jahren wurden in Deutschland 500 Bahnkilometer gelegt. Bis zum Jahr 1850 waren es bereits 6044, Ende 1960 11633 und 1870 19575 Kilometer, so dass alle wichtigen deutschen Städte miteinander verbunden waren. In England stand mit rund 25000 Kilometern ein nur unwesentlich größeres Netz zur Verfügung.[72]

Die Investitionen betrugen in Deutschland in den 1840er Jahren immerhin 20 – 30 % der gesamtwirtschaftlichen Investitionen und beflügelten zudem den Maschinenbau sowie die Eisen- und Stahlindustrie. Sogar in den 1870er Jahren betrug der Anteil noch 15 – 20 %.[73]

Aufgrund der schlechten wirtschaftlichen Lage der Habsburger und wegen des fehlenden Anschlusses an den Zollverein konnten Österreich und Ungarn der raschen Entwicklung im Eisenbahnwesen hingegen nicht folgen. Mitte der 1840er Jahre hatte das Schienennetz in beiden Staaten nur eine Länge von 1367 Kilometern. Die in Österreich jährlich neu hinzukommenden Eisenbahnkilometern gingen sogar von 1858 bis 1962 von 419 auf 170 Kilometer zurück, und der Eisenbahnbau stagnierte in den Folgejahren nahezu vollständig.[74]

Zollverein

1831 trat das Kurfürstentums Hessen dem preußischen Zollsystem mit dem gemeinsamen Ziel bei, die Binnenzölle abzuschaffen und so den Handel zu befördern. 1833 schlossen sich auch Bayern, Württemberg und Sachsen dem Verbund an. Schließlich wurde am 1. Januar 1934 der Deutsche Zollverein (auch Zollunion genannt) gegründet.[75]

Mit Einführung der Eisenbahn in Deutschland Mitte der 30er Jahre stellten Reisen auch über größere Entfernungen kein größeres Hindernis mehr dar. Dem daraus resultierenden grenzüberschreitenden Reiseverkehr mit einer stetig steigenden Anzahl Reisender mussten auch die einzelnen Passsysteme der Bundesstaaten Rechnung tragen. Während man bisher noch auf beschwerliche Reisemittel wie Postkutsche oder Pferd angewiesen war, hatte sich die Eisenbahn Anfang der 40er Jahre als Transportmittel auch in den Staaten des Deutschen Bundes etabliert. Man sah sich daher staatlicherseits gezwungen, die durch Einführung des Eisenbahnverkehrs eingetretenen Reiseerleichterungen, zunächst auf wenigen Strecken, auch passrechtlich abzubilden. Für die Grenzüberschreitung innerhalb des Deutschen Bundes musste nach einer adäquaten Lösung gesucht werden. Man wollte zwar die Passfreiheit von 1817 beibehalten, zugleich aber auch die neue Mobilität und die daraus erwachsenden staatlichen Sicherheitsinteressen berücksichtigen.

Die Lösung war die Einführung der Passkarte zum 1. Januar 1842. Die Passkarte wurde mit der „*Cirkular-Verfügung an die Königlichen Regierungen zu Potsdam, Frankfurt, Liegnitz, Magdeburg und Merseburg, sowie in ähnlicher Weise an das Königl. Polizei-Präsidium hieselbst, die Paß-Kontrolle auf den Eisenbahnen betreffend, vom 10. Dezember 1841*“[76] in Verbindung mit der Verordnung vom 6. Dezember 1841[77] mit Wirkung zum 1. Januar 1842 eingeführt und kam für den grenzüberschreitenden Eisenbahnverkehr zwischen Preußen, Sachsen und Anhalt zum Einsatz.

Die neuen Möglichkeiten des schnelleren Reisens machten die Obrigkeit unruhig. Im Detail sah die Verfügung daher die Zulassung der Passkarten auf den Strecken Berlin-Cöthen[78]-Halle-Magdeburg-Dresden-Leipzig vor. Ziel war es, eine einheitliche Kontrolle in den drei Staaten des Bundes zu ermöglichen. Zwar wurde die Einführung der Passkarte mit Bequemlichkeiten für die Reisenden begründet, da die erforderliche Legitimation für passfreies Reisen damit leichter erbracht werden konnte, doch dürfte die verbesserte Mobilität auch eine Menge Sicherheitsbedenken auf den Plan gerufen haben. Denn bei der bloßen Einführung der Passkarten blieb es nicht: Auf den Stationsplätzen Trebbin, Luckenwalde, Jüterbogk, Zahna, Gritzehne und Schönebeck der oben angegebenen Bahnlinie wurden eigene

Gendarmerien zur Kontrolle der Reisenden eingerichtet sowie – gemäß der Anlage b der Cirkular-Verfügung – polizeiliche Zugbegleiter eingesetzt.

Fahrplan

für die täglichen Dampfwagenzüge auf der

Magdeburg-Cöthen-Halle-Leipziger Eisenbahn.

Cours von Magdeburg nach Leipzig.

Von Magdeburg	Von Schönebeck	Von Gnadau	Von der Saale	Von Cöthen	Von Stumsdorf	Von Halle	Von Schkeuditz
7 Uhr Morg.	7¼ Uhr Morg.	7½ Uhr Morg.	7¾ Uhr Morg.	8¼ Uhr Morg.	8¾ Uhr Morg.	9¼ Uhr Morg.	9¾ Uhr Morg.
3 „ Nachm.	3¼ „ Nachm.	3½ „ Nachm.	3¾ „ Nachm.	4¼ „ Nachm.	4¾ „ Nachm.	5¼ „ Nachm.	5¾ „ Nachm.

Cours von Leipzig nach Magdeburg.

Von Leipzig	Von Schkeuditz	Von Halle	Von Stumsdorf	Von Cöthen	Von der Saale	Von Gnadau	Von Schönebeck
6½ Uhr Morg.	6¾ Uhr Morg.	7¼ Uhr Morg.	7¾ Uhr Morg.	8¼ Uhr Morg.	8¾ Uhr Morg.	9 Uhr Morg.	9¼ Uhr Morg.
2½ „ Nachm.	2¾ „ Nachm.	3¼ „ Nachm.	3¾ „ Nachm.	4¼ „ Nachm.	4¾ „ Nachm.	5 „ Nachm.	5¼ „ Nachm.

Zwischen-Fahrten

zwischen Halle und Leipzig		zwischen Magdeburg und Cöthen	
von Halle	von Leipzig	von Magdeburg	von Cöthen
6 Uhr Morgens.	4 Uhr Nachmittags.	1½ Uhr Nachmittags.	4½ Uhr Nachmittags.

Magdeburg, den 23. August 1840.

Directorium der Magdeburg-Cöthen-Halle-Leipziger Eisenbahn-Gesellschaft.

Francke,
Vorsitzender.

Eisenbahn-Fahrplan aus dem Jahre 1840

Abbildung 39: Eisenbahn-Fahrplan der Strecke Cöthen-Halle-Magdeburg-Leipzig aus dem Jahre 1840[79]

Aufgrund der Fertigstellung der Eisenbahnlinie von Magdeburg über Braunschweig nach Hannover traten 1844 das Königreich Hannover und das Herzogtum Braunschweig dem Passkarten-Rayon[80] bei. Mit der Verordnung vom 23. Dezember 1844[81] wurden die zuständigen und zugelassenen Regionen jetzt wie folgt festgelegt:

- das Königreich Preußen nur mit den Provinzen Brandenburg, Schlesien und den Regierungsbezirken Stettin, Magdeburg und Merseburg,
- das Königreich Hannover nur mit den Verwaltungsbezirken Hannover, Lüneburg, Hildesheim, der Universitätsstadt Göttingen sowie der Berghauptmannschaft Clausthal,
- das gesamte Königreich Sachsen,
- sowie die Herzogtümer Braunschweig, Sachsen Altenburg, Anhalt-Köthen, Anhalt-Dessau und Anhalt-Bernburg.

Für das Königreich Hannover wurde die Regelung durch die „Bekanntmachung, die Legitimation der Reisenden auf den Eisenbahnen betreffend“[82] erst zum 29. Januar 1845 also mehr als fünf Wochen später in Kraft gesetzt. Ob das die Reisenden im Zwischenzeitraum allerdings davon abgehalten hatte, über die Grenze nach Hannover zu fahren, dürfte zu bezweifeln sein. Jedenfalls sieht man anhand dieses Umstandes bereits typische Konsequenzen eines ansonsten willkommenen Föderalismus.

Die Passkarten wurden mit dem Wappen des jeweiligen Staates wie schon seit 1842 nach einem einheitlichen Muster ausgestellt, um die Kontrolle zu erleichtern und Fälschungen[83] vorzubeugen. Sie waren jeweils für ein Kalenderjahr gültig und wurden durchnummeriert in einem Journal, also einer Art Personalausweisregister, mit dem Signalement des Karteninhabers erfasst. Die Gebühr betrug fünf Silbergroschen.

Der Dresdner Vertrag vom 21. Oktober 1850 regelte schließlich den Einsatz von Passkarten für das gesamte Bundesgebiet. Er wurde durch die „*Cirkular-Verfügung an sämmtliche Königl. Regierungen, betr. die allgemeine Einführung von Passkarten in Stelle der Pässe*“[84] vom 31. Dezember 1850 in Kraft gesetzt, wobei unter Bezugnahme auf die für den Eisenbahnverkehr erforderlich gewordenen Regelungen die örtlichen Einschränkungen für die Ausstellung und die Anwendbarkeit der Passkarten aufgehoben wurden. Ab sofort, also dem 1. Januar 1851, galt die Passkarte nicht mehr nur für Bahnfahrten, sondern für jede Art von Reisen und zugleich für alle Bürger der durch den Vertrag beigetretenen Staaten (Preußen, Bayern, Sachsen, Hannover, Mecklenburg-Schwerin, Sachsen-Weimar, Sachsen-Altenburg, Sachsen-Coburg-Gotha, Braunschweig, Reuß-Plauen, Schaumburg-Lippe, Bremen, Hamburg), die nicht der Passpflicht unterlagen.

Kurhessen und die anhaltinischen Regierungen hatten bei den Vertragsverhandlungen in Dresden zwar nicht teilgenommen, wurden aber eingeladen, nachträglich dem „Passkartenverein" beizutreten, was in Bezug auf das Inkrafttreten zeitgleich bzw. kurze Zeit später geschah. Mit der Verordnung vom 31. Dezember 1850[85] traten zunächst Sachsen-Meiningen, Anhalt-Dessau, Anhalt-Köthen und Anhalt-Bernburg und mit der Bekanntmachung[86] vom 8. März 1851 auch Kurhessen, Nassau, Schwarzburg-Sondershausen, Schwarzburg-Rudolfstadt und Lübeck bei.

Die Vorgaben für die Gültigkeit, die Gebühr, die Muster und das Journal blieben bestehen und wurden lediglich um die Vorgabe einer Farbe für das jeweilige Kalenderjahr ergänzt, um die Prüfung für Kontrollbeamte zu erleichtern. Für 1851 war dies Blau.

Ab dem 1. Januar 1860 war mit der Passkarte auch der problemlose Grenzübertritt zwischen Deutschland und Österreich möglich (vgl. z.B. die Bekanntmachung des Hannoveranischen Innenministeriums vom 21. November 1959[87]), das sich seit dem 23. April 1859 erneut mit Frankreich im Krieg befand. Doch dazu später.

Abbildung 40: Passkarte für das Jahr 1866

Abbildung 41: Passkarte für das Jahr 1863

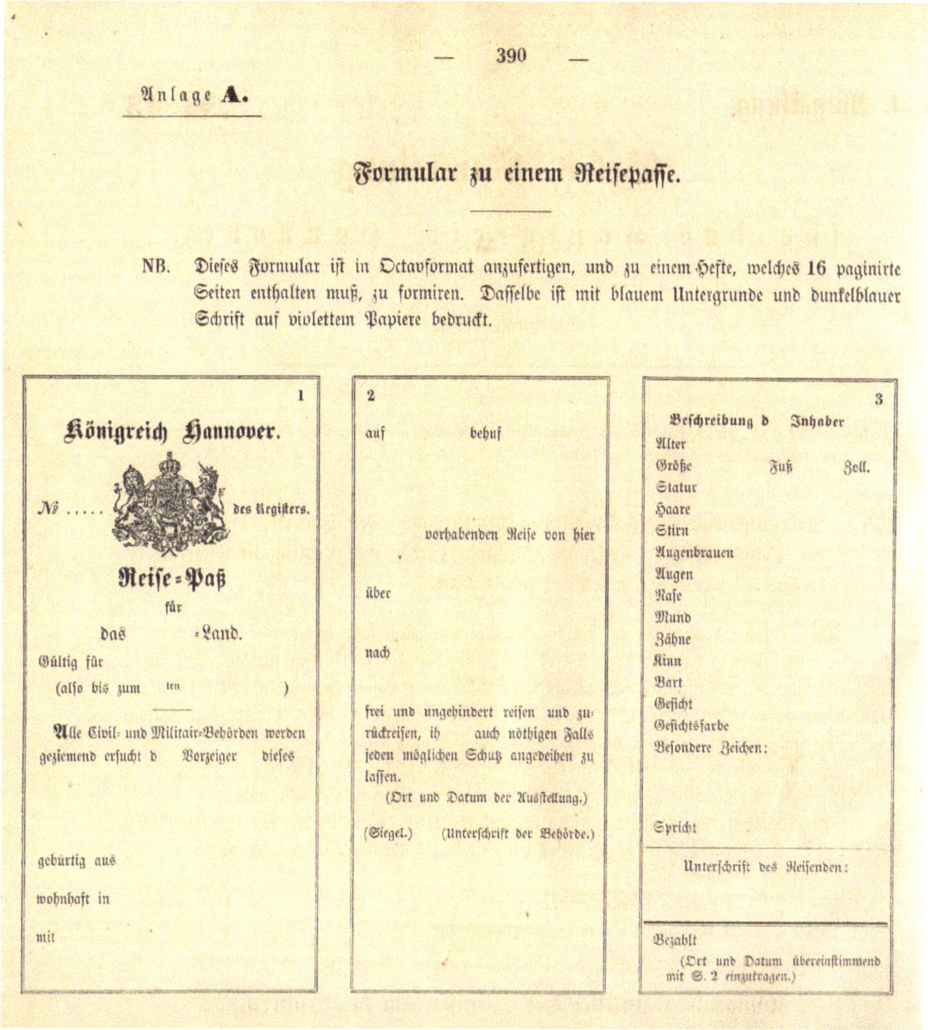

— 390 —

Anlage A.

Formular zu einem Reisepasse.

NB. Dieses Formular ist in Octavformat anzufertigen, und zu einem Hefte, welches 16 paginirte Seiten enthalten muß, zu formiren. Dasselbe ist mit blauem Untergrunde und dunkelblauer Schrift auf violettem Papiere bedruckt.

1

Königreich Hannover.

№ ..... des Registers.

Reise=Paß

für

das =Land.

Gültig für

(also bis zum ten)

Alle Civil= und Militair=Behörden werden geziemend ersucht d Vorzeiger dieses

gebürtig aus

wohnhaft in

mit

2

auf behuf

vorhabenden Reise von hier

über

nach

frei und ungehindert reisen und zurückreisen, ih auch nöthigen Falls jeden möglichen Schutz angedeihen zu lassen.

(Ort und Datum der Ausstellung.)

(Siegel.) (Unterschrift der Behörde.)

3

Beschreibung d Inhaber

Alter

Größe Fuß Zoll.

Statur

Haare

Stirn

Augenbrauen

Augen

Nase

Mund

Zähne

Kinn

Bart

Gesicht

Gesichtsfarbe

Besondere Zeichen:

Spricht

Unterschrift des Reisenden:

Bezahlt

(Ort und Datum übereinstimmend mit S. 2 einzutragen.)

Abbildung 42: Muster Reisepass aus „Sammlung der Gesetze, Verordnungen und Ausschreiben für das Königreich Hannover vom Jahre 1862", Hannover, Karl Friedrich Kius, 1862, S. 390

Während die Einführung der Passkarten in den 40er Jahren maßgeblich durch die Eisenbahn beeinflusst war, beschäftigte sich das politische Deutschland Mitte des 19. Jahrhunderts vornehmlich mit der so genannten Verfassungsfrage. Die halbherzige Neuorganisation Mitteleuropas durch die Bundesakte von 1815 hatte zwar für längere Zeit Frieden mit Frankreich nach sich gezogen, die Begehrlichkeiten des Bürgertums im Inland konnten damit aber nicht befriedigt werden. Auch wenn die Bundesakte nach Artikel 13 den Staaten eigene Verfassungen ermöglichte, machten diese davon nur zurückhaltend Gebrauch. Die Machthaber, allen voran Clemens Wenzel Fürst Metternich, hatten eher im Sinn, die Vormachtstellung des Adels – wie schon im Heiligen Römischen Reich zuvor – zu erhalten und dem Volk keine neuen Rechte zufließen zu lassen. Gleich nach dem Wiener Kongress etablierte sich die erste studentische Burschenschaft noch im Juni 1815. Am 18. Oktober 1817 fand eine öffentliche Massenkundgebung auf der Wartburg statt. Mit dem Mord an dem Schriftsteller August von Kotzebue am 23. März 1819 durch den Theologiestudenten Karl Ludwig Sand eskalierte die Situation, so dass Metternich mit einem Pressegesetz und der „Provisorischen Exekutionsordnung" (Karlsbader Beschlüsse) massiv die Bürgerrechte einschränkte. In Folge der Julirevolution in Frankreich (1830) nahmen die Aktivitäten der bürgerlichen Opposition wieder zu und die Burschenschaftler traten vermehrt in Südwest-Deutschland in Erscheinung (Hambacher Fest (1832)).[88] Zwar scheiterten alle Reformversuche, doch der Wunsch des Bürgertums nach politischer Mitsprache war nicht mehr aufzuhalten und sollte in Folge der Märzrevolution 1848 zunächst erfolgreich in dem ersten frei gewählten Parlament am 18. Mai 1848 in der Paulskirche zu Frankfurt seinen Höhepunkt finden. Versuche einer einheitlichen Verfassung scheiterten aber auch innerhalb des demokratisch gewählten Parlaments an den individuellen Interessen der Bundesstaaten, so dass in deren Folge ein Staat nach dem andern seine Abgeordneten aus dem Parlament wieder abberief. Preußen verließ das Parlament schließlich am 14. Mai 1849. Die im Parlament verbliebenen Staaten zogen daraufhin ihren Sitz nach Stuttgart zurück. Deren Truppen wurden am 23. Juli 1849 bei Rastatt durch die preußische Armee besiegt. Die Revolution war nach 16 Monaten wieder beendet.

Abbildung 43: Territoriale Einteilung des Deutschen Bundes bis 1864

Anmerkung zu Abbildung 44: Ein solcher auch „Königs-Paß" genannter Reise-Paß wurde auf allerhöchsten Spezialbefehl seiner Majestät ausgestellt. Der hier abgebildete diente dem Leihamts-Kontrolleur Eduard Epple aus Berlin für seine Vergnügungsreise in die deutschen Landesstaaten und war zwei Jahre gültig. Unterschrieben wurde der Pass durch den Geheimen Oberregierungsrat von Klützow am 5. Mai 1864. Die Königspässe gelten als die schmuckhaftesten Pässe, die im 19. Jahrhundert ausgestellt wurden, und sind unter Sammlern sehr begehrt.

Reise-Paß

Wir Wilhelm

von Gottes Gnaden König von Preußen etc.

Ersuchen hiermit, unter dem Versprechen einer vollkommenen Erwiederung, alle Militair- und Civil-Behörden auswärtiger Staaten, Unsern sämmtlichen Militair- und Civil-Behörden aber befehlen Wir ausdrücklich, auf Vorzeigung dieses:

gebürtig aus Berlin,
wohnhaft in
welche
von über

reiset, und durch als unverdächtig legitimirt ist, frei und ungehindert reisen, und von dort hierher zurückreisen, auch nöthigen Falls ihm Schuß und Beistand angedeihen zu lassen.

Gegeben Berlin, den

Auf Seiner Königlichen Majestät allerhöchsten Special-Befehl.

Der Minister des Innern.

Signalement des Paß-Inhabers
Alter
Größe
Haare
Augenbraunen
Augen
Nase
Mund
Kinn
Gesicht
Statur
Besondere Kennzeichen:

Unterschrift des Paß-Inhabers

Abbildung 44: Reise-Paß des Ministeriums des Innern, Preußen, 1864

Der bereits erwähnte Krieg zwischen Österreich und Frankreich stellte den Deutschen Bund erneut auf die Probe (wie schon etwa 60 Jahre vorher das Heilige Römische Reich), da Österreich die Bundesstaaten um Unterstützung ersuchte, welche mit Hinweis auf außerdeutsche Angelegenheiten im wieder eingerichteten Frankfurter Bundestag abgelehnt wurde. Aufgrund der verheerenden Niederlagen der österreichischen Truppen entschied schließlich der Deutsche Bund – vor allem aufgrund des öffentlichen Drucks aus der eigenen Bevölkerung – Österreich doch noch zu unterstützen, so dass Frankreich sich zu Friedensverhandlungen gezwungen sah, die offiziell am 10. November 1859 in Zürich besiegelt wurden. Das Auseinanderfallen des Deutschen Bundes war dennoch nicht mehr aufzuhalten, insbesondere da Bismarck, der ohnehin keine Zukunft in dem deutsch-österreichischen Dualismus sah und eher ein preußisch dominiertes Staatenbündnis anstrebte, 1862 zum preußischen Ministerpräsident ernannt wurde. 1866 erhob Preußen Anspruch auf das Herzogtum Holstein, das nach den deutsch-dänischen Kriegen unter österreichischer Verwaltung stand. Österreich ersuchte daraufhin am 1. Juni 1866 den Bundestag, um einen Schiedsspruch zur Klärung der Holstein-Frage zu erzielen. Dieser stimmte der Auffassung Österreichs am 14. Juni zu, woraufhin Preußen seinen Austritt aus dem Bund erklärte, seine Truppen mobilisierte und Holstein besetzte. Preußen befand sich nunmehr formal mit dem Deutschen Bund im Krieg, der mit dem Frieden von Prag am 23. August 1966 zugunsten Preußens zu Ende ging. Gleichzeitig wurde der Deutsche Bund aufgelöst.[89] Preußen dominierte von da an den Norddeutschen Bund, der aus 22 Staaten bestand und dessen Verfassung zum 1. Juli 1867 in Kraft trat.

Vor dem Hintergrund der seit der Märzrevolution 1848 in Deutschland bestehenden beunruhigenden politischen Lage trafen sich bereits seit mehreren Jahren jährlich hohe deutsche Polizeibeamte aus Österreich, Preußen, Sachsen, Bayern, Hannover, Württemberg und Baden, um gemeinsame Angelegenheiten der Sicherheits- und Wohlfahrtspolizei zu beraten. Dazu gehörte auch das Passwesen. Da die Passbestimmungen Mitte der 60er Jahre im Deutschen Bund völlig uneinheitlich ausgestaltet waren, etwa in Bezug auf die Visierung, machte man den Vorschlag, einen Passverein zu gründen, mit dem das Passwesen im Bund einheitlich ausgestaltet werden sollte. Die Verhandlungen konnten dazu in diesem Kreise nicht einvernehmlich abgeschlossen werden, so dass schließlich nur Hannover, Bayern, Württemberg und Sachsen den Vertrag zu Gründung des Passvereins am 7. Februar 1865 in Köln unterzeichneten.[90] Nachträglich traten dem Vertrag noch Baden und Oldenburg bei. Der Vertrag trat in Hannover zum 1. November 1865, in den anderen fünf Staaten zum 1. Januar 1866 in Kraft und sah vor allem den passfreien Grenzübertritt zwischen diesen Staaten vor.

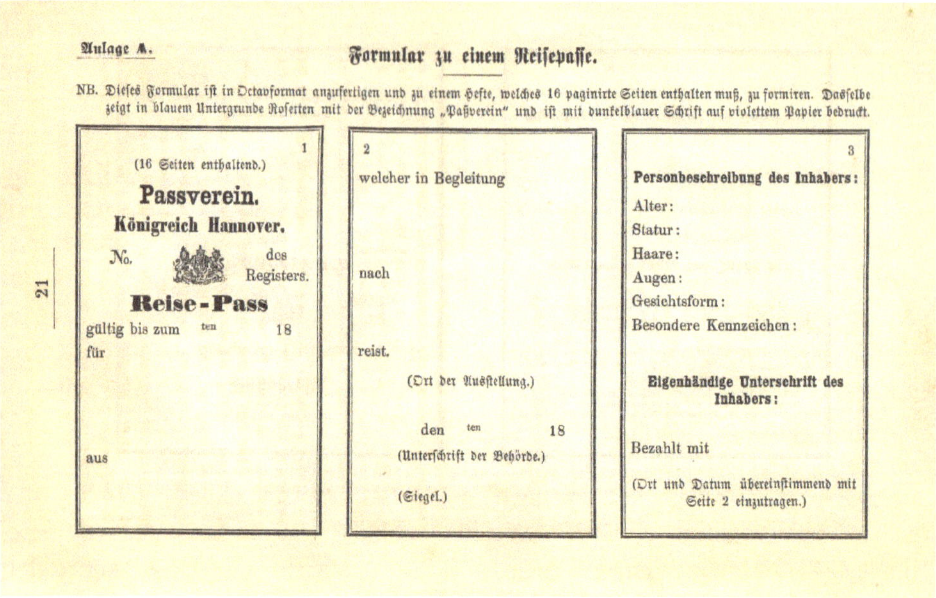

Anlage A.

Formular zu einem Reisepasse.

NB. Dieses Formular ist in Octavformat anzufertigen und zu einem Hefte, welches 16 paginirte Seiten enthalten muß, zu formiren. Dasselbe zeigt in blauem Untergrunde Rosetten mit der Bezeichnung „Paßverein" und ist mit dunkelblauer Schrift auf violettem Papier bedruckt.

21

1

(16 Seiten enthaltend.)

Passverein.

Königreich Hannover.

No. des Registers.

Reise-Pass

gültig bis zum ten 18

für

aus

2

welcher in Begleitung

nach

reist.

(Ort der Ausstellung.)

den ten 18

(Unterschrift der Behörde.)

(Siegel.)

3

Personbeschreibung des Inhabers:

Alter:

Statur:

Haare:

Augen:

Gesichtsform:

Besondere Kennzeichen:

Eigenhändige Unterschrift des Inhabers:

Bezahlt mit

(Ort und Datum übereinstimmend mit Seite 2 einzutragen.)

Abbildung 45: Formular zu einem Reisepasse, Passverein, Hannover, 1865[91]

Für Hannover, Sachsen und Oldenburg als baldige Staaten des Norddeutschen Bundes sollte der Vertrag jedoch nur etwa zwei Jahre Bestand haben. Denn schon am 18. September 1867 brachte Bismarck, jetzt Reichskanzler, ein neues Passgesetz in den Reichstag ein. Es wurde am 12. Oktober 1867[92] verabschiedet. Es war die erste vollständige und alle Staaten des Norddeutschen Bundes umfassende Passgesetzgebung und griff den Ansatz des Passvereins mit seiner Zielsetzung auf. In nur 10 Paragraphen regelte das Gesetz die Passfreiheit für Deutsche und Ausländer im Norddeutschen Bund. Weder für den Grenzübertritt noch für den Aufenthalt in Deutschland waren amtliche Reisepapiere erforderlich. Mit dem Gesetz behielt man sich jedoch vor, bei besonderen Sicherheitslagen, wie Krieg, die Passpflicht vorübergehend, ggf. auch nur in begrenzten deutschen Gebieten, wieder einzuführen.

Das Bundesgesetz trat am 1. Januar 1868 in Kraft. Auf Grundlage des Gesetzes wurden erstmals 16 seitige bräunliche Passbücher wie das nachfolgende des Großherzogtums Weimar ausgestellt.

Abbildung 46: Reise-Paß, Großherzogthum Weimar, Norddeutscher Bund, 1869

Pass- und Urkundenfälschungen Mitte des 19. Jahrhunderts

Die Urkundenlehre (Diplomatik) ist ein Zweig der Geschichtswissenschaften, in der unter anderem Form, Gestaltung, Inhalt und Symbolik historischer Urkunden systematisch beschrieben werden. Die Diplomatik ermöglicht, die Echtheit derartiger Dokumente zu bewerten. Es existiert eine Vielzahl von Literatur[93], die sich mit Siegeln, Monogrammen, Zeichen, Schriftarten und den formelhaften Bestandteilen einer Urkunde beschäftigt. Päpste haben beispielsweise ihre Urkunden oft mit so genannten Rota (dies sind runde päpstliche Wiedererkennungszeichen in Form von Stempeln) oder rhythmischen Formulierungen am Ende eines Satzes versehen. Auch Tinte und sogar die Faltung des Dokumentes lieferten Anhaltspunkte für dessen Authentizität und Unverfälschtheit. Ein bekanntes Beispiel für ein nach heutiger Einschätzung gefälschtes Dokument mit historischer Bedeutung ist die Berner Handfeste, in der im 13. Jahrhundert die Stadtrechte Berns festgeschrieben wurden[94].

Abbildung 47: Friedrich Christian Benedict Avé-Lallemant

Ich möchte mich an dieser Stelle auf eine Beschreibung der Fälschungs- und Erkennungsmöglichkeiten bei Pässen des 19. Jahrhunderts beschränken. Maßgeblich dazu ist die Veröffentlichung des Rechtsgelehrten Friedrich Christian Benedict Avé-Lallemant, der Mitte des 19. Jahrhunderts Rechtsberater der Lübecker Polizei war.[95]

Danach bestand eine übliche Methode darin, die mit Tinte aufgebrachten Informationen durch Radieren mit Messer oder Radierpulver zu entfernen und das Dokument mit den gewünschten Einträgen neu zu versehen. Problematisch war, dass die ohnehin empfindlichen Dokumente an den veränderten Stellen dünner wurden und die Fälschung dadurch im Gegenlicht zu erkennen war. Die Passfälscher (in der Gaunersprache nach Avé-Lallemant auch Fleppenmelochner genannt) klebten dazu

Papier hinten auf die manipulierte Stelle, um das angeblich brüchig gewordene Originaldokument zu reparieren. Für die Passkontrolleure war eine solche Reparatur natürlich gleichfalls erstes Anzeichen für eine mögliche Fälschung. Das Papierstück wurde meist mit Brot und Mehl angeklebt und war daher mit Wasser leicht zu entfernen. Erkannte man dann die dünnere Stelle, lag offensichtlich eine Fälschung vor. Avé-Lallemant beschrieb in seinem Buch, dass er radierte Stellen insbesondere durch das Befeuchten mit destilliertem Wasser erkennen konnte, da diese Stellen in der Regel das Wasser nicht mehr aufnahmen. Zudem konnte man mit der Lupe die durch das Radieren entstandene rauere Oberfläche erkennen. Wurde hingegen statt Mehl Leim verwendet und ließ sich das Papierstück nicht entfernen, erkannte man die Fälschung an den stärker nachgedunkelten Weißtönen des Papiers an der betreffenden Stelle.

Als Alternative kam für die Fälscher daher das Wegspülen der Tinte durch Chemikalien (z.B. mit Salz- oder Kleesäure) in Betracht. Damit konnten quasi leere Vordrucke hergestellt werden, wobei man natürlich darauf achtete, den Stempel und die Unterschrift des Kanzleibeamten oder Passexpedienten zu erhalten. Auch hier hatten die Passkontrolleure der damaligen Zeit Methoden gefunden, die Fälschungen zu erkennen: Wurde das verdächtige Dokument zwischen zwei Löschblätter gelegt und anschließend gleichmäßig mit einem Bügeleisen erhitzt, zeigten sich meist farbige Flecken, wenn das Dokument zuvor chemisch behandelt worden war. Auch konnte man die weggespülte Tinte mit einem Sud von Galläpfeln wieder sichtbar machen.

Um auch hier präventiv den Passfälschungen vorzubeugen, beschäftigten sich die Behörden mit der Entwicklung von Sicherheitspapier, das bereits farblich auf die chemische Manipulation reagierte. Dazu bedruckte man das Papier von beiden Seiten mit einer sehr empfindlichen Farbe und verwendete Motive mit feinen Linien. Dies kommt den heute bei Reisepässen und Ausweisen verwendeten Guillochenmustern schon sehr nahe.

Auch das Fälschen von Siegeln stellte nur eine geringe Hürde dar. Die Passfälscher stellten von einem intakten Siegel eine Gipsform her, konnten damit eigene Siegel gießen und auf die gefälschten Dokumente aufbringen. Ave-Lallemant kritisierte dazu vor allem die Praxis in den Passämtern, die zu einem großen Teil alte und auch unleserliche Siegelstempel einsetzten und so die Fälschungen noch erleichterten, da selbst authentische Siegel in vielen Fällen kaum zu erkennen waren. Zudem ließen sich die oft verwendeten Papier- und Trockensiegel (vgl. Abb. 8) mit Wasser ablösen und wieder verwenden.[96]

2 Das Deutsche Reich und die Nachkriegszeit

2.1 Das Deutsche Reich bis zum Ende des Ersten Weltkriegs

Deutschland befand sich seit dem 19. Juli 1870 mit Frankreich im Krieg. Ausgangspunkt war die vorübergehende Kandidatur des Hohenzollern Leopolds für den spanischen Thron. Frankreich befürchtete, von Preußen wortwörtlich in die Zange genommen zu werden, und forderte von Wilhelm I. einen dauerhaften Verzicht auf die spanische Krone, obwohl die Kandidatur Leopolds inzwischen zurückgenommen worden war. Mit der Emser Depesche[97] lehnte Wilhelm I. einen formalen Verzicht ab, so dass Frankreich nur noch durch die Kriegserklärung sein Gesicht wahren konnte.

Während des Krieges mit Frankreich trieb Bismarck seine Einigungsbestrebungen voran. Am 1. Januar 1871 traten Bayern, Baden, Württemberg und Hessen-Darmstadt dem Staatenbündnis Preußens bei. Die Verfassung dieses Übergangsgebildes ergab sich im Wesentlichen aus den Beitrittsverträgen und der Verfassung des Norddeutschen Bundes. Erst mit Inkrafttreten der Verfassung des Deutschen Reichs zum 4. Mai 1871[98] entstand die eigentliche Reichsverfassung. Mit der Reichsgründung wurden auch die Begrifflichkeiten des Passgesetzes[99] an diejenigen des Deutschen Reichs angepasst. Inhaltliche Änderungen gab es nicht.

Nachdem Paris durch preußische Truppen am 28. Januar 1871 besetzt worden war, kapitulierte Frankreich. In Folge des am 26. Februar 1871 in Versailles geschlossenen Vorfriedens und zur Vorbereitung des Frankfurter Friedens fanden im März in Brüssel deutsch-französische Vertragsverhandlungen statt. Dort sollten alle wesentlichen Vertragsbestandteile, insb. zur Zuordnung Elsass-Lothringens, ausgehandelt werden. An den Verhandlungen nahm auch Graf Harry von Arnim, Botschafter in Paris, teil. Für seine Reise dorthin wurde ihm am 19. März 1871 vom Auswärtigen Amt ein Diplomatenpass ausgestellt (Abbildung 48). Der Vertrag wurde schließlich am 10. Mai 1871 in Frankfurt zur formalen Beilegung des Deutsch-Französischen Krieges unterzeichnet. Zu diesem Zeitpunkt war das Verhältnis zwischen von Arnim und Bismarck bereits von starken Auseinandersetzungen geprägt, an deren Ende schließlich von Arnim seiner Ämter enthoben wurde (sogenannte „Arnim-Affaire“).

№ 18.

Nous Guillaume,

par la Grâce de Dieu, Roi de Prusse, etc. etc.

Requérons sous promesse de parfaite réciprocité toutes les Autorités militaires et civiles établies dans les pays étrangers, auxquelles le présent Passeport sera produit, et ordonnons à tous Nos Officiers militaires et civils, de laisser passer en toute liberté Notre Envoyé Extraordinaire et Ministre Plénipotentiaire le Comte de Arnim, qui se rend, accompagné de sa suite, à Bruxelles

et de lui prêter, en cas de besoin, toute l'aide et l'assistance qui dépendront d'eux.

Fait à Berlin, le 19 Mars 1800 Soixante et Onze

Par Ordre exprès du Roi.

Le Chancelier de la Confédération de l'Allemagne du Nord.

Pour le Chancelier

Le Secrétaire d'Etat, Conseiller intime actuel,

Thile

Passeport
valable pour Six mois

Abbildung 48: Reisepass des Grafen von Arnim für seine Reise nach Brüssel, 1871

Graf Harry von Arnim[100]

Harry von Arnim wurde am 3. Oktober 1824 in Moitzelfitz geboren und war Diplomat des Norddeutschen Bundes und des Deutschen Reichs unter Wilhelm I. Seine Familie gehörte zum preußischen Landadel. Arnim ist vor allem durch seine kontroverse Beziehung zu Bismarck bekannt geworden, die schließlich zu einer Verurteilung Arnims von fünf Jahren Zuchthaus führte und heute als „Arnim-Affaire“ bekannt ist.

Abbildung 49: Graf Harry von Arnim[101]

Der gelernte Jurist entschied sich 1850 für den Diplomatischen Dienst und wurde durch Bismarck als preußischer Gesandter an den Vatikan entsandt (1864). Die Förderung Bismarcks war jedoch nur vorübergehend. In Bezug auf die durch das Vatikanische Konzil 1869/1870 angestrebte stärkere Einflussnahme der Kirche auf staatliche Belange vertraten Bismarck und Arnim nämlich verschiedene Positionen. Problematisch dabei war, dass Arnim aufgrund seiner Herkunft direkten Kontakt zum Kaiser und vor allem zu der Königin Augusta hatte und den Dienstweg umging, wenn er seine vom unmittelbaren Vorgesetzten Bismarck abweichende Meinung direkt dem Herscherpaar vortrug. Arnim hatte schon früh geäußert, dass er in Bismarck einen Konkurrenten sah, so dass das Ziel, selber an die Stelle Bismarcks zu treten, schon früh die Fronten zwischen den beiden Politikern absteckte.

Bismarck versuchte daraufhin, den Grafen von seinem Posten in Rom abzuziehen, was ihm nach einer Liaison Arnims mit der italienischen Kronprinzessin schließlich gelang. Bismarck entsandte Arnim daraufhin 1871 als Botschafter nach Paris. Da der deutsch-französische Krieg gerade erst zu Ende gegangen war und nur noch der Friedensvertrag auszuhandeln war, erschien die dortige Stellung unkritisch. Von der Teilnahme Arnims an den Vorverhandlungen zum Frankfurter Frieden in Brüssel zeugt der in Abbildung 48 dargestellte Reisepass des Auswärtigen Amtes.

Doch Bismarck irrte. Auch in Paris machte Arnim seine eigene Politik und versuchte gegen die Position Bismarcks, den französischen Präsidenten Thiers zu diskreditieren, um eine eher monarchistisch geprägte französische Politik zu bewirken. Es dauerte rund zweieinhalb Jahre bis Bismarck den Grafen, der weiterhin die Sympathie des Kaisers genoss, auch von diesem Posten entheben konnte. Deutliche Zugewinne der Nationalliberalen bei den preußischen Landtagswahlen am 4. November 1873 und den Reichstagswahlen am 10. Januar 1874 stärkten die Position des Kanzlers, so dass dieser nunmehr vehementer gegen Arnim vorgehen konnte und diesen am 22. Februar 1874 nach Konstantinopel versetzte. Arnim lehnte diesen Posten ab und trug den Streit in die Öffentlichkeit, wobei er Unterlagen des Auswärtigen Amtes den Zeitungen zuspielte. Dies ging auch dem Kaiser zu weit, so dass dieser den Grafen am 15. Mai 1874 in den Ruhestand versetzte.

PRO NIHILO!

Vorgeschichte

des

Arnim'schen Processes.

Erstes Heft.

ZÜRICH.
VERLAGS-MAGAZIN.
1876.

Abbildung 50: Pro Nihilo

Harry von Arnim akzeptierte seine Entlassung nicht und drohte mit der Veröffentlichung interner und Bismarck angeblich belastender Akten, die er während seiner Pariser Amtszeit an sich genommen hatte.[102] Um Arnim eine Rückkehr in die Politik gänzlich zu verbauen, strebte Bismarck daraufhin nicht nur ein dienstrechtliches Vorgehen zur Herausgabe der Akten an, sondern – jetzt auch mit Unterstützung Wilhelm I. – ein strafrechtliches. In dem sich anschließenden Strafprozess wurde Arnim in erster Instanz jedoch lediglich zu drei Monaten Haft verurteilt; in zweiter Instanz immerhin zu neun Monaten. Die Ankläger hatten zweieinhalb Jahre gefordert.

Doch Arnim – inzwischen im Exil – glaubte immer noch, Bismarck übertrumpfen zu können. Eine Schmähschrift gegen Bismarck mit dem Namen „Pro Nihilo" wurde im November 1875 an verschiedene Zeitungen, Buchhandlungen und Parlamentarier geschickt, die nunmehr auch Vorwürfe gegen den Kaiser enthielt. Auch wenn die Schrift anonym veröffentlicht wurde, galt doch in der Öffentlichkeit als sicher, dass Arnim Autor des Pamphletes war. Beweise dafür gab es nicht. Die Resonanz jedenfalls war einhellig und bedeutete das gesellschaftliche „Aus" für den Grafen.

Das dienstrechtliche Disziplinarverfahren führte am 29. April 1876 zur Entlassung Arnims unter Aberkennung von Titel und Pension. Das Königliche Kammergericht zu Berlin verurteilte Arnim in Abwesenheit schließlich u.a. aufgrund der Verwendung amtlicher Urkunden für „Pro Nihilo“ und Majestätsbeleidigung zu fünf Jahren Gefängnis.

Am 29. Januar 1876 wurde das Strafgesetzbuch um einen § 353 a, dem sogenannten Arnim Paragraphen, ergänzt, der Vergehen im auswärtigen Dienst sanktionierte.

Die heutige Fassung lautet:

§ 353 a Vertrauensbruch im auswärtigen Dienst
(1) Wer bei der Vertretung der Bundesrepublik Deutschland gegenüber einer fremden Regierung, einer Staatengemeinschaft oder einer zwischenstaatlichen Einrichtung einer amtlichen Anweisung zuwiderhandelt oder in der Absicht, die Bundesregierung irrezuleiten, unwahre Berichte tatsächlicher Art erstattet, wird mit Freiheitsstrafe bis zu fünf Jahren oder mit Geldstrafe bestraft.
(2) Die Tat wird nur mit Ermächtigung der Bundesregierung verfolgt.

Auch aus dem Exil versuchte Arnim mit weiteren Veröffentlichungen gegen Bismarck vorzugehen.

Graf Harry von Arnim starb am 19. Mai 1881 in Nizza im Exil im Alter von 56 Jahren.

Der Diplomatenpass für von Arnim ist ein gutes Beispiel für die Kompetenzen des Auswärtigen Amtes (AA) auf Grundlage des bismarckschen Passgesetzes. Dieses regelte zwar nicht explizit die Ausstellung von Dokumenten durch das Außenministerium, enthielt jedoch in Paragraph 6 eine Kompetenzregelung zur Erteilung von Auslandspässen zugunsten derjenigen Behörden, die von Bundeswegen dazu befugt waren. Das AA stellte auf dieser Rechtsgrundlage seinen Diplomaten daher eigene sehr schmuckhafte Reisepässe aus und versah diese mit dem eigenem Behördenstempel. Dabei unterschied das AA in der Regel, welchen Status die Diplomaten hatten. Minister und Staatssekretäre erhielten Ministerialpässe, Bedienstete in der Regel Dienst- oder Diplomatenpässe. Nicht-regierungsangehörige Diplomaten erhielten hingegen „gewöhnliche Reisepässe“, allerdings nach dem besonderen Muster des AA. So auch der Reisepass von 1898 für den Bezirksrichter Dr. Wilhelm Solf (Abbildung 51) für seine Reise nach Ostafrika. Solf sollte im Übrigen noch Karriere machen und schließlich letzter Außenminister unter Wilhelm II. werden, wie weiter unten ausgeführt wird. Auch der Reisepass der Fürstin Hermine von Hanau für ihre Reisen nach Ceylon (heute Sri Lanka) und den Niederländischen Antillen 1913 wurde durch das AA ausgestellt.

No. 75

Wir Wilhelm,

von Gottes Gnaden

Deutscher Kaiser, König von Preußen,

etc. etc. etc.

Ersuchen hiermit, unter dem Versprechen einer vollkommenen Erwiderung, alle Militär- und Civil-Behörden auswärtiger Staaten, Unsern sämmtlichen Militär- und Civil-Behörden aber befehlen Wir ausdrücklich, auf Vorzeigung dieses den Bezirksrichter Dr. Solf, welcher sich zu Unserem Gouvernement in Ostafrika begiebt

frei und ungehindert reisen, auch nöthigenfalls ihm Schutz und Beistand angedeihen zu lassen.

Gegeben Berlin, den 25. Februar 1800 achtundneunzig (1898).

Auf Seiner Kaiserlichen und Königlichen Majestät Allerhöchsten Special-Befehl.

Der Reichskanzler.

Im Auftrage

Reise-Paß

gültig auf ein Jahr

Abbildung 51: Reisepass des Auswärtigen Amtes für den Bezirksrichter Dr. Wilhelm Solf für seine Reise nach Ostafrika, 1898

Nr. 837.

Wir Wilhelm,
von Gottes Gnaden
Deutscher Kaiser, König von Preußen
usw.

Ersuchen hiermit, unter dem Versprechen einer vollkommenen Erwiderung, alle Militär- und Zivilbehörden der anderen Staaten, sämtlichen Uns untergebenen Militär- und Zivilbehörden aber befehlen Wir ausdrücklich, auf Vorzeigung dieses Ihre Durchlaucht die Fürstin Hermine von Hanau, die sich nach Ceylon und Niederländisch Indien begibt,

frei und ungehindert reisen, auch nötigenfalls ihr Schutz und Beistand angedeihen zu lassen.

Gegeben Berlin, den 27. November neunzehnhundertdreizehn (1913).

Auf Seiner Kaiserlichen und Königlichen Majestät Allerhöchsten Spezialbefehl.

Der Reichskanzler.
Im Auftrage
Schmidt-Dargitz

AUSWÄRTIGES AMT DES DEUTSCHEN REICHS

Reisepaß
gültig auf ein Jahr.

Reichsdruckerei, Berlin.

Abbildung 52: Reisepass des Auswärtigen Amtes für die Fürstin Hermine von Hanau für ihre Reise nach Ceylon und den Niederländischen Antillen, 1913

Dr. Wilhelm Heinrich Solf[103]

Abbildung 53: Dr. Wilhelm Solf

Dr. Wilhelm Heinrich Solf wurde am 5. Oktober 1862 in Berlin als viertes von sieben Kindern geboren. Sein Vater Hermann Solf war ein angesehener Kaufmann. Seine Mutter Augusta (geborene Peters) entstammte der Gelehrtenfamilie Wackernagel und war Nichte der Germanisten Philipp und Wilhelm Wackernagel.

Solf studierte Indologie und promovierte schließlich 1885 erfolgreich zum Doktor der Philosophie. Seine besonderen Sprachkenntnisse führten ihn über London in den Auswärtigen Dienst, um die deutsche Vertretung in Indien als Dolmetscher zu unterstützen (1889). Dort nahm er überwiegend konsularische Aufgaben wahr und erkannte, dass eine diesbezügliche Laufbahn nur über den Umweg eines erneuten Studiums möglich sein würde.

Solf quittierte den Dienst und entschied sich für ein Jurastudium in Jena, das er 1896 beendete, um danach wieder in den Auswärtigen Dienst, diesmal in Berlin in die für die Kolonialverwaltung zuständige Abteilung, einzutreten. Bereits nach einem Jahr wurde er von dort zum Richter nach Ostafrika in Daressalam bestellt (vgl. Reisepass Solf's, Abb. 51).

Abbildung 54: Hanna Solf, geb. Dotti

Am 13. Februar 1899 wurde Solf Oberrichter am Munizipalgericht auf Samoa, dem nach dem Samoavertrag von 1889 zwischen den USA, Großbritannien und Deutschland die Verwaltungshoheit über den Inselstaat oblag. Solfs ausgleichende und friedensstiftende Politik führte schließlich am 1. März 1900 zur Übernahme Samoas durch das Deutsche Reich und seiner Ernennung zum Gouverneur.

Solf heiratete während seiner insgesamt elfjährigen Amtszeit auf Samoa anlässlich eines Berlinurlaubs im September 1908 Hanna Dotti, die Tochter eines Gutsbesitzers. Um Hanna Solf entstand nach dem Tod Solfs der sogenannte Solf-Kreis, eine Widerstandsgruppe gegen den Nationalsozialismus.

Nachdem der amtierende Kolonialstaatssekretär und damit der Leiter der deutschen Kolonialverwaltung Friedrich von Lindequist seinen Rücktritt erklärt hatte, wurde Solf 1911 als sein Nachfolger gewählt und nach Berlin zurückberufen.

Vor und zu Beginn des Ersten Weltkrieges setzte sich Solf – von vielen kritisiert – dafür ein, für die deutschen Kolonien eine diplomatische statt einer kriegerischen Lösung zu finden. Nach seiner Ansicht konnten die Kolonien ohnehin nur gehalten werden, wenn Deutschland den Krieg in Europa für sich entschied. Eine eigene militärische Präsenz in den Kolonien sei daher unerheblich. Dass ihn dies bei den Militärs nicht gerade beliebt machte, lag auf der Hand.[104]

Im Oktober 1918 wurde Solf vom neuen Reichskanzler Prinz Max von Baden zum Leiter des Reichsamtes für Auswärtiges des Deutschen Reiches (bei gleichzeitiger Wahrnehmung der Aufgaben des Leiters des Kolonialamtes) ernannt und war damit der letzte Außenminister der Monarchie in Deutschland. Damit oblag ihm auch die Verantwortung für die Verhandlung und Umsetzung der Kapitulationsvereinbarungen mit den Siegermächten, etwa zum Abzug der deutschen Truppen aus den besetzten Ostgebieten. Nach dem Rücktritt Kaiser Wilhelms II. am 9. November 1918 und der Niederlegung der Regierungsgeschäfte durch den Reichskanzler war Solf das ranghöchste verbliebene Kabinettmitglied am Ende des Ersten Weltkrieges. Der anschließend durch die Weimarer Nationalversammlung neu gewählte Reichspräsident Friedrich Ebert bestätigte Solf weiterhin als Außenminister. Die Amtszeit war jedoch nur von kurzer Dauer, da seine auswärtige Politik keine vorbehaltlose Unterstützung der Parlamentarier erhielt. Solf reichte konsequenterweise am 9. Dezember 1918 seinen Rücktritt ein, blieb aber noch bis zum Jahresende Außenminister und bis zum 13. Februar 1919 Leiter des Kolonialamtes.

Bereits wenige Monate später – Solf verbrachte die Zwischenzeit mit seiner Familie weitestgehend in der Schweiz – wurde er von Ebert im Januar 1920 zum Botschafter nach Japan berufen. Aus der Gültigkeitsdauer des Reisepasses seiner Gattin (vgl. Abb. 87) kann geschlossen werden, dass Solf das Amt faktisch zwischen dem 9. Mai und 9. Juni 1920 angetreten hat. Solf führte auch in Japan seine Politik der Verständigung fort und gewann bald das Vertrauen der Japaner und der anderen diplomatischen Corps, so dass er bereits nach drei Jahren zum Doyen, also zum Sprecher aller ausländischen Diplomaten in Japan, berufen wurde. Gerade in dieser Funktion konnte er wichtige Unterstützung beim Wiederaufbau leisten, nachdem Japan von dem katastrophalen Erdbeben 1923 heimgesucht wurde, das rund 100.000 Menschen das Leben kostete.

Solf kehrte im Dezember 1928 im Alter von 66 Jahren in den Ruhestand nach Deutschland zurück.

Doch zur Ruhe setzen, kam für Solf nicht in Frage. Er übernahm unter anderem den Vorsitz des Verwaltungsrates des Deutschen Auslands-Instituts in Stuttgart, den Vorsitz im Kuratorium des Japan-Instituts sowie die Präsidentschaft der Gesellschaft für Ostasiatische Kunst.[105] Darüber hinaus engagierte er sich weiterhin politisch und unterstützte Hindenburg bei seiner Wiederwahl gegen Hitler. Solf war zudem noch für verschiedene Positionen wie etwa als deutscher Repräsentant beim Völkerbund in Genf im Gespräch. Dazu kam es jedoch nicht.

Am 21. Mai 1930 wurde Solf der Ehrendoktortitel der Theologischen Fakultät der Universität Göttingen verliehen.

Solf verstarb am 6. Februar 1936 im Alter von 73 Jahren.

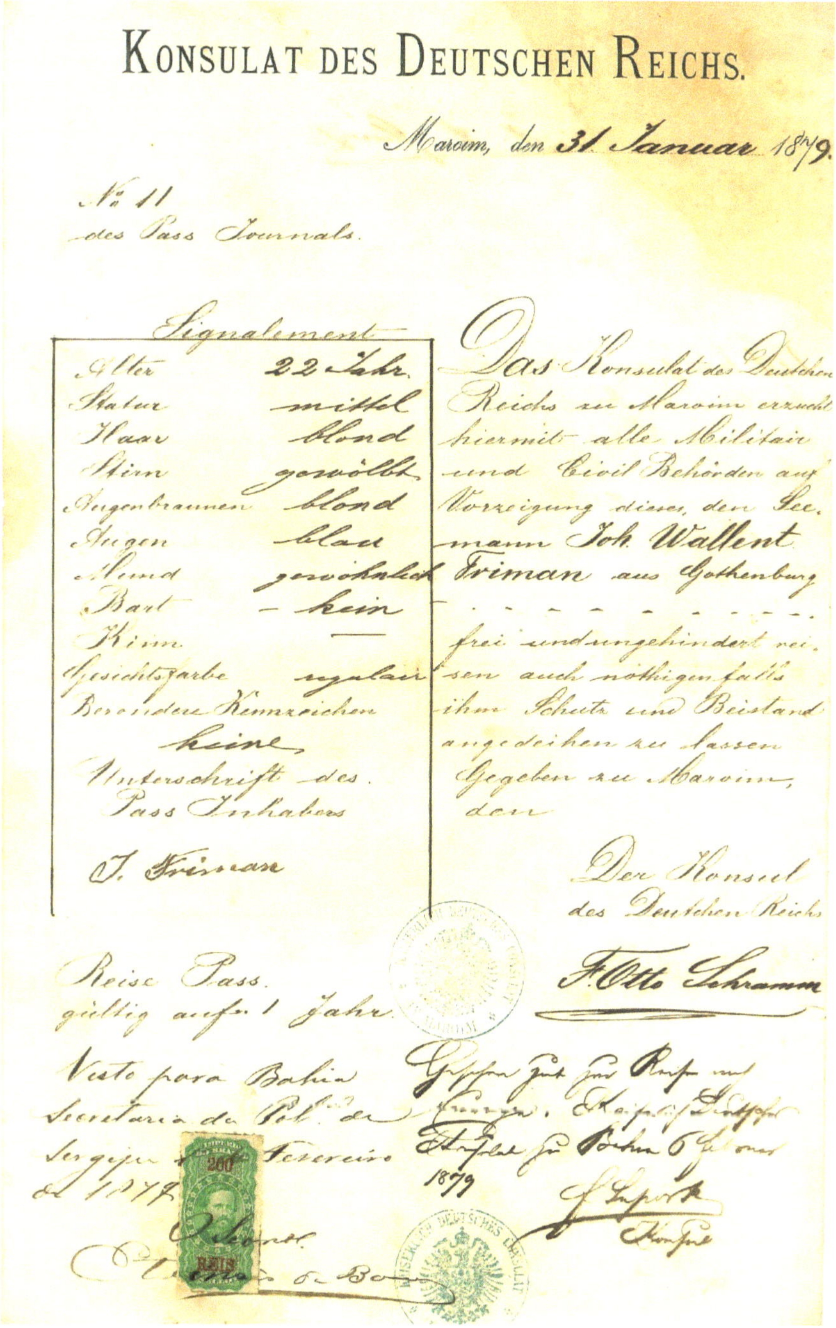

KONSULAT DES DEUTSCHEN REICHS.

Maroim, den 31 Januar 1879.

No 11
des Pass Journals.

Signalement

Alter	22 Jahr
Statur	mittel
Haar	blond
Stirn	gewölbt
Augenbraunen	blond
Augen	blau
Mund	gewöhnlich
Bart	– kein
Kinn	—
Gesichtsfarbe	regulair
Besondere Kennzeichen	keine

Unterschrift des Pass Inhabers
J. Friman

Das Konsulat des Deutschen Reichs zu Maroim ersucht hiermit alle Militair und Civil Behörden auf Vorzeigung dieses, den Seemann Joh. Wallent Friman aus Gothenburg - - - - - - - frei und ungehindert reisen auch nöthigenfalls ihm Schutz und Beistand angedeihen zu lassen
Gegeben zu Maroim, den

Der Konsul des Deutschen Reichs
F. Otto Schramm

Reise Pass.
gültig auf 1 Jahr.

Visto para Bahia
Secretaria da Pol.ª de Sergipe ... Fevereiro de 1879

200 REIS

1879

Abbildung 55: Konsulatspass des Konsulats in Maroim (heute Maruim, Brasilien) für einen Seemann, 1879

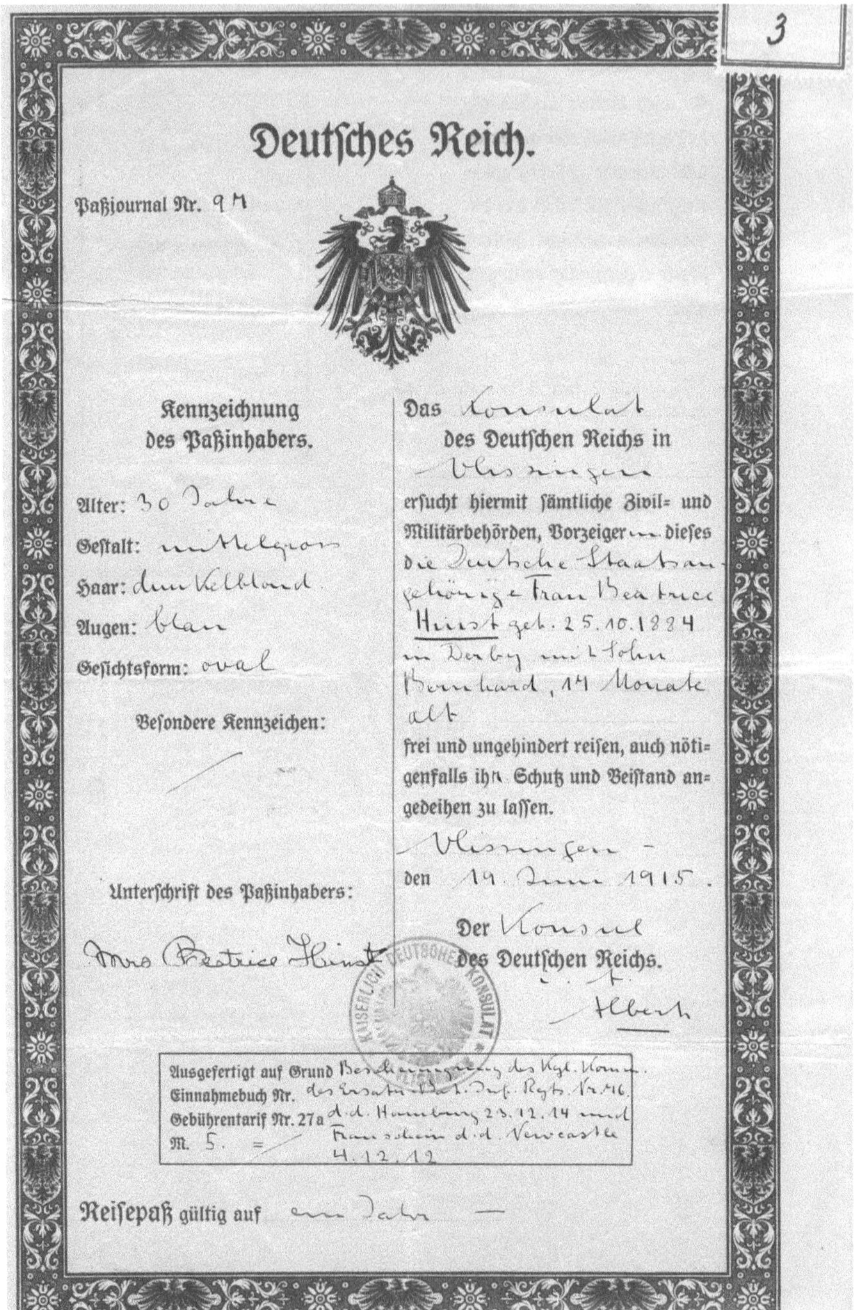

3

Deutsches Reich.

Paßjournal Nr. 97

Kennzeichnung des Paßinhabers.

Alter: 30 Jahre

Gestalt: mittelgroß

Haar: dunkelblond

Augen: blau

Gesichtsform: oval

Besondere Kennzeichen:

Unterschrift des Paßinhabers:

Mrs Beatrice Hirst

Das Konsulat des Deutschen Reichs in Vlissingen ersucht hiermit sämtliche Zivil- und Militärbehörden, Vorzeiger*in* dieses die Deutsche Staatsangehörige Frau Beatrice Hirst geb. 25.10.1884 in Derby mit Sohn Bernhard, 14 Monate alt frei und ungehindert reisen, auch nötigenfalls ih*r* Schutz und Beistand angedeihen zu lassen.

Vlissingen – den 19. Juni 1915.

Der Konsul des Deutschen Reichs.

i. A. Albert

Kaiserlich Deutsches Konsulat

Ausgefertigt auf Grund Bescheinigung des Kgl. Komm. des Ersatz-Batl. Inf. Regts. Nr. 76 d.d. Hamburg 23.12.14 und Paßschein d.d. Newcastle 4.12.12

Einnahmebuch Nr.

Gebührentarif Nr. 27a

M. 5. =

Reisepaß gültig auf ein Jahr –

Abbildung 56: Konsulatspass, Vlissingen, 1915

Die Konsulate des Auswärtigen Amtes im Ausland waren gleichfalls zur Ausstellung von Reisepässen ermächtigt und verwendeten dazu standardisierte Dokumente wie in Abbildung 56. Offensichtlich waren aber nicht alle Auslandsvertretungen mit solchen Vordrucken und offiziellen Mustern ausgestattet. Der Reisepass des Konsulats in Maroim (heute Maruim, Brasilien) wurde 1879 für einen Seemann auf einem schlichten Briefbogen des Konsulats ausgestellt.

Im Inland standen natürlich ausreichend einheitliche Muster in den Passbehörden zur Verfügung. Die nachfolgenden Abbildungen zeigen zwei Pässe dieser Zeit: einer aus Preußen und einer aus Württemberg, mit jeweils gleichem Deckblatt.

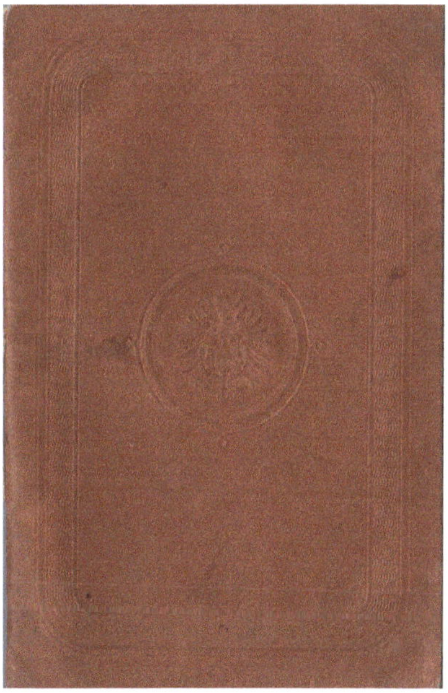

Abbildung 57: Deckblatt eines Reisepasses des Deutschen Reichs, 1871 – 1922

Abbildung 58: Reisepass, Deutsches Reich, Preussen, 1886

Abbildung 59: Reisepass, Deutsches Reich, Königreich Württemberg, 1883

Am 28. Juni 1914 fielen Franz Ferdinand, Erzherzog und österreichischer Thronfolger, und seine Frau in Sarajewo einem Attentat zum Opfer. Österreich vermutete dahinter den serbischen Geheimdienst, da die moderate Balkanpolitik Franz Ferdinands den serbischen Expansionsinteressen zuwiderlief. Die sich anschließenden Forderungen Österreichs in Form eines Ultimatums, die insbesondere österreichischen Behörden Untersuchungen auf serbischem Hoheitsgebiet erlauben sollten, waren für Serbien unannehmbar und führten am 28. Juli 1914 zur Kriegserklärung Österreichs. Aufgrund der Bündnisse mit Österreich bzw. Serbien wurden gleichfalls Deutschland und Frankreich einerseits sowie Russland anderseits mit in den Krieg hineingezogen. Deutschland reagierte am 31. Juli 1914 mit der Erklärung des Kriegszustandes[106] (mit Wirkung zum 1. August 1914) als erster: „*Wir Wilhelm, von Gottes Gnaden Deutscher Kaiser, König von Preußen u. verordnen auf Grund des Artikel 68 der Verfassung des Deutschen Reichs im Namen des Reichs, was folgt: Das Reichsgebiet ausschließlich der Königlich Bayerischen Gebietsteile wird hierdurch in Kriegszustand erklärt*". Die Kriegserklärung selbst war gegen Russland gerichtet. Die „Verordnung, betreffend die vorübergehende Einführung der Passpflicht vom 31. Juli 1914"[107], ebenso wie weitere Verordnungen zum Verbot der Ausfuhr von Waffen, Eisenbahnmaterialien, Fernsprechtechnik, Rohstoffen zur Herstellung von Kriegsbedarf, Verbands- und Arzneimitteln und Tauben, wurden zeitgleich zum 1. August 1914 erlassen.

Nach der Passverordnung bestand ab sofort Pass- bzw. Passkartenzwang für die Einreise in das deutsche Reich. Daneben konnte man sich durch Militärpapiere, Heimatscheine oder andere Bescheinigungen deutscher Behörden ausweisen, die eine zweifelsfreie Identifizierung als Deutscher erlaubten. Ausländer, die sich im Gebiet des Kriegszustandes (also des gesamten Reichs ohne Bayern) aufhielten, mussten grundsätzlich über einen Pass oder eine Passkarte verfügen.

Nr. 9 Bi. Ska.

Königreich Sachsen.

Staatsangehörigkeits-
ausweis.

(Zur Benutzung im Inland.)

Der Handlungsgehilfe jetzt Gefreiter
Heinrich Rudolph Bischoff,
geboren am 31. Dezember 18[illegible] in Mittweida, Reg.-Bez. Leipzig
besitzt die Staatsangehörigkeit im Königreich Sachsen.

Dresden, den 30. April 1918.

Königlich Sächsische Kreishauptmannschaft.

Buchdruckerei der Wilhelm und Bertha v. Baensch Stiftung, Dresden-A.

Abbildung 60: Staatsangehörigkeitsausweis Sachsen, 1918

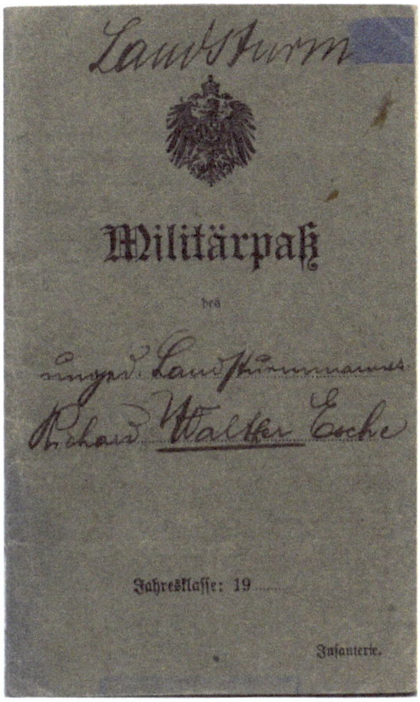

Abbildung 61: Militärpass, Landsturm, 1916

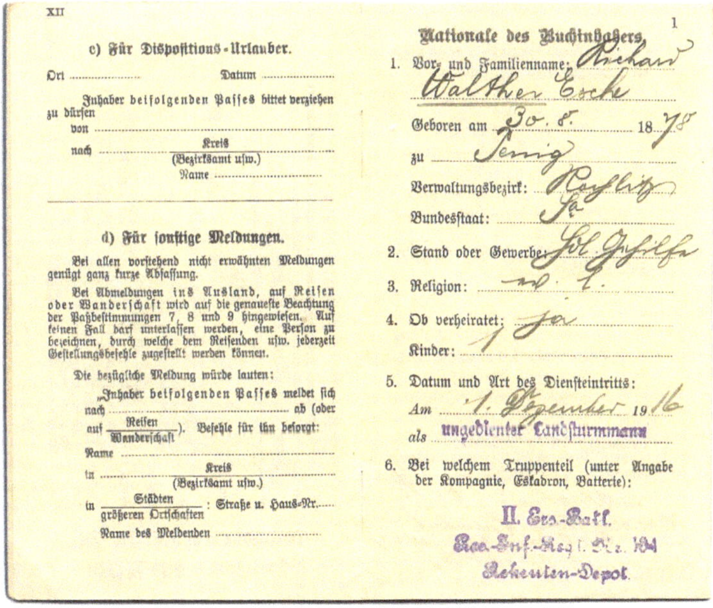

XII

c) Für Dispositions-Urlauber.

Ort .... Datum ....

Inhaber beifolgenden Passes bittet verziehen zu dürfen
von ....
nach .... Kreis (Bezirksamt usw.)
Name ....

d) Für sonstige Meldungen.

Bei allen vorstehend nicht erwähnten Meldungen genügt ganz kurze Abfassung.

Bei Abmeldungen ins Ausland, auf Reisen oder Wanderschaft wird auf die genaueste Beachtung der Paßbestimmungen 7, 8 und 9 hingewiesen. Auf keinen Fall darf unterlassen werden, eine Person zu bezeichnen, durch welche dem Reisenden usw. jederzeit Gestellungsbefehle zugestellt werden können.

Die bezügliche Meldung würde lauten:

„Inhaber beifolgenden Passes meldet sich nach .... ab (oder auf Reisen/Wanderschaft). Befehle für ihn besorgt:
Name ....
in .... Kreis (Bezirksamt usw.)
in Städten/größeren Ortschaften: Straße u. Haus-Nr. ....
Name des Meldenden ....

1

Nationale des Buchinhabers.

1. Vor- und Familienname: Richard Walther Esche
Geboren am 30. 8. 1878
zu ....
Verwaltungsbezirk: ....
Bundesstaat: ....
2. Stand oder Gewerbe: ....
3. Religion: ....
4. Ob verheiratet: ja
Kinder: 1
5. Datum und Art des Diensteintritts:
Am 1. Dezember 1916
als ungedienter Landsturmmann
6. Bei welchem Truppenteil (unter Angabe der Kompagnie, Eskadron, Batterie):
II. Ers.-Batl.
....
Rekruten-Depot.

Abbildung 62: Militärpass, Landsturm, 1916, S. 1

Mit der „*Verordnung, betreffend anderweite Regelung der Passpflicht*“[108] vom 16. Dezember 1914 wurde die Passpflicht neu gefasst. Diese wurde jetzt auch auf die Ausreise ausgedehnt. Die Passkarten wurden zwar nicht explizit abgeschafft, jedoch war in der Verordnung nur noch von Pässen die Rede. Faktisch entfiel damit die Möglichkeit sich durch Passkarten zu legitimieren. Erstmals wurde auch ein Passfoto rechtlich vorgeschrieben und geregelt, wie dieses in den Pass einzubringen war. Es musste eingeklebt, gestempelt und mit dem Hinweis versehen werden, dass „der Passinhaber tatsächlich die durch die Photographie dargestellte Person ist und die darunter befindliche Unterschrift eigenhändig vollzogen hat“ (Abbildung 65). Da die Verordnung zum 1. Januar 1915 in Kraft trat, gab es seitdem erstmals Reisepässe mit Passfotos. Mitreisende Kinder waren meist im gleichen Bild mit abgelichtet, wobei sogar Familienfotos genutzt wurden, bei denen andere Familienmitglieder „weggeschnitten“ wurden (Abbildung 64). Ausländische Pässe waren durch die deutschen diplomatischen oder konsularischen Vertretungen zu visieren. Wehrpflichtige Deutsche im Inland erhielten wie bisher nur Pässe mit Zustimmung des jeweils zuständigen Bezirkskommandos.

Abbildung 63: Reisepass des Deutsches Reichs, Preussen, 1922, Fotographie, S. 14 – 15

Abbildung 64: Reisepass des Deutsches Reichs, Photographie mit drei Personen

Abbildung 65: Reisepass des Deutsches Reichs, Preußen, 1922, Hinweis auf die Übereinstimmung von Photographie und Person, S. 16

Abbildung 66: Reisepass Österreich, 1917

Der Reisepass in Abbildung 66 zeigt einen Reisepass der kaiserlich-königlichen Hof- und Staatsdruckerei in Österreich, gültig zur Reise in das Kriegsgebiet nach Krakau. Auch hier wird die Übereinstimmung von Person und Fotografie explizit bestätigt – jedoch mit anderem Wortlaut als der deutsche Pass.

Mit der „*Verordnung, betreffend anderweite Regelung der Passpflicht*"[109] vom 21. Juni 1916 wurde die Verordnung von 1914 sprachlich klarer gefasst, ohne jedoch wesentliche neue Regelungen vorzusehen. Allerdings wurde der Reichskanzler ermächtigt, die zur Ausführung der Verordnung erforderlichen Anordnungen zu erlassen, insbesondere um die Form und den Inhalt der Pässe sowie das Verfahren der Sichtvermerkserteilung (also der Visierung) detailliert zu regeln. Mit den daraufhin vom stellvertretenden Reichskanzler Dr. Helfferich erlassenen Ausführungsvorschriften[110] vom 24. Juni 1916 wurden Gültigkeit, Verwendung von Fotografien, die Art und Weise der Visierung sowie Regelungen für Kinder unter 12 Jahren, insbesondere zur Abschaffung der Familienpässe getroffen. Auch wurde in Ziffer 9 der Personalausweis als Passersatz mit dem Muster aus Abbildung 68 eingeführt.

Österreichische Staatsdruckerei

Am 18. September 1804 gründete Kaiser Franz I. durch Dekret die „k. k. Hof- und Staatsdruckerey" in Wien. Bis 1918 übernahm die Druckerei sämtliche Druckerzeugnisse für die staatliche Stellen und den kaiserlich-königlichen Hof Österreichs und Ungarns.

Abbildung 67: Österreichische Staatsdruckerei

Mit Ende der Monarchie wurde die Staatsdruckerei 1918 nach Ende des ersten Weltkrieges zur Österreichischen Staatsdruckerei, welche 1997 in eine Aktiengesellschaft umgewandelt und 1999 in Print Media Austria AG umbenannt wurde. Für die vorgesehene Privatisierung wurde die Österreichische Staatsdruckerei GmbH in 1999 ausgegründet und bereits im darauf folgenden Jahr an Euro Capital Partners verkauft. Alleingesellschafter der Österreichischen Staatsdruckerei GmbH ist heute die Österreichische Staatsdruckerei Holding AG.

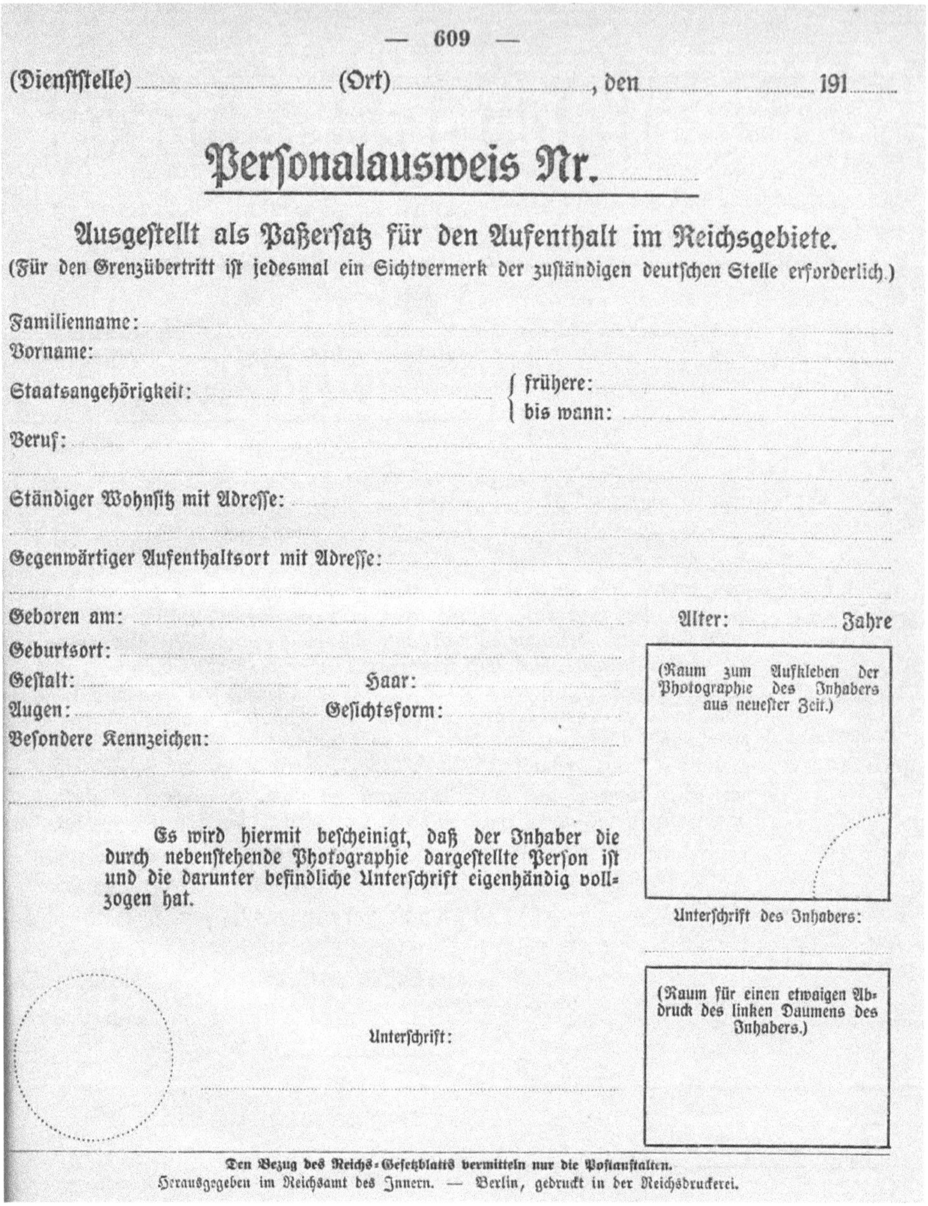

— 609 —

(Dienststelle) .... (Ort) ...., den .... 191....

Personalausweis Nr. ....

Ausgestellt als Paßersatz für den Aufenthalt im Reichsgebiete.

(Für den Grenzübertritt ist jedesmal ein Sichtvermerk der zuständigen deutschen Stelle erforderlich.)

Familienname: ....

Vorname: ....

Staatsangehörigkeit: .... { frühere: .... bis wann: ....

Beruf: ....

Ständiger Wohnsitz mit Adresse: ....

Gegenwärtiger Aufenthaltsort mit Adresse: ....

Geboren am: .... Alter: .... Jahre

Geburtsort: ....

Gestalt: .... Haar: ....

Augen: .... Gesichtsform: ....

Besondere Kennzeichen: ....

(Raum zum Aufkleben der Photographie des Inhabers aus neuester Zeit.)

Es wird hiermit bescheinigt, daß der Inhaber die durch nebenstehende Photographie dargestellte Person ist und die darunter befindliche Unterschrift eigenhändig vollzogen hat.

Unterschrift des Inhabers: ....

(Raum für einen etwaigen Abdruck des linken Daumens des Inhabers.)

Unterschrift: ....

Den Bezug des Reichs-Gesetzblatts vermitteln nur die Postanstalten.

Herausgegeben im Reichsamt des Innern. — Berlin, gedruckt in der Reichsdruckerei.

Abbildung 68: Personalausweismuster, 1916

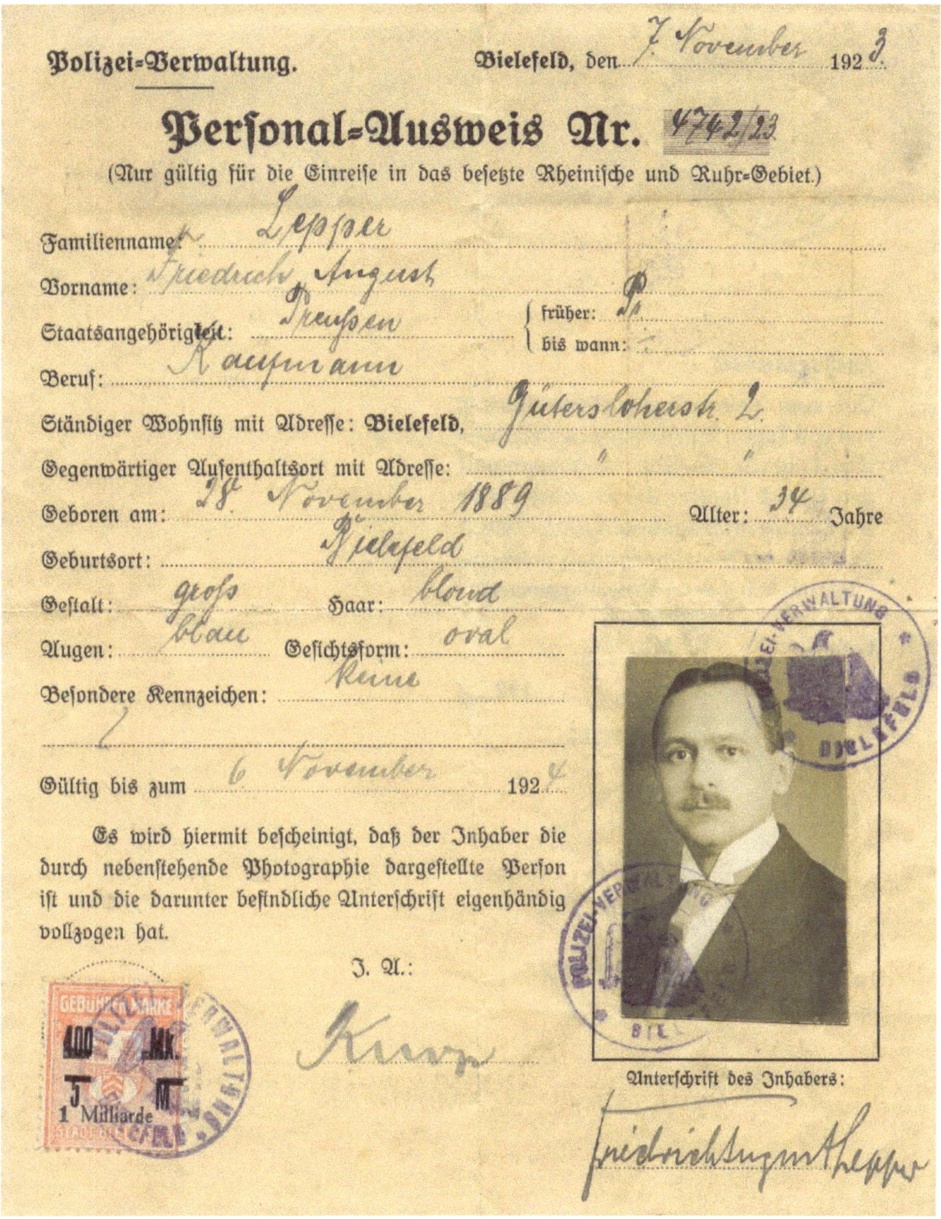

Polizei-Verwaltung. Bielefeld, den 7 November 1923

Personal-Ausweis Nr. 4742/23

(Nur gültig für die Einreise in das besetzte Rheinische und Ruhr-Gebiet.)

Familienname: Lepper

Vorname: Friedrich August

Staatsangehörigkeit: Preußen — früher: Pr. — bis wann: –

Beruf: Kaufmann

Ständiger Wohnsitz mit Adresse: Bielefeld, Gütersloherstr. 2.

Gegenwärtiger Aufenthaltsort mit Adresse: " "

Geboren am: 28 November 1889 Alter: 34 Jahre

Geburtsort: Bielefeld

Gestalt: gross Haar: blond

Augen: blau Gesichtsform: oval

Besondere Kennzeichen: keine

Gültig bis zum 6 November 1924

Es wird hiermit bescheinigt, daß der Inhaber die durch nebenstehende Photographie dargestellte Person ist und die darunter befindliche Unterschrift eigenhändig vollzogen hat.

I. A.:

Gebührenmarke 400 Mk. 1 Milliarde

Polizei-Verwaltung Bielefeld

Unterschrift des Inhabers: Friedrich August Lepper

Abbildung 69: Personalausweis, 1923, gemäß dem Muster von 1916, jedoch mit dem Hinweis „Nur gültig für die Einreise in das besetzte Rheinische und Ruhr-Gebiet“

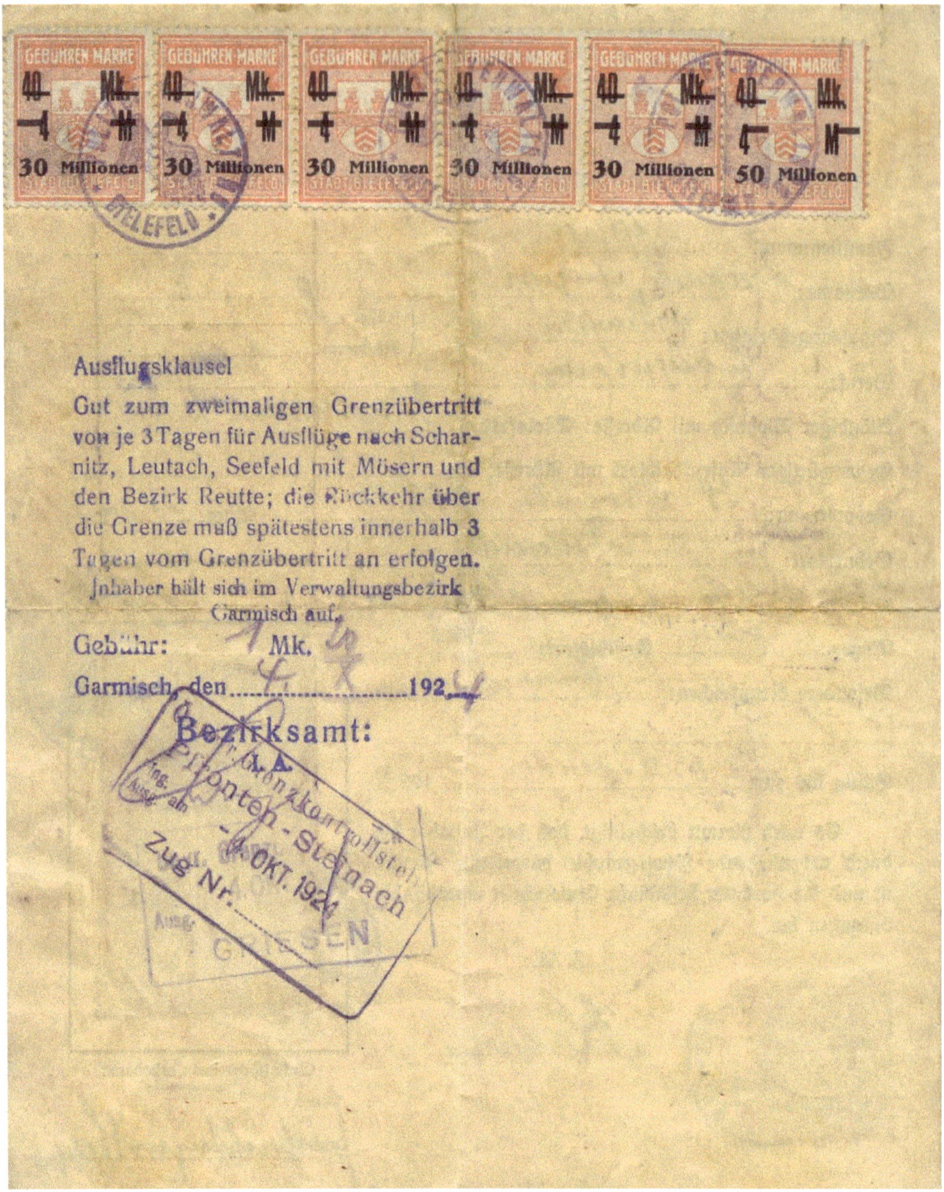
GEBÜHREN-MARKE 40 Mk. 4 M 30 Millionen
GEBÜHREN-MARKE 40 Mk. 4 M 30 Millionen
GEBÜHREN-MARKE 40 Mk. 4 M 30 Millionen
GEBÜHREN-MARKE 40 Mk. 4 M 30 Millionen
GEBÜHREN-MARKE 40 Mk. 4 M 30 Millionen
GEBÜHREN-MARKE 40 Mk. 4 M 50 Millionen
BIELEFELD

Ausflugsklausel

Gut zum zweimaligen Grenzübertritt von je 3 Tagen für Ausflüge nach Scharnitz, Leutach, Seefeld mit Mösern und den Bezirk Reutte; die Rückkehr über die Grenze muß spätestens innerhalb 3 Tagen vom Grenzübertritt an erfolgen.

Inhaber hält sich im Verwaltungsbezirk Garmisch auf.

Gebühr: Mk.

Garmisch, den 4. X. 1924

Bezirksamt:
I. A.

Grenzkontrollstelle Pfronten-Steinach
4. OKT. 1924
Zug Nr.

Abbildung 70: Personalausweis, 1923, Rückseite

Personal-Beschreibung.

Alter: 16 Jahr

Statur: mittel

Haare: dunkelblond

Augen: braun

Gesichtsform: rund

Kennzeichen: keine

Es wird hiermit bescheinigt, dass der Passinhaber die durch die Photographie dargestellte Person ist, und die darunter befindliche Unterschrift eigenhändig vollzogen hat.

Görlitz, den 25 Mai 1917

Die Polizeiverwaltung

I. A.

Polizeibürovorsteher.

Abbildung 71: Personalausweis, Görlitz, 1917

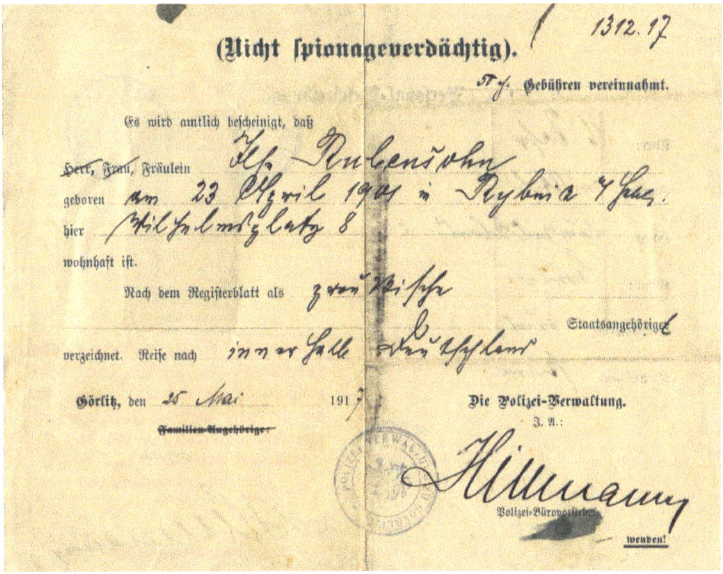

(Nicht spionageverdächtig). 1312.17

Gebühren vereinnahmt.

Es wird amtlich bescheinigt, daß

~~Herr~~, ~~Frau~~, Fräulein Ilse Rubensohn

geboren am 23 April 1901 in Rybnik

hier Wilhelmsplatz 8

wohnhaft ist.

Nach dem Registerblatt als

Staatsangehörige

verzeichnet. Reise nach innerhalb Deutschland

Görlitz, den 25 Mai 1917

~~Familien-Angehörige~~

Die Polizei-Verwaltung.

J. A.:

Polizei-Bürovorsteher.

wenden!

Abbildung 72: Personalausweis, Görlitz, 1917, Rückseite mit dem Hinweis „nicht spionageverdächtigt“

Ausweis

zum Aufenthalt im Ostseebad Swinemünde
für den Pastor prim. Georg Klepper aus
Beuthen a/Oder.
Gültig vom 15. bis 31. Juli 1916.

Personenbeschreibung

Alter: geb 15. April 1866
Statur: schlank
Haare: kurz, grau meliert
Augen: braun
Gesicht: länglich
besondere Kennzeichen: keine (trägt Spitzbart)

Georg Klepper.

Es wird bescheinigt, daß der vorstehend Aufgeführte tatsächlich die durch die Photographie dargestellte Person ist und die Unterschrift eigenhändig vollzogen hat.

Beuthen a/Oder den 14. Juli 1916.
Die Polizei-Verwaltung

Abbildung 73: Ausweis, Beuthen, für eine Reise an die Ostsee (Swinemünde), 1916

Während des Ersten Weltkrieges wurden jedoch auch improvisierte Reisepässe wie der durch die Polizeiverwaltung in Görlitz im Jahre 1917 ausgestellt. Die Abbildungen 71 und 72 zeigen Vorder- und Rückseite dieses „Passes“ (vgl. den roten Stempelaufdruck) und auf der Rückseite die Besonderheit, dass die Inhaberin „nicht spionageverdächtig“ war. Diese durfte mit diesem Papier offensichtlich innerhalb Deutschlands frei reisen.

Immerhin wurde für diesen Pass noch ein amtlicher Vordruck verwendet, während der Personalausweis der Polizeiverwaltung der Stadt „Beuthen an der Oder“ (vgl. Stempelmarke, Abbildung 73) von 1916 frei formuliert und handschriftlich für eine Badereise an die Ostsee (Swinemünde) mit einer Gültigkeit von 16 Tagen auf einem weißen Bogen Papier ausgestellt wurde. Zwar trug dieser das Wasserzeichen der Papierfabrik Sacrau. Um dies allerdings als Sicherheitsmerkmal werten zu können, müsste der Zugang zu den so gekennzeichneten Papierbögen limitiert gewesen sein. Ob dies der Fall war, lässt sich heute jedoch nicht mehr mit Sicherheit feststellen.

Deutschland hatte 1915 die russischen Truppen bis hinter Litauen zurückgeschlagen. Zur (militärischen) Verwaltung der eroberten Ostgebiete, also dem „Gebiet des Oberbefehlshabers Ost“, so die offizielle Bezeichnung, wurde eine eigene Verwaltungsstruktur aufgebaut, die bis 1916 von Hindenburg gemeinsam mit Ludendorff und danach von Prinz Leopold von Bayern befehligt wurde.

Für alle Einwohner ab dem zehnten Lebensjahr wurden dort während des Krieges[111] Dokumente in deutscher und hebräischer Sprache ausgestellt (vgl. Abbildung 74), obwohl Juden dort lediglich rund 12 % der Bevölkerung stellten.[112] Es handelte sich entgegen der landläufigen Meinung somit keinesfalls um „Judenpässe“, da die Ausstellung dieser Dokumente lediglich an den Wohnort und nicht an die Konfession gekoppelt war. Etwa drei Millionen Einwohner waren betroffen. Zur Ausstellung der Pässe wurden im Dezember 1915 13 Passkommandos mit 14 Offizieren und rund 600 Mitarbeitern eingerichtet. Für die Fotografie wurde den Passinhabern entweder ein Zettel mit einer Nummer an die Brust geheftet, in die Hand gegeben oder – wie bei dem hier abgebildeten Pass – die Nummer oberhalb des Kopfes mit Kreide auf eine Tafel geschrieben. Anschließend wurde die Person gemessen und ein Abdruck des rechten Zeigefingers auf dem Pass aufgebracht. Die Lichtbilder wurden im Negativverfahren erstellt, aufgeklebt und zweimal diagonal auf gegenüber liegenden Ecken gestempelt. Der Pass wurde abschließend ebenfalls gestempelt und vom Gemeindeschreiber unterschrieben. Wer keinen Pass besaß, wurde verhaftet und bestraft.

Während die „Ostjuden“ schon aufgrund der gesellschaftlichen Bedeutung ihrer eigenen Lebensweise als meist strenggläubige Orthodoxe nachgehen konnten waren hingegen die Juden in Deutschland eine Minderheit und nahmen wie jeder Andere als Individuum und nicht als „geschlossene Einheit“ am gesellschaftlichen

Leben teil. Auch nachdem viele Ostjuden aufgrund der schlechten wirtschaftlichen Situation während des Krieges und den zunehmenden Ausschreitungen nach Deutschland, zumeist ins Ruhrgebiet und nach Berlin, ausgewandert waren, gab es kaum eine Durchmischung mit den „akkulturierten" Juden. Vielmehr versuchten letztere sich gerade von den Ostjuden, die ohnehin durch ihre spezifische Kleidung auffielen, abzugrenzen, um möglichst jeder gegen sich selbst gerichteten Agitation zu entgehen.

Mit Beginn des ersten Weltkriegs hatten vor allem die deutschstämmigen Juden aber die berechtigte Hoffnung, endlich eine stärkere gesellschaftliche Integration zu erreichen. Rund 10.000 Juden meldeten sich freiwillig für den Wehrdienst nachdem sich Kaiser Wilhelm II. mit dem Appell an das deutsche Volk gewandt hatte, er kenne „nur noch Deutsche" und „keine Parteien mehr". Doch der Verlauf des Krieges sollte die Situation der Juden noch weiter verschlimmern, da man ihnen unberechtigterweise die Schuld für erlittene Niederlagen zuwies und sie als „Drückeberger" bezeichnete. Dieses Gerücht war auch nach dem Krieg nicht mehr aus der Welt zu schaffen und wurde zum Gegenstand antisemitischer Vorurteile, die – wir wie alle wissen – mit dem Nationalsozialismus ihren unrühmlichen Höhepunkt fanden. [113]

Kommen wir zurück zu Herrn Dr. Solf.

Solf, inzwischen Staatssekretär des Reichskolonialamtes und Wirklicher Geheimer Rat, bekam 1917 den Auftrag, sich *„zur Veranschaulichung des Wertes tropischer Urwälder nach dem Befehlsbereich des Oberbefehlshabers Ost"* (vgl. Abbildung 76) zu begeben. Der Urwald von Bialowies[114] (vgl. Vermerk des visierenden Majors des Grenzkontrollposten Alexandrowo auf der Rückseite des Reisepasses, Abb. 77) war damals wegen seiner gigantisch in den Himmel ragenden Bäume, seines Wildreichtums und wegen seines Wahrzeichens, dem Wisent, weltberühmt. Deutsche Machthaber interessierten sich ebenso wie früher polnische Könige und russische Zaren für die Rohstoffe, die der Wald hervorbrachte. Das Gebiet war deswegen immer wieder Gegenstand zahlreicher Eroberungsabsichten. Vor allem im Ersten Weltkrieg nutzte das deutsche Militär den Waldbestand und das Wildaufkommen zur Versorgung des Heeres.[115] Solfs Reise diente damit nichts anderem, als den Nachschub an der Ostfront sicherzustellen.

Auch seine Reise kurz vor Kriegsende im August 1918 nach Bulgarien, das noch zu Österreich-Ungarn gehörte, dürfte vergleichbaren Zwecken gedient haben. Sein Pass (vgl. Abb. 78) wurde diesmal jedoch nicht als Reisepass des Auswärtigen Amtes sondern auf seiner kaiserlichen und königlichen Majestät allerhöchsten Sonderbefehl[116] als Kaiserpass unmittelbar durch das Reichskanzleramt ausgestellt. Anhand der rückseitigen Visa (Abb. 79) erkennt man, dass er dabei über Budapest und Belgrad nach Sofia mit dem Zug (vgl. Visum der preussichen Eisenbahn-Überwachungsgesellschaft Oderberg) reiste. Für die Reise mit dem Balkanzug war zudem ein eigener Passierschein des Königlich-Preußischen Kriegsministeriums erforderlich (Abb. 80).

Abbildung 74: Pass Ober-Ost, Wilna, 1916

Abbildung 75: Pass Ober-Ost, Wilna, 1916, Innenseiten

Nr. 1090.
Gebührenfrei

Wir Wilhelm,
von Gottes Gnaden
Deutscher Kaiser, König von Preußen
usw.

Ersuchen hiermit, unter dem Versprechen einer vollkommenen Erwiderung, alle Militär- und Zivilbehörden der anderen Staaten, sämtlichen Uns untergebenen Militär- und Zivilbehörden aber befehlen Wir ausdrücklich, auf Vorzeigung dieses Unserem Staatssekretär des Reichskolonialamtes Wirklichen Geheimen Rat Dr. Wilhelm Solf, preußischen Staatsangehörigen, der sich zur Veranschaulichung des Wertes tropischer Urwälder nach dem Befehlsbereich des Oberbefehlshabers Ost begibt und alsdann nach Deutschland zurückkehrt, —

frei und ungehindert reisen, auch nötigenfalls ihm Schutz und Beistand angedeihen zu lassen.

Gegeben Berlin, den 30. Oktober 1917.

Auf Seiner Kaiserlichen und Königlichen Majestät Allerhöchsten Spezialbefehl.

Nach Ablauf sofort zurück an Auswärtiges Amt Berlin.

Auswärtiges Amt des Deutschen Reichs

Der Reichskanzler.
Im Auftrage
Schmidt-Dargitz

Reisepaß
gültig ~~auf~~ bis 30. November 1917.

Reichsdruckerei, Berlin.

Nur gültig in Verbindung mit Passierschein Nr. 2492

Abbildung 76: *Reisepaß des Auswärtigen Amtes für den Staatssekretär des Reichskolonialamtes und Wirklichen Geheimen Rat Dr. Wilhelm Solf „zur Veranschaulichung des Wertes tropischer Urwälder" für seine Reise 1917 in den Befehlsbereich des Oberbefehlshabers Ost*

Kennzeichnung des Paßinhabers:

Alter: 55 Jahre, geb. 5 Oktober 1862 in

Gestalt: 176 cm,

Haar: meliert, stark gelichtet

Augen: braun,

Gesichtsform: rund

Besondere Kennzeichen: fehlen.

Es wird hiermit bescheinigt, daß der Paßinhaber die durch nebenstehende Photographie dargestellte Person ist ~~und die darunter befindliche Unterschrift eigenhändig vollzogen hat.~~

Berlin, den 30. Oktober 1917.

Auswärtiges Amt des Deutschen Reichs

Der Reichskanzler.

Im Auftrage

Schmidt-Dargitz

Unterschrift des Paßinhabers:

Wilhelm Solf

Staatssekretär des Reichs-Kolonialamts Wirkl. Geh. R. Dr. Solf, hat sich im Hauptquartier des Oberbefehlshabers Ost gemeldet (zugleich für Bialowies) und kehrt heute nach Berlin zurück.

Hauptquartier Ost, den 13. November 1917

Von Seiten des Oberbefehlshabers Ost.

Für den Chef des Generalstabes.

Kamecke

Major

Kommandant d. Hauptquartiers Oberbefehlshaber Ost

…norowo … 13.11.1917 … Berlin Tagesliste C Nr. 34

Abbildung 77: Reisepaß des Auswärtigen Amtes für den Staatssekretär des Reichskolonialamtes und Wirklichen Geheimen Rat Dr. Wilhelm Solf „zur Veranschaulichung des Wertes tropischer Urwälder" für seine Reise 1917 in den Befehlsbereich des Oberbefehlshabers Ost, Rückseite mit Lichtbild

Kaiserpaß Nr. 1761
gültig bis zum
30. Oktober 1918

Gebührenfrei

Wir Wilhelm,
von Gottes Gnaden
Deutscher Kaiser, König von Preußen
usw.

Ersuchen hiermit, unter dem Versprechen einer vollkommenen Erwiderung, alle Militär- und Zivilbehörden der anderen Staaten, sämtlichen Uns untergebenen Militär- und Zivilbehörden aber befehlen Wir ausdrücklich, auf Vorzeigung dieses

Unseren Staatssekretär des Reichskolonialamts Wirklichen Geheimen Rat Dr. Wilhelm Solf, der sich im amtlichen Auftrage nach Bulgarien begibt und alsdann nach Deutschland zurückkehrt

frei und ungehindert reisen, auch nötigenfalls ihm Schutz und Beistand angedeihen zu lassen.

Gegeben Berlin, den 31. August 1918

Auf Seiner Kaiserlichen und Königlichen Majestät Allerhöchsten Sonderbefehl

Der Reichskanzler
Im Auftrage

Nach Ablauf sofort zurück an Auswärtiges Amt Berlin.

Abbildung 78: Kaiserpaß Nr. 1761 auf seiner kaiserlichen und königlichen Majestät allerhöchsten Sonderbefehl für den Staatssekretär des Reichskolonialamtes und Wirklichen Geheimen Rat Dr. Wilhelm Solf, für seine Reise 1918 nach Bulgarien

Hin- und Rückreise
Sichtvermerk Nr. 2872
Gut zur einmaligen Reise:
von Berlin
über Tetschen oder Oderberg
nach Bulgarien
zum Aufenthalt in Sofia
Zweck: Amtlicher Auftrag
Berlin, den 31. August 1918
Auswärtiges Amt
Paßbureau
Ernst

Kennzeichnung des Paßinhabers:
Alter: 55 Jahre;
geb. 5. Oktober 1862
in Berlin
Wohnsitz: Berlin
Staatsangehörigkeit: Preußen
Frühere Staatsangehörigkeit:
bis
Gestalt: groß
Haar:
Augen: braun
Gesichtsform:
Besondere Kennzeichen: fehlen

Es wird hiermit bescheinigt, daß der Paßinhaber die durch obenstehende Photographie dargestellte Person ist und die darunter befindliche Unterschrift eigenhändig vollzogen hat.
Berlin, den 31. August 1918
Auswärtiges Amt
Paßstelle
Ernst

Sofia
Berlin, den 3. Sep. 1918
Der K. u. K. Konsul
K. u. K. Balkanzugkontrolle
Belgrad-Nisch-Belgrad

Б. П. К.
БАЛКАНСКИ ВЛАКЪ
Н. С. Н.
2 SEP. 1918
Безплатно
София
Берлинъ, 4 Септ. 1918 г.
Секретарь:
43424
11. SEP. 1918
ODERBERG
11. IX. 18
ODB.
22. IX. 18
ODB.

KURZERHAND VIDIERT NACH PUNKT DES ZIRKULARS DES K. und K. MINISTERIUMS DES ÄUSSERN Z. 120,000 EX 1917.
GÜLTIG BIS 30/IX ZUR EINMALIGEN REISE
NACH
UND ZUM AUFENTHALTE IN
VON HÖCHSTENS fünf Tagen
REISEZWECK: Dienstreise
SOFIA, am 1918
VOM K. u. K. ÖSTERR.-UNGAR. KONSULAT

Abbildung 79: Kaiserpaß Nr. 1761, rückseitige Visa und Lichtbild

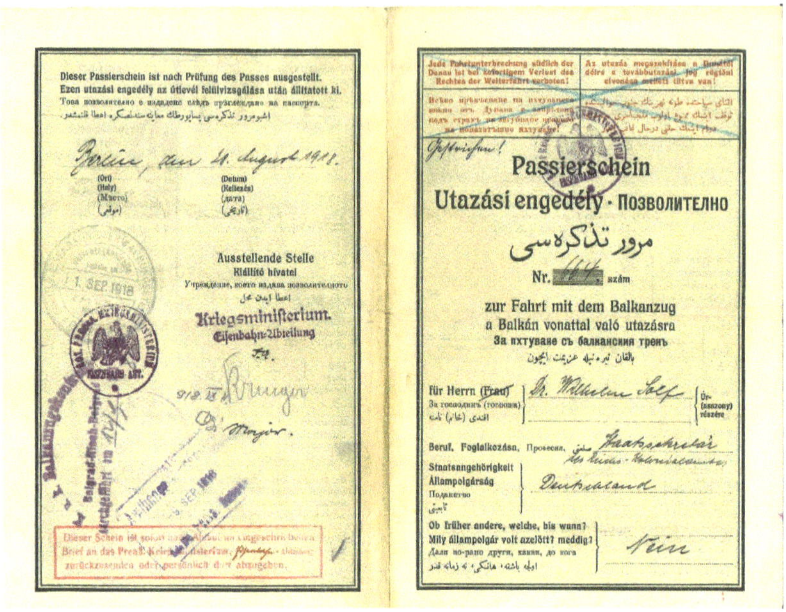
Dieser Passierschein ist nach Prüfung des Passes ausgestellt.
Ezen utazási engedély az útlevél felülvizsgálása után állittatott ki.

Berlin, den 21. August 1918.
(Ort) (Helyt) (Datum) (Kelte)

Ausstellende Stelle
Kiállitó hivatal

Kriegsministerium.
Eisenbahn-Abteilung

Passierschein
Utazási engedély · ПОЗВОЛИТЕЛНО

Nr. [redacted] szám

zur Fahrt mit dem Balkanzug
a Balkán vonattal való utazásra
За пътуване съ балканския тренъ

Für Herrn (Frau) Dr. Wilhelm Solf Úr (asszony) részére

Beruf, Foglalkozása, Staatssekretär des Reichs-Kolonialamts

Staatsangehörigkeit
Állampolgárság Deutschland

Ob früher andere, welche, bis wann?
Mily állampolgár volt azelőtt? meddig? Nein

Abbildung 80: Passierschein, 1918, Dr. Wilhelm Solf, Balkanzug

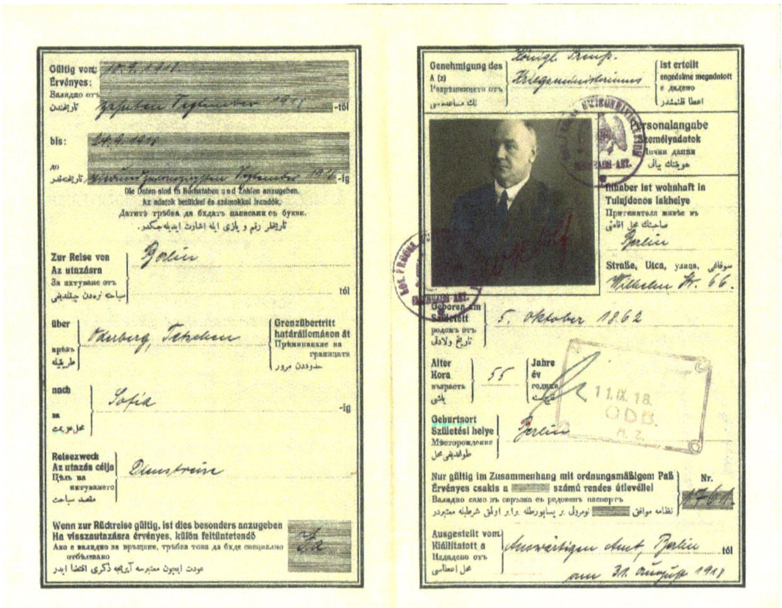
Gültig vom: [redacted]
Érvényes:
[redacted] -tól

bis: [redacted]
[redacted] -ig

Die Daten sind in Buchstaben und Zahlen anzugeben.
Az adatok betükkel és számokkal irandók.

Zur Reise von
Az utazásra Berlin tól

über Grenzübertritt
határállomáson át Passau, Tetschen(?)

nach Sofia -ig

Reisezweck
Az utazás célja Dienstreise

Wenn zur Rückreise gültig, ist dies besonders anzugeben
Ha visszautazásra érvényes, külön feltüntetendő [redacted]

Genehmigung des Königl. Preuss. Kriegsministeriums ist erteilt

Personalangabe
Személyadatok

Inhaber ist wohnhaft in
Tulajdonos lakhelye Berlin

Straße, Utca, Wilhelm Str. 66.

Geboren am
Született 5. Oktober 1862

Alter
Kora 55 Jahre év

Geburtsort
Születési helye Berlin

Nur gültig im Zusammenhang mit ordnungsmäßigem Paß
Érvényes csakis a [redacted] számú rendes útlevéllel Nr. [redacted]

Ausgestellt vom
Kiállitatott a Auswärtigen Amt, Berlin tól
am 31. August 1918

Abbildung 81: Passierschein, 1918, Dr. Wilhelm Solf, Balkanzug, innen

2.2 Weimarer Republik

Nachdem die deutschen Truppen an der Westfront bei Antwerpen zurückgeworfen waren, bot Deutschland den Alliierten Anfang Oktober 1918 einen Waffenstillstand an. Der US-amerikanische Präsident forderte jedoch die Kapitulation zu Bedingungen, die für Hindenburg und Ludendorff unannehmbar waren. Diese wollten daraufhin die Kämpfe fortsetzen. Ihre Befehle vom 29. Oktober 1918 an die in Wilhelmshaven liegenden Schiffsbesatzungen zum Einsatz im Ärmelkanal und zur Entlastung der Westfront führten jedoch zum Aufstand, in dessen Folge sich Arbeiter und Soldaten gegen eine Fortführung der Kampfhandlungen solidarisierten. Die Revolte griff am 7. November 1918 auf das Ruhrgebiet und große Teile Süddeutschlands über und ging als Novemberrevolution in die Geschichte ein.[117] Die politische Zerrissenheit der Regierung mündete schließlich in dem erzwungen Rücktritt von Kaiser Wilhelm II. am 9. November 1918 und machte den Weg frei für den Waffenstillstandsvertrag vom 11. November 1918. Mit diesem ging der Erste Weltkrieg zwar faktisch zu Ende, aber erst der Vertrag von Versailles, geschlossen am 28. Juni 1919, besiegelte endgültig den Frieden und bestimmte durch seine territorialen Festlegungen auch die künftigen pass- und ausweisrechtlichen Rahmenbedingungen: Eupen-Malmedy ging an Belgien, das Memelland – zunächst noch unter alliierter Verwaltung – an Litauen, Posen und große Teile Westpreußens an Polen sowie Elsass-Lothringen an Frankreich. Danzig wurde freie Stadt und das Saargebiet unter Völkerbundverwaltung gestellt. Nach der Abstimmung der jeweiligen Bevölkerungen wurde Nord-Schleswig dänisch und Teile Oberschlesiens polnisch. Wesentlich ist zudem, dass das Rheinland und später auch das Ruhrgebiet (1923) durch französische Truppen besetzt wurden. Alle so unterscheidbaren Territorien hatten in dieser Zeit ihre eigenen Dokumente: Ausweise wie Pässe. Am Ende dieses Unterkapitels sind zahlreiche dieser Pässe und Ausweise zusammengestellt, die die Besetzung des Deutschen Reichs ebenso wie die territorialen Abtretungen dieser Zeit dokumentieren.

Nach der „Verordnung über Abänderungen der Verordnung vom 21. Juni 1916 (RGBl. S. 509) betr. anderweitiger Regelung der Passpflicht vom 10. Juni 1919“[118], also kurz vor Unterzeichnung des Versailler Vertrages, bestand weiterhin Passpflicht, jedoch wurden die ausstellenden Behörden geändert. Während zur Zeit des Krieges die Militärbehörden für die Passausstellung zuständig waren, ging diese Aufgabe 1919 mit der Änderungsverordnung auf die Zivilbehörden über. Paragraph 4 der genannten Verordnung sah zudem vor, dass für Grenzbezirke, insbesondere für den kleinen Grenzverkehr, die Landeszentralbehörden den Grenzübertritt auch mit anderen Ausweisen anstelle von Pässen gestatten konnten. Hierfür wurden typischerweise so genannte Grenzscheine ausgestellt, wie das in Abbildung

82 von 1924 abgebildete Dokument des bayerischen Bezirksamtes Tirschenreuth, das auf Seite 4 explizit Bezug auf den genannten Paragraphen nimmt.

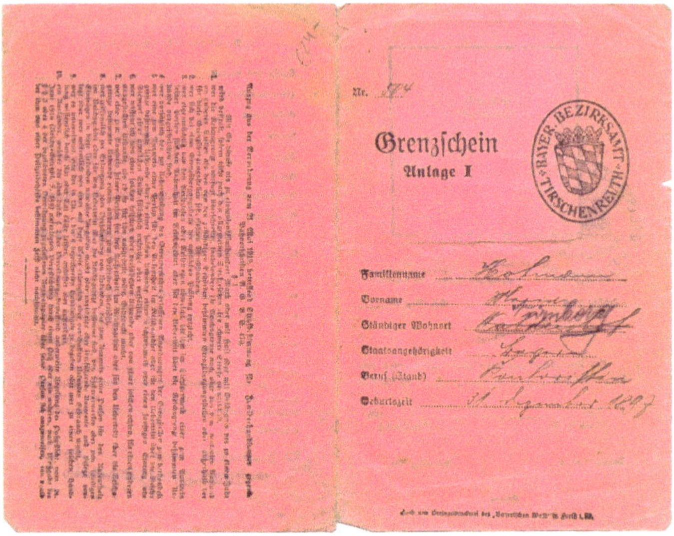

Nr.

Grenzschein
Anlage I

BAYER. BEZIRKSAMT TIRSCHENREUTH

Familienname
Vorname
Ständiger Wohnort
Staatsangehörigkeit
Beruf (Stand)
Geburtszeit

Abbildung 82: Grenzschein Tirschenreuth, 1924, S. 1 / S. 4

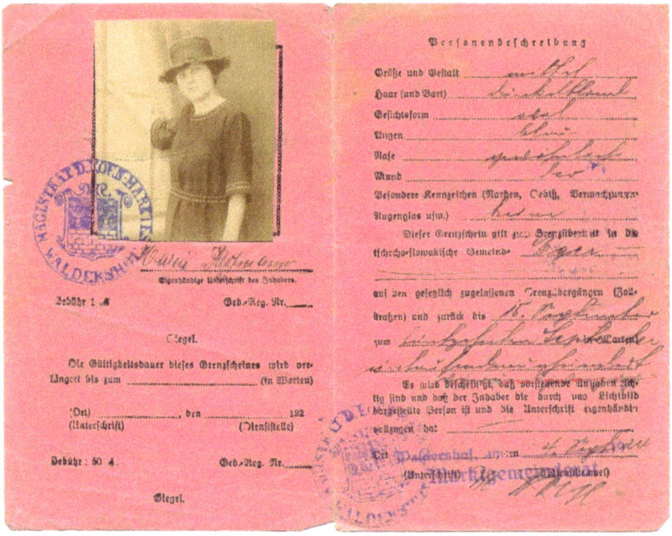

Eigenhändige Unterschrift des Inhabers.

Gebühr 1 M Geb.-Reg. Nr.

Siegel.

Die Gültigkeitsdauer dieses Grenzscheines wird verlängert bis zum .... (in Worten)

(Ort) ...., den 192
(Unterschrift) (Dienststelle)

Gebühr: 50 ₰. Geb.-Reg. Nr.

Siegel.

Personenbeschreibung

Größe und Gestalt
Haar (und Bart)
Gesichtsform
Augen
Nase
Mund
Besondere Kennzeichen (Narben, Gebiß, Verwachsungen, Augenglas usw.)

Dieser Grenzschein gilt zum Grenzübertritt in die tschecho-slowakische Gemeinde .... auf den gesetzlich zugelassenen Grenzübergängen (Zollstraßen) und zurück bis .... zum ....

Es wird bescheinigt, daß vorstehende Angaben richtig sind und daß der Inhaber die durch das Lichtbild dargestellte Person ist und die Unterschrift eigenhändig vollzogen hat.

Ort ...., am ....
(Unterschrift) (Dienststempel)

Abbildung 83: Grenzschein Tirschenreuth, 1924, S .2 / S. 3

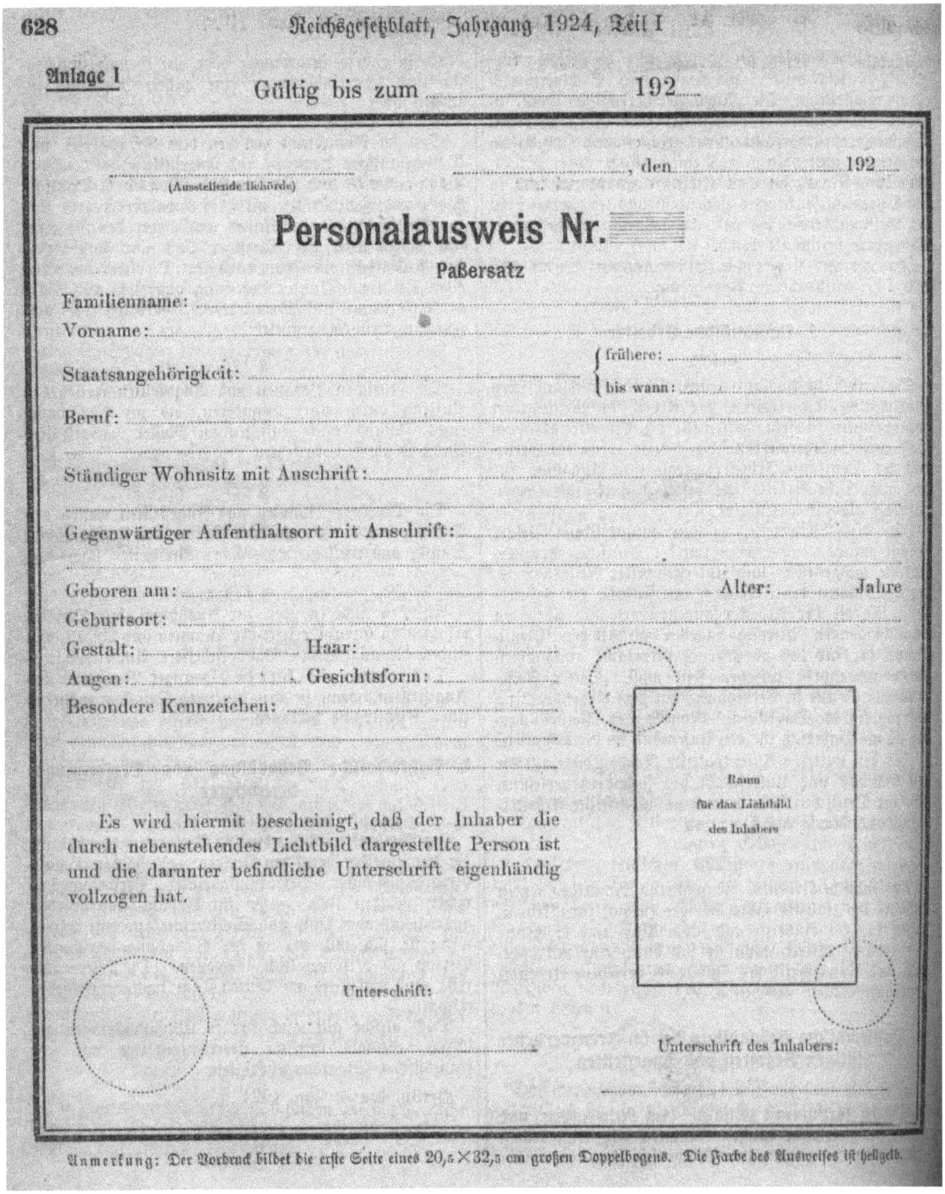

628 Reichsgesetzblatt, Jahrgang 1924, Teil I

Anlage I

Gültig bis zum .... 192...

.... (Ausstellende Behörde) ...., den .... 192....

Personalausweis Nr. ....

Paßersatz

Familienname: ....

Vorname: ....

Staatsangehörigkeit: .... { frühere: .... bis wann: ....

Beruf: ....

Ständiger Wohnsitz mit Anschrift: ....

Gegenwärtiger Aufenthaltsort mit Anschrift: ....

Geboren am: .... Alter: .... Jahre

Geburtsort: ....

Gestalt: .... Haar: ....

Augen: .... Gesichtsform: ....

Besondere Kennzeichen: ....

Es wird hiermit bescheinigt, daß der Inhaber die durch nebenstehendes Lichtbild dargestellte Person ist und die darunter befindliche Unterschrift eigenhändig vollzogen hat.

Raum für das Lichtbild des Inhabers

Unterschrift: ....

Unterschrift des Inhabers: ....

Anmerkung: Der Vordruck bildet die erste Seite eines 20,5×32,5 cm großen Doppelbogens. Die Farbe des Ausweises ist hellgelb.

Abbildung 84: Personalausweismuster, 1924, Reichsgesetzblatt I, S. 628

Von besonderer Bedeutung ist aber die Ermächtigung für den Reichsminister des Innern in § 6, die zur Ausführung der Verordnung erforderlichen Anordnungen zu erlassen. Diese Ermächtigung war die Grundlage zur Schaffung eines wahren preußischen Bürokratiemonsters, um dem Dokumentenwirrwarr und den Besonderheiten der Besatzungszeit zu begegnen: die „Bekanntmachung zur Ausführung der Passverordnung vom 4. Juni 1924“[119] mit 129 Paragraphen.

Mit diesen Ausführungsbestimmungen wurde unter anderem das „Kriegs-Muster“ für den Personalausweis (Abb. 68) durch das in Abbildung 84 gezeigte abgelöst.

Auch Familienpässe wurden wieder eingeführt. Darin konnten Ehegatten und Kinder bis zu einem Alter von 15 Jahren eingetragen werden. Die Ausführungsbestimmungen ähnelten dabei in vielerlei Hinsicht schon den heute geltenden Bestimmungen, da zum Beispiel bereits auf örtlich zuständige und unzuständige Behörden verwiesen und das persönliche Erscheinen des Passantragstellers angeordnet wurde. Örtlich zuständig war damals wie heute die Passbehörde, in deren Bezirk der Passbewerber seinen Wohnsitz oder mangels desselben seinen Aufenthalt hatte. Die Pässe galten üblicherweise für das In- und Ausland. Diese durften nur noch nach dem durch das seit dem 1. Januar 1923 gültigen Muster mit grün-bräunlichen Deckblatt (Abb. 102) ausgestellt werden. Die etwas kleineren Passbücher mit braunem Deckel (Abb. 57) waren nicht mehr zulässig.

Da das Auswärtige Amt die Muster der Diplomaten- und Ministerialpässe weiterhin selbst bestimmen konnte, gab es diese nach wie vor als Ein-Blatt-Dokumente aus und vermerkte Route und Zweck der Reise. Dass der „Dienstzweck“ dabei nicht immer offizieller Natur sein musste, zeigt das nachfolgende Beispiel. Der Außenminister des Deutschen Reichs, Dr. Adolf Simons, reiste 1921 zur Erholung in die Schweiz. Die Abbildungen 85 und 86 zeigen seinen Ministerialpass, der gleichzeitig Diplomatenpass war, anlässlich dieser Reise einschließlich der durch die Behörden ausgestellten Visa.

Dr. Solf wurde im Übrigen 1920 Botschafter in Tokio und das Auswärtige Amt stellte dazu seiner Frau für die gemeinsame Reise den abgebildeten Diplomatenpass aus.

Deutsches Reich

Ministerialpaß Nr. 565.

gültig bis zum

21. Juni 1921

Gebührenfrei Diplomatenpass

Das Auswärtige Amt

ersucht hiermit sämtliche Zivil- und Militärbehörden, Vorzeiger dieses,

den Reichsminister des Aeussern Herrn

Dr. Walter Simons,

der sich zur Erholung nach der Schweiz begibt und nach Deutschland zurückkehrt,

frei und ungehindert reisen, auch nötigenfalls ihm Schutz und Beistand angedeihen zu lassen.

Berlin, den 21. März 1921

Auswärtiges Amt

Im Auftrage

Nach Ablauf sofort zurück an Auswärtiges Amt Berlin.

5000. 12. 20. Reichsdruckerei, Berlin.

Abbildung 85: Ministerial- und Diplomatenpass für den Außenminister Dr. Walter Simons, 1921

Abbildung 86: Ministerial- und Diplomatenpass für den Außenminister Dr. Walter Simons, 1921, Rückseite

Diplomatenpass

Ausreise

Sichtvermerk Nr. 123.

Gut zur einmaligen Reise:

von Berlin

über beliebige Grenze

nach Tokio

Reisezweck: Ausreise an den Amtssitz des Gatten

Dauer: ständig

Gültig zur Ausreise vom 9. Mai 1920

bis zum 9. Juni 1920

Berlin, den 5. Mai 1920.

Auswärtiges Amt.

Paßbureau.

Kennzeichnung des Paßinhabers:

Alter: 32 Jahre;

geb. 14. November 88

in Neuenhagen

Wohnsitz: Berlin

Staatsangehörigkeit: Preussen

Frühere Staatsangehörigkeit:

bis

Gestalt: schlank

Haar: braun

Augen: graubraun

Gesichtsform: länglich

Besondere Kennzeichen: keine

Es wird hiermit bescheinigt, daß der Paßinhaber die durch obenstehende Photographie dargestellte Person ist und die darunter befindliche Unterschrift eigenhändig vollzogen hat.

Berlin, den 5. Mai 1920

Auswärtiges Amt

Paßstelle

I.A.

Diplomatic Passport

Good for the journey to Japan

Seen at Berlin this day of 6 May 1920, by

for Japanese Chargé d'Affaires, Berlin

Japanese Chargé d'Affaires Berlin

Gezien aan het Koninklijk Nederlandsch Gezantschap

Goed voor de reis naar Nederland

Berlijn, den 6 Mei 1920

Seen at His Britannic Majesty's Embassy, Berlin, this 6th day of May 1920 – Good for the journey to Japan

attaché

Abbildung 87: Diplomatenpass des Auswärtigen Amtes für Frau Hanna Solf, geb. Dotti, 1920, für ihre Reise nach Tokio

Abbildung 88: Dienstpass, 1924

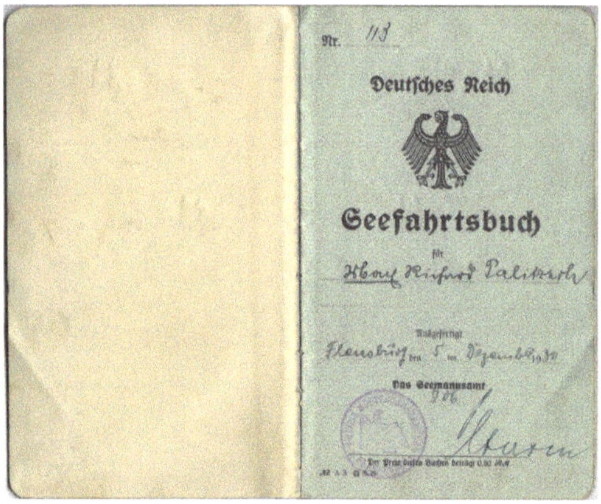

Abbildung 89: Seefahrtsbuch, Flensburg, 1930, S. 1

Für polizeiliche Pässe war nach § 86 das nebenstehende Muster eines Dienstpasses vorgesehen.

Auch für den Verkehr mit Ostpreußen, den besetzten Gebieten und Oberschlesien wurden eigenständige Formulare eingeführt. Nach § 114 konnten sich zudem Besatzungsmitglieder von Schiffen anstelle mit Pässen auch mit ihrem Seefahrtsbuch ausweisen.

Dem besonderen Statut der Besatzungsmächte wurde durch § 73 der Ausführungsbestimmungen Rechnung getragen, wonach im Rheinland insbesondere die Streitkräfte der alliierten und assoziierten Mächte, deren Angestellte sowie die Rheinlandkommission und deren Familienangehörige von der Passpflicht befreit waren. Allerdings nur für Reisen innerhalb des besetzten Gebiets.

Die Weimarer Republik stand von Anfang an unter keinem guten Stern und hatte nur wenig mehr als 14 Jahre Bestand. Nicht zu finanzierende Reparationszahlungen, die Inflation von 1923 sowie der schwarze Freitag an der New Yorker Börse 1929 führten zu einer wirtschaftlichen Abwärtsspirale mit Massenarbeitslosigkeit und einer nicht mehr abzuwendenden Wirtschaftskrise. Auch der zunehmende Antisemitismus wurde immer offener zur Schau getragen und erhielt mit dem Mord an dem jüdischen Reichsminister des Auswärtigen Walther Rathenau am 24. Juni 1922 eine neue Dimension. Nun wurde auch den optimistischsten Vertretern der jüdischen Integrationspolitik klar, die mit Beginn des ersten Weltkrieges in diesem Sinne für sich neue Hoffnung gewonnen hatten, dass die wirtschaftlichen und politischen Gegebenheiten der Weimarer Republik solche Bemühungen ins Leere laufen ließen. Auch wenn Hitler mit seinem Putschversuch 1923 noch erfolglos war, musste Hindenburg Hitlers Forderungen aufgrund der Ergebnisse der Reichstagswahl am 6. November 1932 Folge leisten. Das Ende der Republik war absehbar.

— 2 —

Unterschrift des Inhabers:

Max Palitzsch

Es wird bescheinigt, daß der Inhaber die durch das obenstehende Lichtbild dargestellte Person ist und die darunter befindliche Unterschrift eigenhändig vollzogen hat.

Flensburg, den 5 im Dezember 1930

Das Seemannsamt.

— 3 —

Bezeichnung des Inhabers.

Vor- und Zunamen: Richard Palitzsch

Geburtsort: Bockendorf

Wohnort: Chemnitz

Staatsangehörigkeit: Sachsen

Jahr und Tag der Geburt: 26.5.04

Haare: dunkelblond

Augen: graublau

Besondere Kennzeichen: Tätowierung am rechten u. linken Unterarm

Ergebnis der Untersuchung auf Farbenblindheit: Sehvermögen:

Familienstand nach dem Steuerbuch: ledig

Unterschrift des Inhabers: Max Palitzsch

Erste Versicherungsanstalt:

Abbildung 90: Seefahrtsbuch, Flensburg, 1930 S. 2 / S. 3

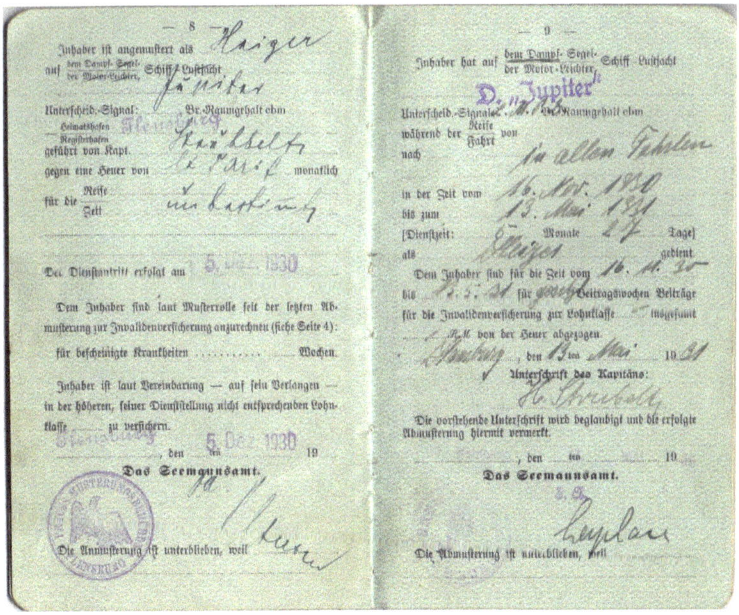
— 8 —

Inhaber ist angemustert als Heizer

auf dem Dampf- Segel- der Motor-Leichter, Schiff Luftschiff

Unterscheid.-Signal: Br.-Raumgehalt cbm

Heimatshafen Registerhafen Flensburg

geführt von Kapt.

gegen eine Heuer von lt. Tarif monatlich

für die Reise Zeit unbestimmt

Der Dienstantritt erfolgt am 5. Dez. 1930

Dem Inhaber sind laut Musterrolle seit der letzten Abmusterung zur Invalidenversicherung anzurechnen (siehe Seite 4):

für bescheinigte Krankheiten .... Wochen.

Inhaber ist laut Vereinbarung — auf sein Verlangen — in der höheren, seiner Dienststellung nicht entsprechenden Lohnklasse ___ zu versichern.

Flensburg, den 5. Dez. 1930 19

Das Seemannsamt.

Die Anmusterung ist unterblieben, weil

— 9 —

Inhaber hat auf dem Dampf- Segel- der Motor-Leichter, Schiff Luftschiff D. „Jupiter"

Unterscheid.-Signal: Br.-Raumgehalt cbm

während der Reise Fahrt von nach in allen Fahrten

in der Zeit vom 16. Nov. 1930

bis zum 13. Mai 1931

[Dienstzeit: 5 Monate 27 Tage]

als Heizer gedient.

Dem Inhaber sind für die Zeit vom 16.11.30 bis 13.5.31 für Beitragswochen Beiträge für die Invalidenversicherung zur Lohnklasse insgesamt RM von der Heuer abgezogen.

Flensburg, den 13 ten Mai 1931

Unterschrift des Kapitäns:

Die vorstehende Unterschrift wird beglaubigt und die erfolgte Abmusterung hiermit vermerkt.

, den ten 19

Das Seemannsamt.

Die Abmusterung ist unterblieben, weil

Abbildung 91: Seefahrtsbuch, Flensburg, 1930, S. 8 / S. 9

Zusammenstellung von Reisepässen und Personalausweisen der Weimarer Republik sowie der Freien Stadt Danzig

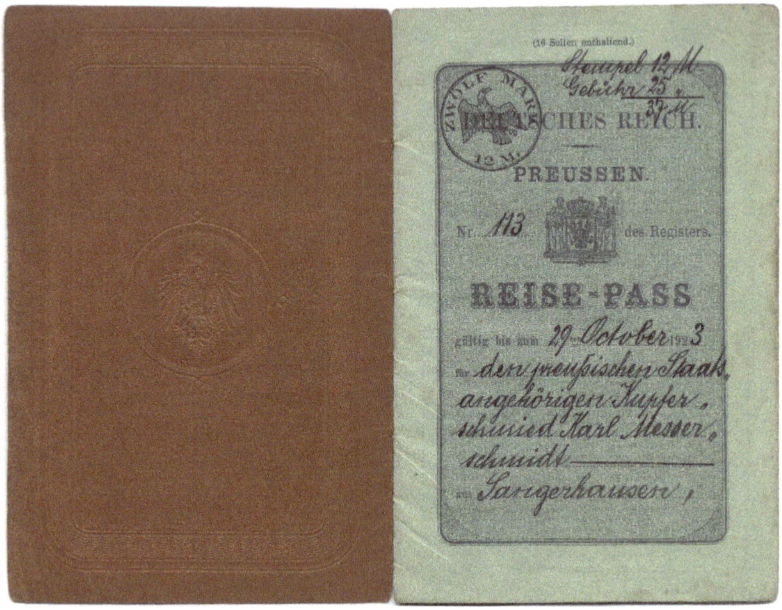

Abbildung 92: Reisepass, Deutsches Reich, Preußen, 1922

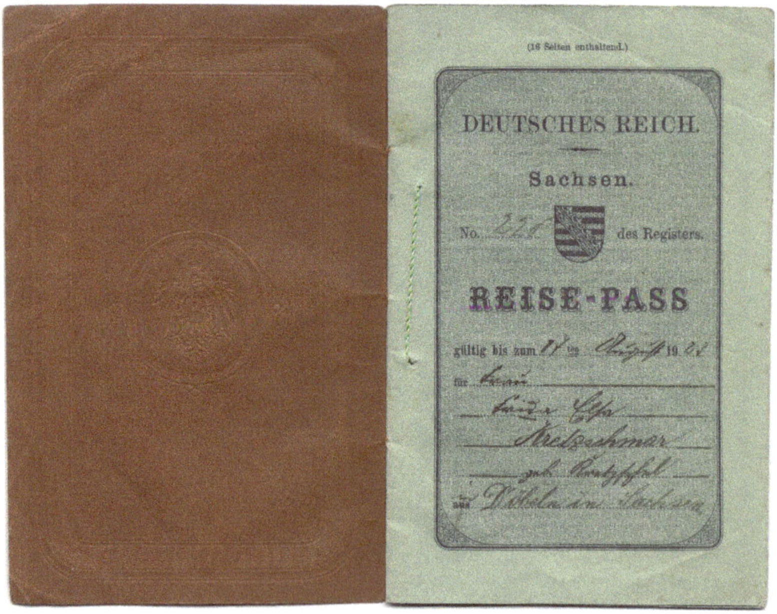

Abbildung 93: Reisepass, Deutsches Reich, Sachsen, 1922

Abbildung 94: Reisepass, Saargebiet, 1924

Abbildung 95: Reisepass, Saargebiet, 1924, Rückseite Deckel und S. 1

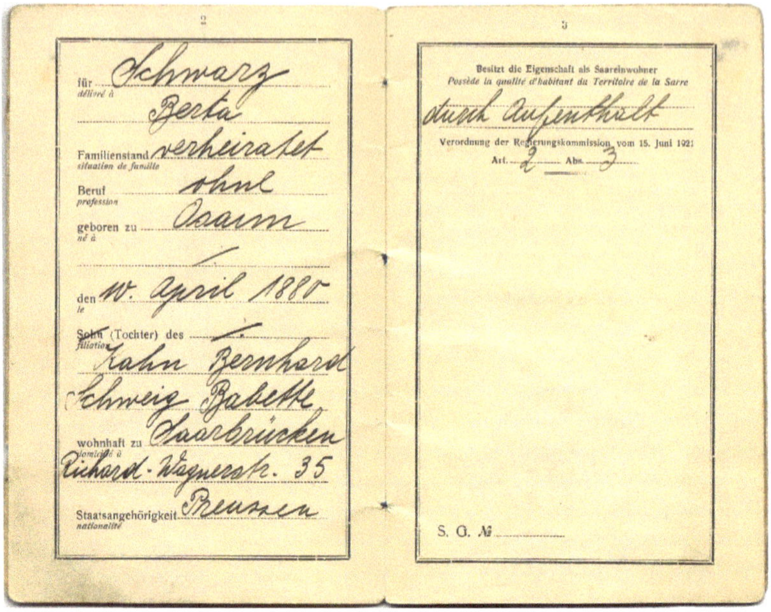

2

für / délivré à Schwarz
Berta
Familienstand / situation de famille verheiratet
Beruf / profession ohne
geboren zu / né à Osann
den / le 10. April 1880
Sohn (Tochter) des / filiation
Kahn Bernhard
Schweig Babette
wohnhaft zu / domicilié à Saarbrücken
Richard-Wagnerstr. 35
Staatsangehörigkeit / nationalité Preussen

3

Besitzt die Eigenschaft als Saareinwohner
Possède la qualité d'habitant du Territoire de la Sarre
durch Aufenthalt
Verordnung der Regierungskommission vom 15. Juni 1921
Art. 2 Abs. 3

S. G. №

Abbildung 96: Reisepass, Saargebiet, 1924, S. 2 / S. 3

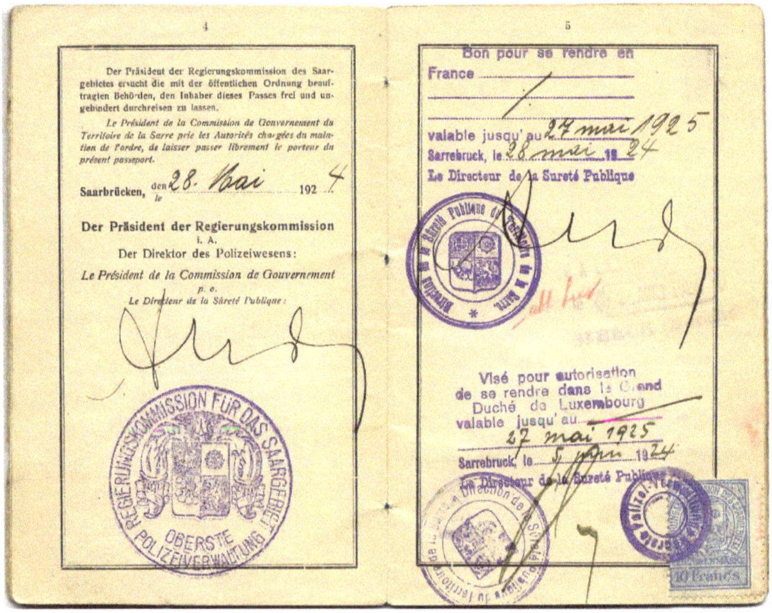

4

Der Präsident der Regierungskommission des Saargebietes ersucht die mit der öffentlichen Ordnung beauftragten Behörden, den Inhaber dieses Passes frei und ungehindert durchreisen zu lassen.

Le Président de la Commission de Gouvernement du Territoire de la Sarre prie les Autorités chargées du maintien de l'ordre, de laisser passer librement le porteur du présent passeport.

Saarbrücken, den / le 28. Mai 1924

Der Präsident der Regierungskommission
i. A.
Der Direktor des Polizeiwesens:
Le Président de la Commission de Gouvernement
p. o.
Le Directeur de la Sûreté Publique:

REGIERUNGSKOMMISSION FÜR DAS SAARGEBIET
OBERSTE POLIZEIVERWALTUNG

5

Bon pour se rendre en France
valable jusqu'au 27 mai 1925
Sarrebruck, le 28 mai 1924
Le Directeur de la Sureté Publique

Visé pour autorisation de se rendre dans le Grand Duché de Luxembourg
valable jusqu'au 27 mai 1925
Sarrebruck, le 5 juin 1924
Le Directeur de la Sureté Publique

10 Francs

Abbildung 97: Reisepass, Saargebiet, 1924, S. 4 / S. 5 mit Visa

Abbildung 98: Reisepass, Österreich, 1929

Abbildung 99: Reisepass, Österreich, 1929, Rückseite Deckel und S. 1

Abbildung 100: Reisepass, Österreich, 1929, Rückseite Deckel und S. 2 / S. 3

Abbildung 101: Reisepass, Österreich, 1929, Rückseite Deckel und S. 4 / S. 5 mit Visa

Abbildung 102: Reisepass, Deutsches Reich, ab 1. Januar 1923

Abbildung 103: Reisepass, Deutsches Reich, Sachsen, 1930, Rückseite Deckel und S. 1

identity card/Personalausweis
for/für
Surname*) Zuname: Hatesohl
Christian name Vorname: Adolf
Occupation Stand: Aufseher
Date of birth geboren am: 14. Mai 1892.
Height Größe (cm): 1,72 ½ cm.
Address Wohnung: Bensberg Schloss N° 5
Bensberg the den 27.12.1918.
Der Bürgermeister
In Vertretung
Der Beigeordnete
*) Maide-name of women to be added. Bei Frauen ist der Mädchenname beizufügen.
Printed by Th. Quos, Cologne.
Signature
Eigenhändige Unterschrift
Adolf Hatesohl
Valid for 3 months from date of issue.
Gültig 3 Monate vom Tage der Ausfertigung.
Gedruckt bei Th. Quos, Cöln.

Abbildung 104: Personalausweis, Bensberg (Besatzungszone rh. Gebiet), 1918

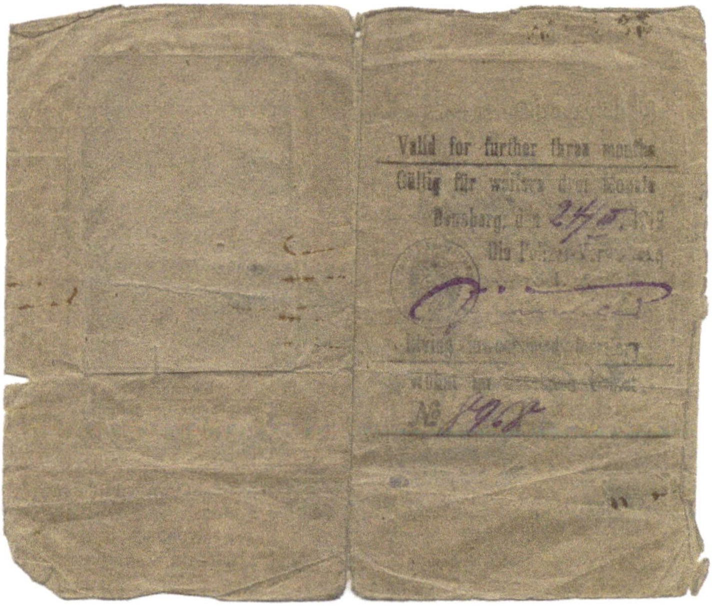

Valid for further three months
Gültig für weitere drei Monate
Bensberg, den 24/3. 1919
Die Polizei-Verwaltung

Abbildung 105: Personalausweis, Bensberg (Besatzungszone rh. Gebiet), 1918, Rückseite

Gültig bis zum 15. April 1922.

Der Polizeipräsident.
Polizeiamt Treptow
Paßstelle.

Berlin Treptow, den 16. April 1921

Personalausweis Nr. 490

Ausgestellt als Paßersatz für den Aufenthalt im Reichsgebiete.

(~~Für den Grenzübertritt ist jedesmal ein Sichtvermerk der zuständigen deutschen Stelle erforderlich.~~)

Familienname: Uhse geb. Neye

Vorname: Elise

Staatsangehörigkeit: Preußen | frühere: - | bis wann: -

Beruf: Ehefrau

Ständiger Wohnsitz mit Adresse: Berlin-Treptow,

Gegenwärtiger Aufenthaltsort mit Adresse: Berlin, -

Geboren am: 11. Juli 1885 Alter: 35 Jahre

Geburtsort: Berlin

Gestalt: groß Haar: dkl.blond

Augen: grau Gesichtsform: rund

Besondere Kennzeichen: /

Es wird hiermit bescheinigt, daß der Inhaber die durch nebenstehende Photographie dargestellte Person ist und die darunter befindliche Unterschrift eigenhändig vollzogen hat.

Unterschrift des Inhabers: Elise Uhse geb. Neye

I.A. Unterschrift

Der Polizeipräsident Berlin

Stempel und Gebühren 27,- Mark erhalten.

Raum für einen etwaigen Abdruck des linken Daumens des Inhabers.

2 M. 16.4.21

Nr. A 54 Berlin.

Abbildung 106: Personalausweis, Berlin, 1921

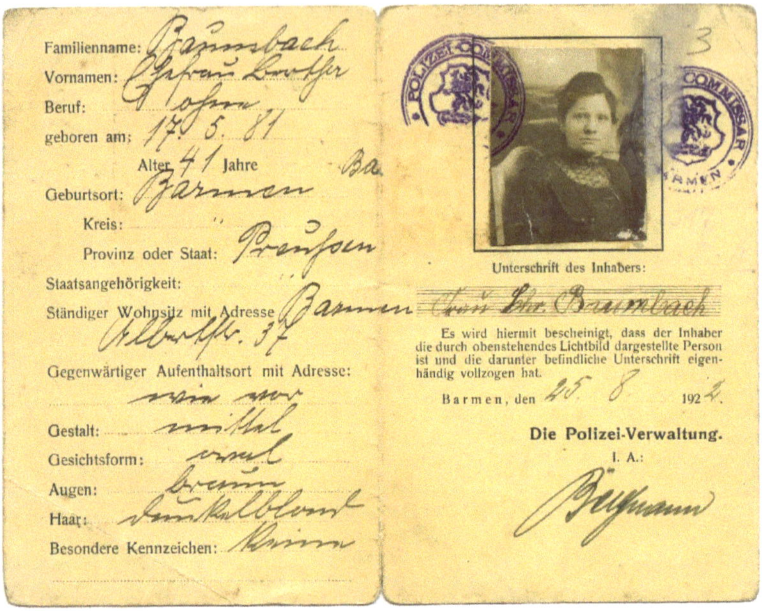

Familienname: Baumbach
Vornamen:
Beruf:
geboren am: 17. 5. 81
Alter 41 Jahre
Geburtsort: Barmen
Kreis:
Provinz oder Staat: Preußen
Staatsangehörigkeit:
Ständiger Wohnsitz mit Adresse Barmen
Gegenwärtiger Aufenthaltsort mit Adresse:
Gestalt: mittel
Gesichtsform: oval
Augen: braun
Haar: dunkelblond
Besondere Kennzeichen: keine

Unterschrift des Inhabers:

Es wird hiermit bescheinigt, dass der Inhaber die durch obenstehendes Lichtbild dargestellte Person ist und die darunter befindliche Unterschrift eigenhändig vollzogen hat.

Barmen, den 25. 8. 1922.

Die Polizei-Verwaltung.
I. A.:

Abbildung 107: Personalausweis, Barmen (Besatzungszone Einreise rh. Gebiet), 1922

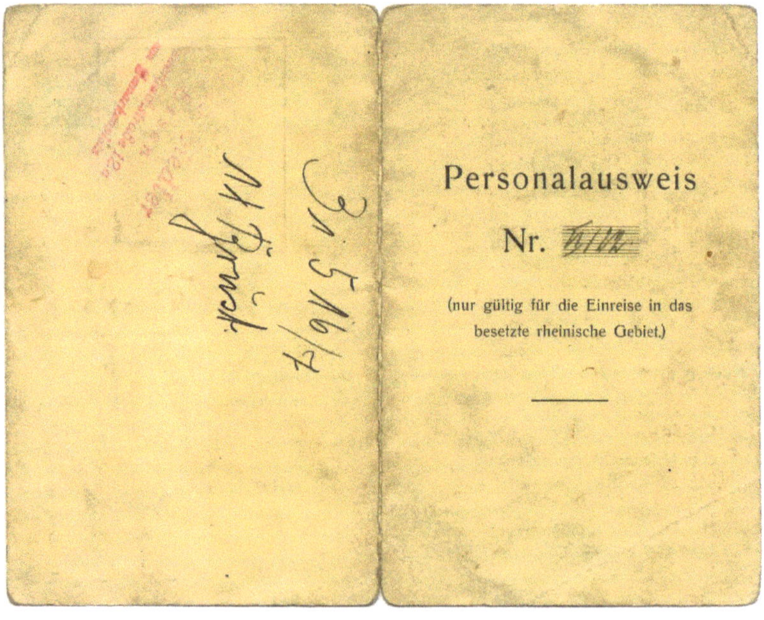

Personalausweis

Nr.

(nur gültig für die Einreise in das besetzte rheinische Gebiet.)

Abbildung 108: Personalausweis, Barmen (Besatzungszone Einreise rh. Gebiet), 1922, Rückseite

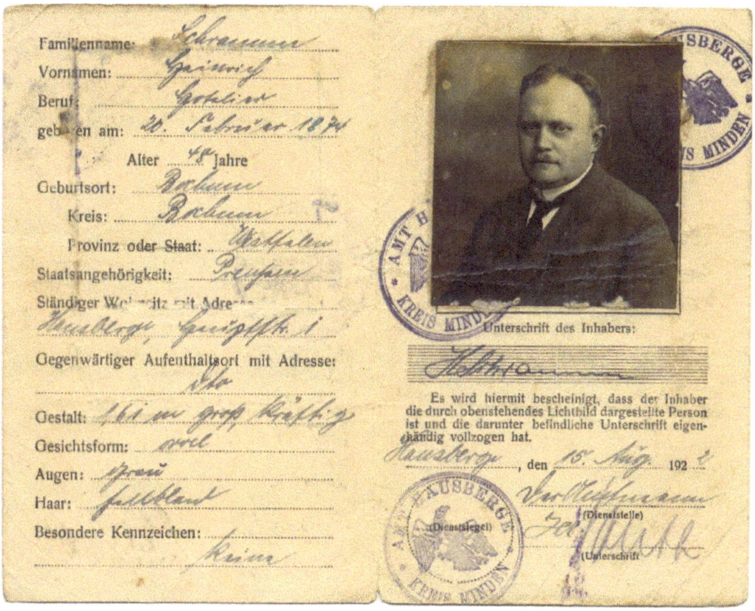

Abbildung 109: Personalausweis, Hausberg (Besatzungszone rh. Gebiet), 1922

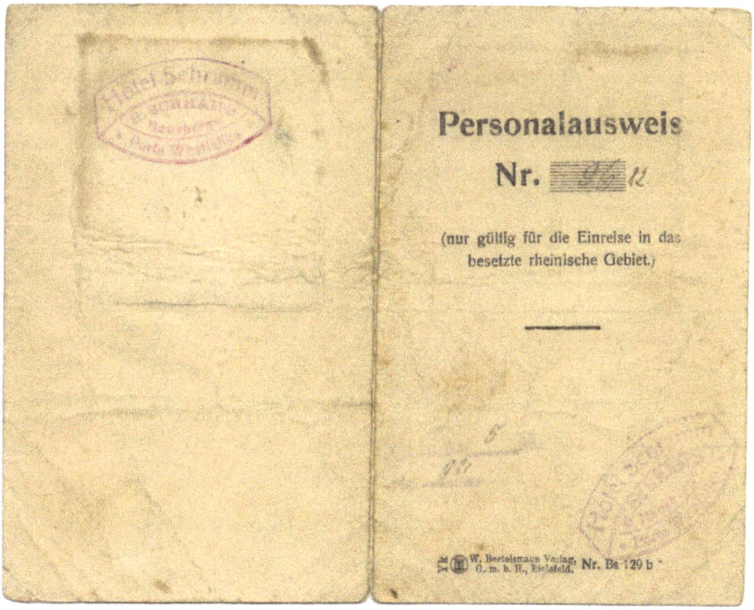

Abbildung 110: Personalausweis, Hausberg (Besatzungszone rh. Gebiet), 1922, Rückseite

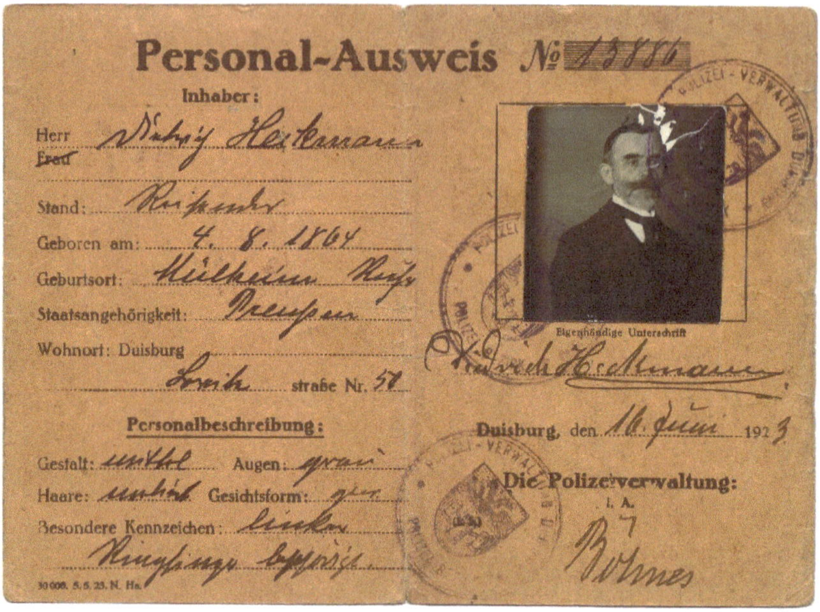

Personal-Ausweis № 15886

Inhaber:

Herr / ~~Frau~~

Stand:

Geboren am: 4. 8. 1864

Geburtsort:

Staatsangehörigkeit:

Wohnort: Duisburg

straße Nr. 57

Personalbeschreibung:

Gestalt: Augen:

Haare: Gesichtsform:

Besondere Kennzeichen:

30000. 5.5.23. N. Hs.

Eigenhändige Unterschrift

Duisburg, den 16. Juni 1923

Die Polizeiverwaltung:

I. A.

Abbildung 111: Personalausweis, Duisburg (Besatzungszone Ruhrgebiet), 1923

Abbildung 112: Personalausweis, Duisburg (Besatzungszone Ruhrgebiet), 1923, Rückseite

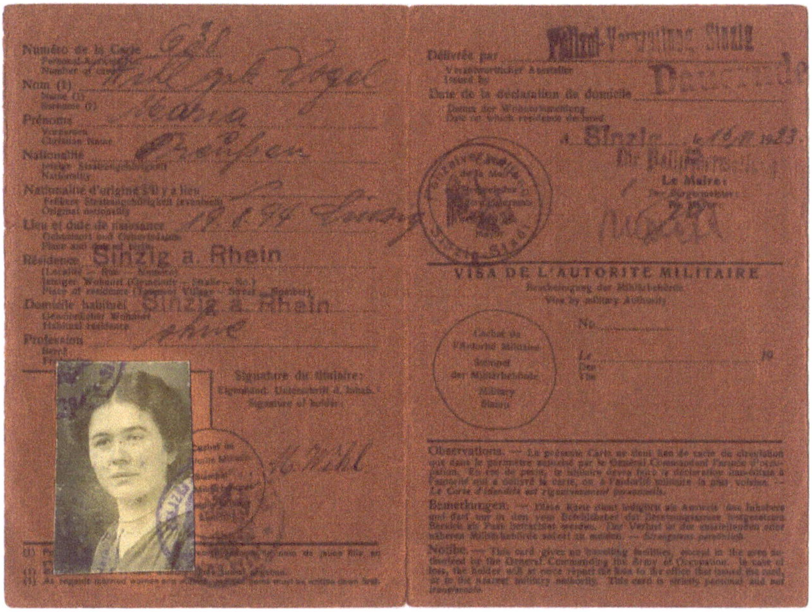

Abbildung 113: Personalausweis, Sinzig (Besatzungszone rh. Gebiet), 1923

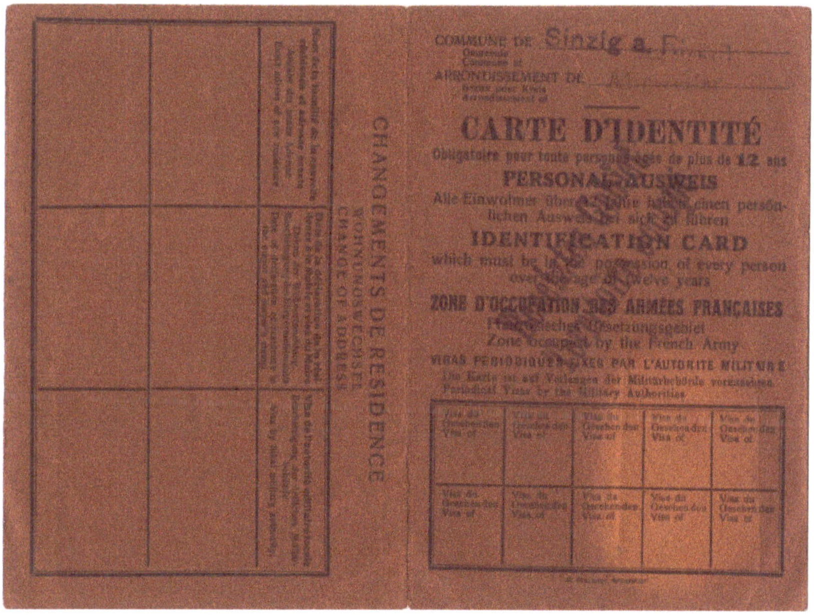

Abbildung 114: Personalausweis, Sinzig (Besatzungszone rh. Gebiet), 1923, Rückseite

Abbildung 115: Reisepass Freie Stadt Danzig, 1936

Abbildung 116: Reisepass Freie Stadt Danzig, 1938

2.3 Nationalsozialismus 1933 – 1945

Die Gesetzgebung und Rechtsetzung vor allem in den Jahren 1936 bis 1940 stand ganz im Lichte der Mobilmachung, der Wehrerfassung und Diskriminierung durch den Nationalsozialismus. Allein am Passrecht konnte man damals bereits ablesen, was mit dem 1. September 1939 kommen sollte und Leid und Entsetzen über die ganze Welt brachte.

Schon kurz nach der Machtübernahme Hitlers am 31. Januar 1933 und der von Hindenburg unterstützten Auflösung des Reichstages am 1. Februar erklärte Hitler am 3. Februar in einer Rede vor seinen Militärbefehlshabern, dass er die gegenwärtigen Zustände völlig umkehren und Parlamentarismus und Demokratie abschaffen wolle. „Wer sich nicht bekehren lässt, muss gebeugt werden."[120] Mit dem Reichstagsbrand in der Nacht vom 27. auf den 28. Februar 1933 begründeten die Nationalsozialisten schließlich die Außerkraftsetzung sämtlicher Grundrechte der Weimarer Verfassung. Das darauf hin erlassene Ermächtigungsgesetz vom 24. März 1933[121], wodurch Reichsgesetze statt nach dem in der Reichsverfassung vorgesehenen Verfahren nunmehr unmittelbar durch die Reichsregierung beschlossen werden konnten, machte schließlich den Weg frei für den Terror der Hitlerdiktatur. Allein die Formulierung in Artikel 2 ließ unmittelbar erkennen, dass das Gesetz offensichtlich verfassungswidrig war: *„Die von der Reichsregierung beschlossenen Reichsgesetze können von der Reichsverfassung abweichen, soweit sie nicht die Einrichtung des Reichstags und des Reichsrats als solche zum Gegenstand haben."* Es wurde im Reichstag nur gegen die Stimmen der SPD beschlossen. Allerdings konnten die 81 Abgeordneten der KPD an der Abstimmung nicht teilnehmen, da sie entweder geflohen oder verhaftet waren.[122] Schon das hatte mit dem in der Weimarer Verfassung geregelten Gesetzgebungsverfahren wohl nichts mehr zu tun. Mit dem „Gesetz über den Widerruf von Einbürgerungen und die Aberkennung der deutschen Staatsangehörigkeit" vom 14. Juli 1933[123] begann die nationalsozialistische Gesetzgebung mit dem ersten Schritt einer Kontrollpolitik gegen aus Sicht des NS-Regimes unerwünschte Personen. Da der Widerruf auch die seit dem 9. November 1918 zugewanderten Ostjuden betraf, wurde somit auch der Antisemitismus rechtlich manifestiert. Mit dem „Reichsbürgergesetz"[124] und dem „Gesetz zum Schutze des deutschen Blutes und der deutschen Ehre"[125] war der Traum der Juden von einer weitreichenden gesellschaftlichen Integration ausgeträumt und wurde stattdessen zum Alptraum. Eheschließungen und außerehelicher Geschlechtsverkehr zwischen Juden und „Staatsangehörigen deutschen Blutes" waren ab dem 1. Januar 1936 ebenso verboten, wie die Beschäftigung von Frauen unter 45 Jahren in jüdischen Haushalten.

Ein nächster Schritt, die Befugnisse des Regimes auszuweiten, war der Runderlass des Reichs- und Preußischen Ministers des Inneren vom 12. Dezember 1936.

Darin wurde die passtechnische Behandlung der Wehrpflichtigen und der Arbeitsdienstpflichtigen geregelt. Diese stand bereits ganz im Zeichen der Wehrerfassung und war der Beginn der umfassenden Kontrolle der eigenen Bevölkerung:

„Wehrpflichtigen Personen vom vollendeten 18. Lebensjahr bis zu dem auf die Vollendung des 45. Lebensjahres (in Ostpreußen des 55. Lebensjahres) folgenden 31. März darf ein Reisepaß mit Geltung für das Ausland nur mit Zustimmung des zuständigen Wehrbezirkskommandos (Wehrmeldeamt) ausgestellt werden.“[126]

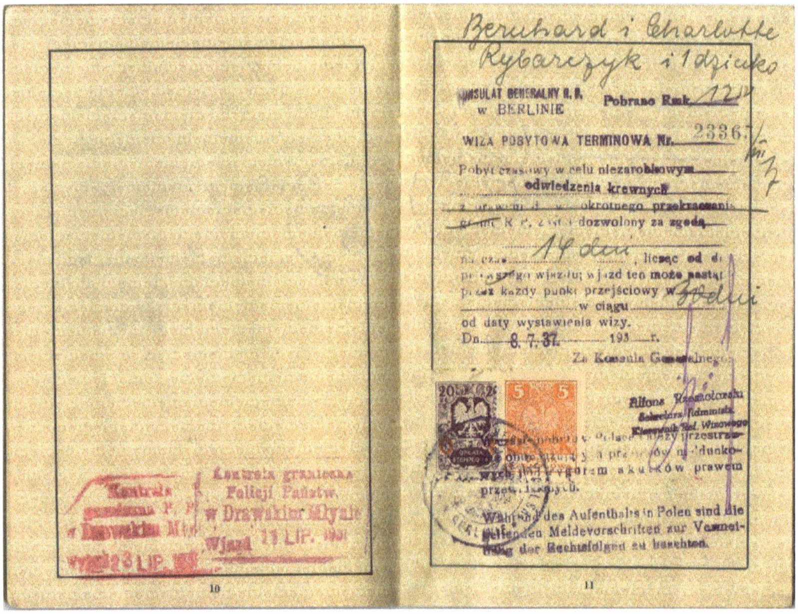

Abbildung 117: Reisepass, Deutsches Reich, 1934, S. 11, mit einem Visum von 1937 für Polen

Die Regelung hatte offensichtlich zwei Ziele: Zum einen konnte so verhindert werden, dass sich wehrtaugliche Männer dem für sie vorgesehenen zukünftigen Aufgaben entzogen. Zum anderen bedeutete jede Vorsprache im Wehrmeldeamt eine aktive Erfassung der für den Kriegsdienst geeigneten Bevölkerung. Warum für Ostpreußen eine andere obere Altersgrenze festgesetzt wurde, ist nicht dokumentiert. Jedenfalls konnten so im Bedarfsfalle mehr Soldaten rekrutiert werden, was angesichts der Lage Ostpreußens – vom restlichen Reichsgebiet getrennt – logisch erschien.

Die Zustimmung zur Erteilung eines Reisepasses des Wehrmeldeamtes dürfte wohl in den seltensten Fällen erteilt worden sein. Allerdings dann, wenn die Ausreise im Interesse des Dritten Reichs lag. Das lag jedenfalls dann vor, wenn Wirtschaftsgüter im Ausland für die eigene Rüstungsindustrie beschafft werden sollten. Eine Zustimmung war dann nicht erforderlich bzw. konnte vorausgesetzt werden, wenn der grundsätzlich Wehrpflichtige einen Wehrpass mit dem Eintrag „Ersatzreserve II“ vorweisen konnte. Reisepässe wurden hingegen aktiven Militärpersonen bis zum Dienstgrade eines Unteroffiziers immer dann untersagt, wenn sie nicht über einen gültigen Urlaubsschein oder eine „Unbedenklichkeitsbescheinigung“ ihres Truppenteils verfügten.

Abbildung 118: Wehrpass, Freiburg, 1943

Interessant ist, dass in der „Passtechnischen Behandlung Jugendlicher bei Auslandsreisen“[127] die Hitlerjugend sogar verschärften Regularien unterworfen wurde. Jungendliche, die noch keine 21 Jahre alt waren, durften nur dann einen eigenen Pass[128] erhalten, wenn durch den Jugendführer des Deutschen Reichs oder der von ihm ermächtigten Dienststellen bestätigt wurde, dass es sich bei dem Jugendlichen nicht um ein Mitglied der Hitlerjugend handelte. Angehörige der Hitlerjugend bedurften grundsätzlich einer Einzelfallgenehmigung des Jugendführers, wenn diese alleine Deutschland ver-

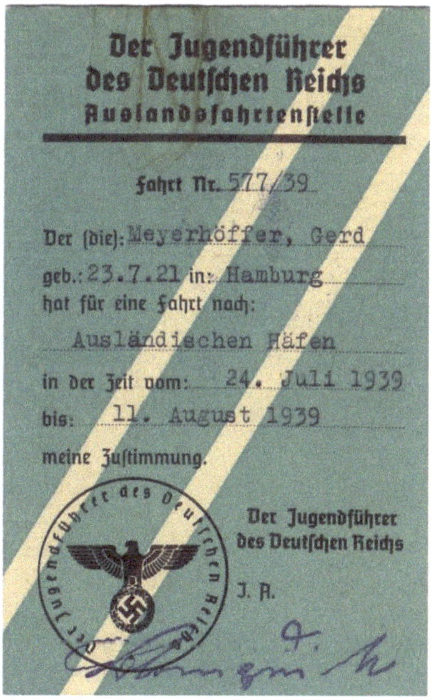
Der Jugendführer
des Deutschen Reichs
Auslandsfahrtenstelle

Fahrt Nr. 577/39

Der (die): Meyerhöffer, Gerd
geb.: 23.7.21 in: Hamburg
hat für eine Fahrt nach:
Ausländischen Häfen
in der Zeit vom: 24. Juli 1939
bis: 11. August 1939
meine Zustimmung.

Der Jugendführer des Deutschen Reichs
Der Jugendführer
des Deutschen Reichs
J. A.

Abbildung 119: Genehmigung des Jugendführers des Deutschen Reichs

lassen wollten.[129] Dem NS Regime war frühzeitig klar, dass die indoktrinierten Jugendlichen keinesfalls unter ausländischem Einfluss geraten durften. Dafür wussten sie bereits zuviel und waren zu gut ausgebildet. Die Genehmigung (Abb. 119) war mitzuführen und auf Verlangen den mit Befehlsgewalt ausgestatteten HJ-Angehörigen sowie den deutschen Grenzbehörden vorzulegen.

Passrechtlich wurde der Grundstein für die bald kommenden Gräuel des NS Regimes mit dem damals vielleicht unscheinbaren, heute offenkundigen Passgesetz[130] von 1937 getroffen. Dieses zielte bereits eindeutig, ohne jedoch explizite Formulierungen zu verwenden, auf eine Diskriminierung der jüdischen Bevölkerung:

§ 1: Der Reichsminister des Innern wird ermächtigt, das Paß-, das Ausländerpolizei- und das Meldewesen neu zu regeln.

§ 2: Der Reichsminister des Innern trifft die erforderlichen Maßnahmen zur Vereinheitlichung und Vereinfachung des Ausweiswesens. Er kann bestimmen, dass neue amtliche Ausweise oder bestimmte Arten von neuen amtlichen Ausweisen nur mit seiner Einwilligung eingeführt werden dürfen. Im Einvernehmen mit den beteiligten Reichsministern kann er ferner bestimmen, dass bereits eingeführte amtliche Ausweise wegfallen oder nur unter gewissen Voraussetzungen beibehalten werden dürfen.

Durch die Kompetenzregelung in Paragraph 1 hatte der Reichsminister freie Hand. Weitere Verschärfungen der Rechtslage vor allem zu Lasten der Juden waren also nur noch eine Frage der Zeit. Das Gesetz erhielt übrigens am 11. Mai 1938 auch Geltung für Österreich, ab dem 22. April 1939 für das Sudetenland und am 11. November 1939 schließlich auch für Danzig.

Die Verfolgung der Juden in Deutschland nahm ihren Lauf: Auf Basis des zuvor geänderten Gesetzes kam am 22. Juli 1938 mit der so genannten Kennkartenverordnung die nächste Rechtsänderung zur Ausgrenzung der Juden.[131] Als allgemeiner polizeilicher Inlandsausweis wurde die Kennkarte für alle deutschen Staatsangehörigen ab einem Alter von 15 Jahren eingeführt. Die Kennkarten wurden auf Antrag, waren also keine Pflichtdokumente, und für eine Dauer von fünf Jahren ausgestellt. Die Kennkarte erhielt ein Lichtbild und die Fingerabdrücke.

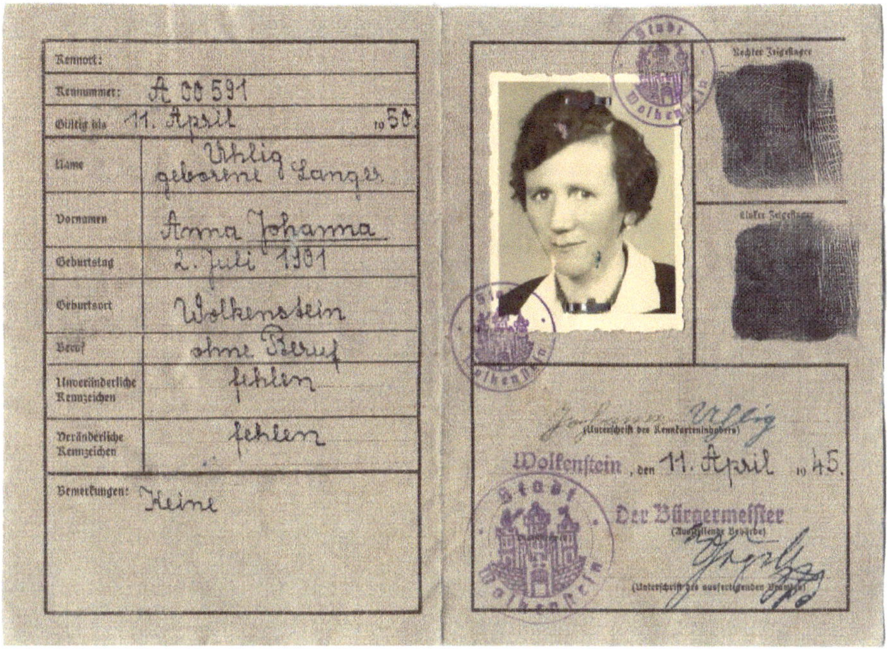
Kennort:
Kennummer: A 00591
Gültig bis 11. April 1950

Name	Uhlig geborene Langer
Vornamen	Anna Johanna
Geburtstag	2. Juli 1901
Geburtsort	Wolkenstein
Beruf	ohne Beruf
Unveränderliche Kennzeichen	fehlen
Veränderliche Kennzeichen	fehlen

Bemerkungen: Keine

Rechter Zeigefinger
Linker Zeigefinger

(Unterschrift des Kennkarteninhabers)
Wolkenstein, den 11. April 1945.
Der Bürgermeister
(Ausstellende Behörde)
(Unterschrift des ausfertigenden Beamten)

Abbildung 120: Kennkarte, Wolkenstein, 1945

Deutsches Reich
Kennkarte
A101

Abbildung 121: Kennkarte, Wolkenstein, 1945 (innen)

Das perfide an der Verordnung war die Ermächtigung des Reichsministers des Innern in § 1 Absatz 3, durch Bekanntmachung bestimmte Gruppen von deutschen Staatsangehörigen dem Kennkartenzwang zu unterwerfen. Dies geschah nur einen Tag später.

Am 23. Juli 1938 erließ der Reichsminister des Innern, Frick, drei Bestimmungen – auch mit Rechtswirkung in Österreich. Mit der „Ersten Bekanntmachung“[132] erfolgte die Wehrerfassung der männlichen Bevölkerung ab einem Alter von 17 Jahren. Mit der „Zweiten Bekanntmachung“[133] wurde die Kennkarte zur Vorraussetzung zur Erteilung von Pässen für den kleinen Grenzverkehr gemacht. Mit der „Dritten Bekanntmachung“[134] wurden Juden verpflichtet, bis zum 31. Dezember 1938 bei der zuständigen Polizeibehörde die Ausstellung einer Kennkarte zu beantragen. Diese hatten sich auf amtliches Erfordernis jederzeit durch die Kennkarte auszuweisen und diese bei jeder Art von Anträgen, Anfragen oder Eingaben unaufgefordert vorzuzeigen. Die drei Weisungen traten am 1. Oktober 1938 in Kraft.

Die Regularien für Juden wurden am 5. Oktober 1938 weiter verschärft. Mit der „Verordnung über Reisepässe von Juden“[135] wurden auf einen Schlag alle Reisepässe von Juden mit sofortiger Wirkung ungültig. Die Pässe waren mit Frist von zwei Wochen bei der Passbehörde abzugeben. Die Reisepässe wurde dort mit einem Merkmal „J“ oder dem Hinweis versehen, dass der Inhaber Jude war und waren damit wieder gültig. Mit Beginn des Jahres 1939 wurden zudem bei männlichen Juden der Vorname „Israel“ und bei weiblichen Juden der Vorname „Sara“ als zweiter Vorname in den Pass bzw. die Kennkarte eingetragen, wenn der erste Vorname nicht in den vom Reichsinnenminister herausgegebenen Richtlinien über die Führung von Vornamen enthalten war.[136] Der Reisepass der Anna „Sara“ Haas vom 27. Mai 1939 (Abbildung 124) belegt dies. Mit dem Judenpogrom am 9. November 1938 trat schließlich der Antisemitismus an die Oberfläche, wurde Bestandteil des öffentlichen Lebens im Deutschen Reich und forderte bis zum Kriegsende rund fünf Millionen Tote alleine in Konzentrationslagern.

Abbildung 122: Kennkarte eines Juden, 1938

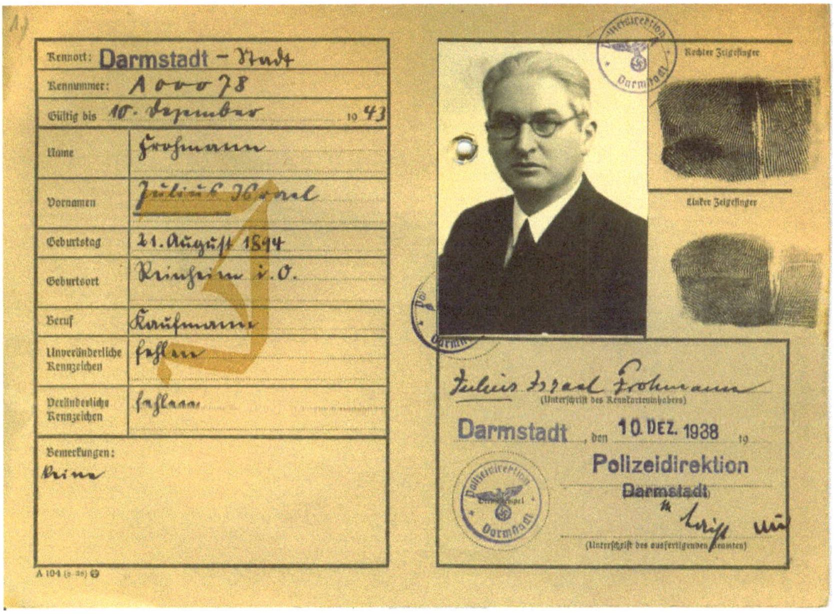

Abbildung 123: Kennkarte eines Juden 1938 (innen)

Abbildung 124: Reisepass der Anna „Sara“ Haas vom 27. Mai 1939, Judenpass, S. 1

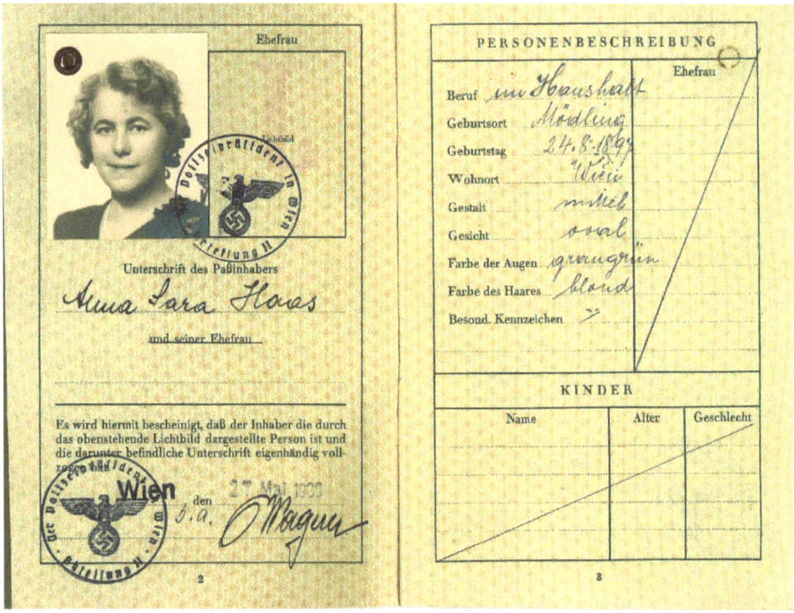

Abbildung 125: Reisepass der Anna „Sara“ Haas vom 27. Mai 1939, Judenpass, S. 2 / S. 3

Am 1. September 1939 überfiel das Deutsche Reich Polen und begann damit den Zweiten Weltkrieg. Sogleich wurde das Pass- und Ausweiswesen durch die „Verordnung über den Paß- und Sichtvermerkszwang sowie über den Ausweiszwang“[137] verschärft. Jeder ab einem Alter von sechs Jahren musste sich beim Grenzübertritt durch einen visierten Pass ausweisen. Alte Visa verloren ihre Gültigkeit und mussten erneuert werden. Im Inland bestand ab einem Alter von 15 Jahren Ausweispflicht, der durch Kennkarten nachgekommen werden konnte. Ausländische Kinderausweise für Kinder ab sechs Jahren wurden ebenso wie Sammellisten nicht mehr anerkannt. Der kleine Grenzverkehr wurde erschwert und Ausflugsverkehr ausgesetzt.

Auf die Ausweispflicht wurde mit dem *„Runderlass des Reichsführers SS und Chef der Deutschen Polizei im Reichsministerium des Innern vom 30. Januar 1940“*[138] hingewiesen, nach dem nur noch „amtliche Ausweise“ gültig waren. Also solche, die durch eine Behörde oder aber eine Parteidienststelle ausgestellt wurden. Damit wurden jetzt sogar Dienstausweise und Parteibücher der NSDAP zu vollwertigen Ausweisdokumenten für das Inland. Gleichzeitig wurden für die Dunkelheit Streifen zur Durchführung der Ausweiskontrollen angeordnet.

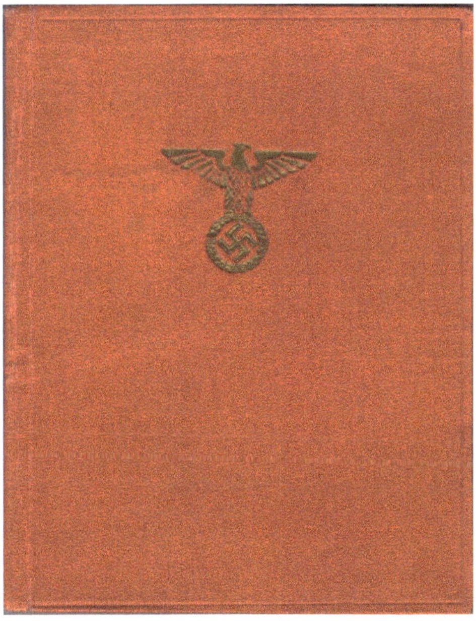

Abbildung 126: Partei- und Personalausweis der NSDAP

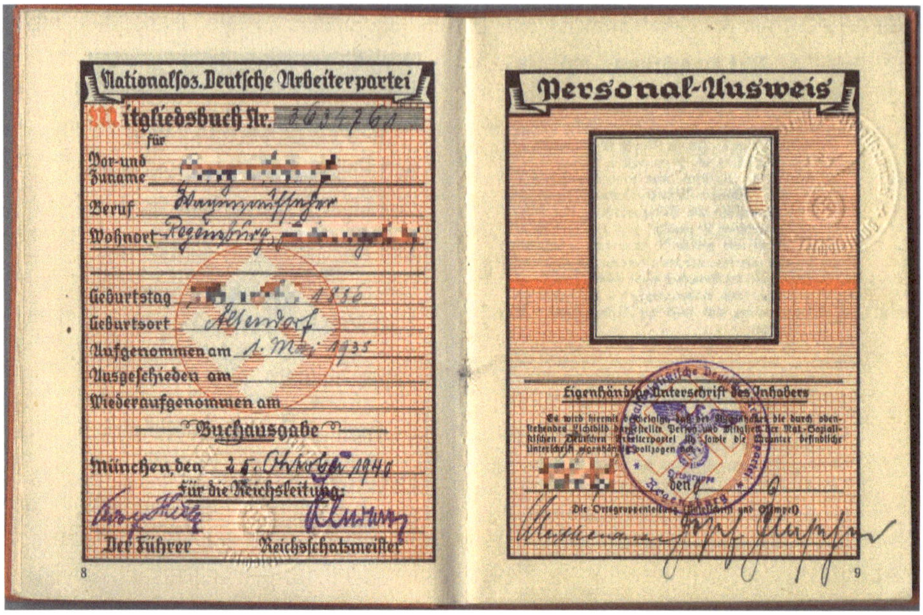

Abbildung 127: Partei- und Personalausweis der NSDAP, innen

Abbildung 128: Reisepass, Deutsches Reich, 1943

Während des Krieges waren Kennkarten ohne das verräterische „J“ und Wehrpässe, die einen als arischen Deutschen auswiesen, Voraussetzung dafür, von der Geheimen Staatspolizei oder der SS nicht belangt und in Konzentrationslager abgeschoben zu werden. Es entwickelte sich ein gewisser Schwarzmarkt insbesondere für gefälschte Kennkarten. Der Grafiker Cioma Schönhaus, selbst Jude, rettete durch seine gefälschten Ausweispapiere Hunderten von Menschen und sich selbst das Leben.[139]

2.4 Die Besatzungszeit 1945 – 1949

Nachdem Deutschland zu großen Teilen zerstört und von alliierten Truppen besetzt worden war, erfolgte am 8. Mai 1945 die bedingungslose Kapitulation. Die Regierungsgewalt in Deutschland ging auf die vier alliierten Staaten Russland, USA und Großbritannien, später auch auf Frankreich über. Regiert wurde Deutschland durch die vier Militärs Dwight D. Eisenhower (USA), Feldmarschall Berhard Law Montgomery (Großbritannien), General Jean de Lattre de Tassigny (Frankreich) und Marschall Georgij Schukow (UdSSR), nachdem diese die Berliner Deklaration im Juni 1945 unterzeichnet hatten. Die Deklaration manifestierte auch das Besatzungsstatut der vier Mächte und die Einteilung der jeweiligen Besatzungszonen, die bereits im Februar in Jalta festgelegt worden waren (vgl. Abbildung 129). Auch Berlin war in vier Zonen unterteilt worden (vgl. Abb. 130). Die vier Militärs übten jeweils in ihren Zonen die oberste staatliche Gewalt aus und waren nur ihren jeweiligen Regierungen verpflichtet. Sie bildeten den Alliierten Kontrollrat, der auf der Potsdamer Konferenz am 30. Juli 1945 zum ersten Mal tagte. Der Kontrollrat sollte sicherstellen, dass in den jeweiligen Zonen das Besatzungsrecht mehr oder weniger einheitlich angewandt wurde und beriet Angelegenheiten, die Deutschland in seiner Gesamtheit betrafen. In Berlin wurde die dem Kontrollrat unterstellte Kommandantur als gemeinsame Verwaltung für das geteilte Berlin eingerichtet.

Besonders eingerichtete Dienststellen der Besatzungsmächte, z.B. das britische „Entries- and Exitbranch" und das „Combined Travel Board", erteilten Ermächtigungen zur Ein- oder Ausreise bis Ende 1949 in Form so genannter „Vorläufiger Reiseausweise". Deutschen war es verboten, das Land zu verlassen, es sei denn es lag eine derartige Ermächtigung seitens einer der Alliierten vor. Für die Ausstellung inländischer Personalausweise, Identitäts- und Kennkarten waren die jeweiligen territorialen Besatzungsmächte zuständig.

Versucht man das offenbar unter Praktikabilitätserwägungen entstandene System zur Ausstellung der Dokumente vollständig und rechtssystematisch aufzuarbeiten, steht man – wie schon zu Beginn der Weimarer Republik – auch nach dem Zweiten Weltkrieg vor einer schier unlösbaren Aufgabe. Zum einen sind die unzähligen Verordnungen, Erlasse und Militärbefehle der vier Besatzungsmächte schwierig recherchierbar, da diese zum Teil gerade unmittelbar nach dem Krieg nur provisorisch dokumentiert wurden, zum anderen wurden Identitätspapiere in einer Unmenge von Variationen ausgestellt. So wurden kurz nach dem Krieg „entnazifizierte" Kennkarten ausgestellt und bereits ausgefüllte verlängert. Oder Militärbehörden personalisierten schlicht Briefbogenpapier mit Lichtbild und Stempel.

Abbildung 129: Die Besatzungszonen in Deutschland nach dem Zweiten Weltkrieg, sowie Berlin und das Saarland

Für den britischen Sektor wurde mit der Verordnung Nr. 53[140] der Personalausweis für die britische Zone für Personen jeden Alters (also auch für Kinder), die in der britischen Zone ihren Wohnsitz hatten, zum 30. September 1946 eingeführt. Der Personalausweis war jederzeit mitzuführen und gebührenfrei. Es war kein Lichtbild vorgesehen. Der Personalausweis für Kinder bis zu einem Alter von 14 Jahren war gelblich weiß, der für Personen ab 15 Jahren bläulich. Eltern bzw. Vormünder waren für die Beantragung des Dokumentes ihrer Kinder verantwortlich. Bis zum 30. September waren noch Kennkarten (teilweise ergänzt um den englischen Schriftzug „IDENTITY CARD“) ausgestellt worden (siehe Bildteil Zonendokumente).

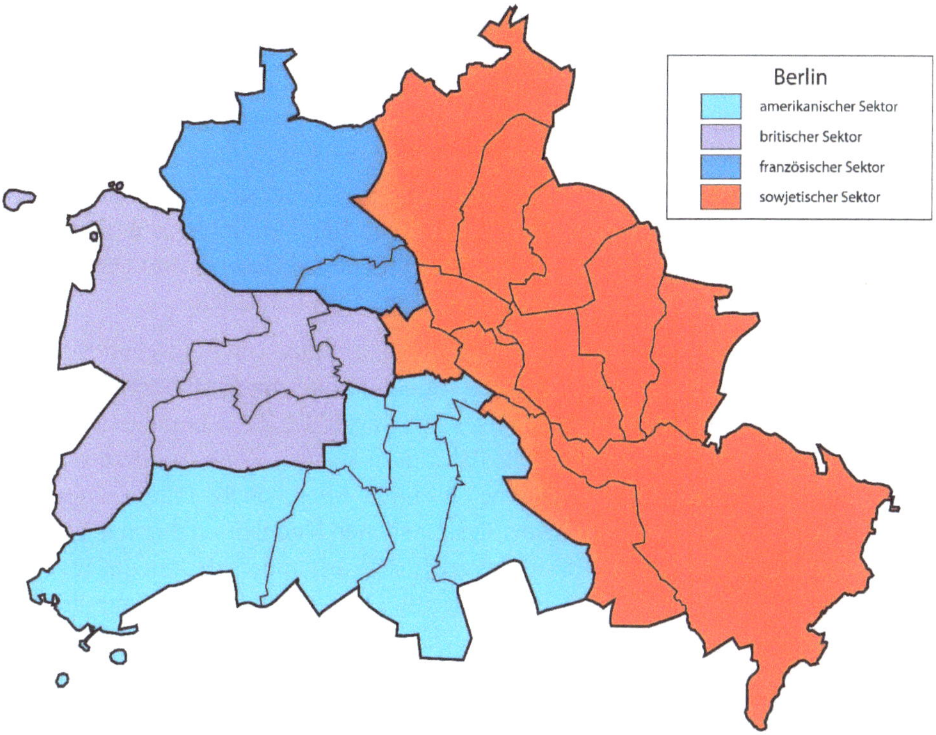

Abbildung 130: Sektoren Berlins unter dem Besatzungsstatus nach dem Zweiten Weltkrieg

Mit der „Verordnung der Deutschen Verwaltung des Innern über die Ausgabe einheitlicher Personalausweise an die Bevölkerung der sowjetischen Besatzungszone Deutschlands"[141] vom 18. November 1948 wurde nach dem Begehren des sowjetischen Oberkommandierenden in Berlin mit der Ausgabe einheitlicher Personalausweise zum 1. Dezember 1948 begonnen.

Auch für die amerikanische Zone gab es eine eigene Verordnung. Doch zunächst muss auf die Konstruktion dieser Zone näher eingegangen werden, da diese sich sehr von den anderen unterschied. Das amerikanische Besatzungsgebiet bestand seit dem 19. September 1945 aus Groß-Hessen, Württemberg-Baden und Bayern. Am 21. Januar 1947 kam noch Bremen hinzu, das bis dahin zur britischen Zone gehörte. Diese Länder hatten – unter dem Vorbehalt der Befugnisse der Militärregierung – jeweils volle gesetzgebende, richterliche und vollziehende Hoheitsgewalt und schlugen 1945 die Einrichtung eines ständigen Rats der Ministerpräsidenten des amerikanischen Besatzungsgebiets vor, um eine weitere Zersplitterung Deutschlands zu verhindern. Dies billigte die Militärregierung am 6. November 1945. Aufgaben dieses Länderrats waren „im Rahmen der politischen Richtlinien der Besatzungsmacht die über das Gebiet eines Landes hinausreichenden Fragen gemeinschaftlich zu lösen, Schwierigkeiten im Verkehr der Länder zu beseitigen und die wünschenswerte Angleichung der Entwicklung auf den Gebieten des politischen, sozialen, wirtschaftlichen und kulturellen Lebens sicherzustellen".[142] Hierzu gehörte auch die Koordinierung der Gesetzgebung. Unterschieden wurde in zoneneinheitliche und zonenangeglichene Gesetze. Erste galten für die gesamte Zone, die angeglichenen waren in den jeweiligen Ländern unterschiedlich. Beide wurden im Länderrat beraten, aber nur die einheitlichen Gesetze dort beschlossen. Die spezifischen wurden in den jeweiligen Landtagen behandelt.

Die „Verordnung über eine allgemeine Registrierung von deutschen Staatsangehörigen, Ausländern und staatenlosen Personen und die Einführung eines einheitlichen polizeilichen Inlandsausweises"[143] war in der Zone einheitlich. Mit ihr wurde nicht nur die Meldepflicht für die amerikanische Zone, sondern auch die „Deutsche Kennkarte" für Erwachsene ab einem Alter von 18 Jahren eingeführt. Diese unterschied sich von den bisher ausgegebenen Kennkarten durch den Zusatz „Deutsche". Die Verordnung trat in Bayern und Württemberg-Baden am 15. April 1946 und in Hessen am 10. Mai 1946 in Kraft. Da Bremen erst 1947 zur amerikanischen Zone gehörte, galt diese dort nicht. Erst nachdem mit der „Verordnung über die Ausdehnung der Registrier- und Kennkartenpflicht auf Jugendliche"[144] am 1. Juni 1948 im Länderrat eine Altersgrenze von 14 Jahren beschlossen und zum 1. Februar 1949 eingeführt wurde, erließ Bremen eine eigene Verordnung[145] um die Regelungen in Kraft zu setzen.

Für die französische Zone konnte ich nach langer Recherche keine Verordnung ausfindig machen. Jedenfalls waren dort auch Kennkarten gültig, wie der Hinweis in der „Verordnung Nr. 176 über die strafbaren Handlungen, die sich gegen die Interessen der Besatzungsmacht richten"[146] zeigt, wonach der Nichtbesitz einer gültigen Kennkarte unter Strafe gestellt wurde.

Die nachfolgenden Abbildungen zeigen Personalausweise und Kennkarten aller Zonen. Interessant ist dabei vor allem, dass das Dokument der französischen Zone aus Oberkirch „Personen-Ausweis" tituliert wurde.

Zonenausweise:

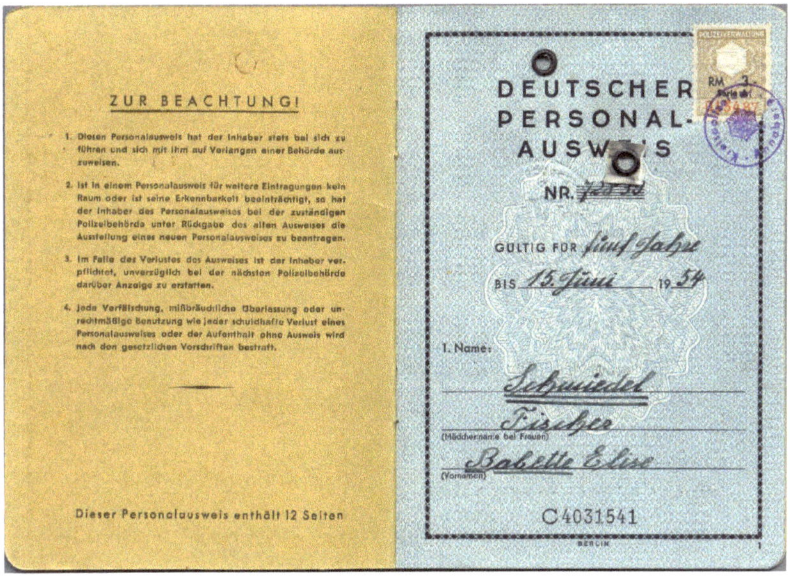

ZUR BEACHTUNG!

1. Diesen Personalausweis hat der Inhaber stets bei sich zu führen und sich mit ihm auf Verlangen einer Behörde auszuweisen.

2. Ist in einem Personalausweis für weitere Eintragungen kein Raum oder ist seine Erkennbarkeit beeinträchtigt, so hat der Inhaber des Personalausweises bei der zuständigen Polizeibehörde unter Rückgabe des alten Ausweises die Ausstellung eines neuen Personalausweises zu beantragen.

3. Im Falle des Verlustes des Ausweises ist der Inhaber verpflichtet, unverzüglich bei der nächsten Polizeibehörde darüber Anzeige zu erstatten.

4. Jede Verfälschung, mißbräuchliche Überlassung oder unrechtmäßige Benutzung wie jeder schuldhafte Verlust eines Personalausweises oder der Aufenthalt ohne Ausweis wird nach den gesetzlichen Vorschriften bestraft.

Dieser Personalausweis enthält 12 Seiten

DEUTSCHER PERSONAL-AUSWEIS

NR.

GÜLTIG FÜR fünf Jahre

BIS 15. Juni 1954

1. Name: Schmiedel

Fischer

(Mädchenname bei Frauen)

Babette Elise

(Vornamen)

C4031541

BERLIN

1

Abbildung 131: Personalausweis Annaberg 15. Juni 1949, Sowjetische Besatzungszone, Innenseite und S. 1

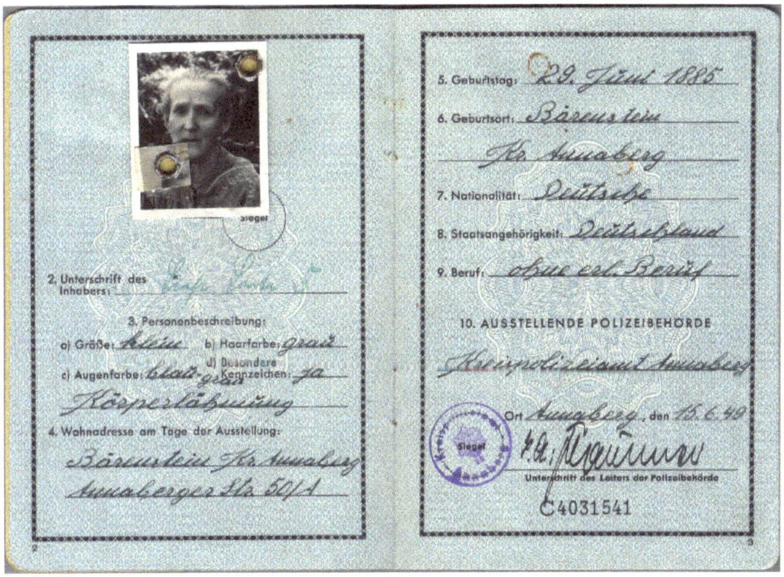

Siegel

2. Unterschrift des Inhabers:

3. Personenbeschreibung:

a) Größe: klein b) Haarfarbe: grau

c) Augenfarbe: blau-grau d) Besondere Kennzeichen: ja

Körperlähmung

4. Wohnadresse am Tage der Ausstellung:

Bärenstein Kr. Annaberg

Annaberger Str. 50/A

2

5. Geburtstag: 29. Juni 1885

6. Geburtsort: Bärenstein

Kr. Annaberg

7. Nationalität: Deutsche

8. Staatsangehörigkeit: Deutschland

9. Beruf: ohne erl. Beruf

10. AUSSTELLENDE POLIZEIBEHÖRDE

Kreispolizeiamt Annaberg

Ort Annaberg, den 15.6.49

Siegel

Unterschrift des Leiters der Polizeibehörde

C4031541

3

Abbildung 132: Personalausweis Annaberg 15. Juni 1949, Sowjetische Besatzungszone, S. 2 – S. 3

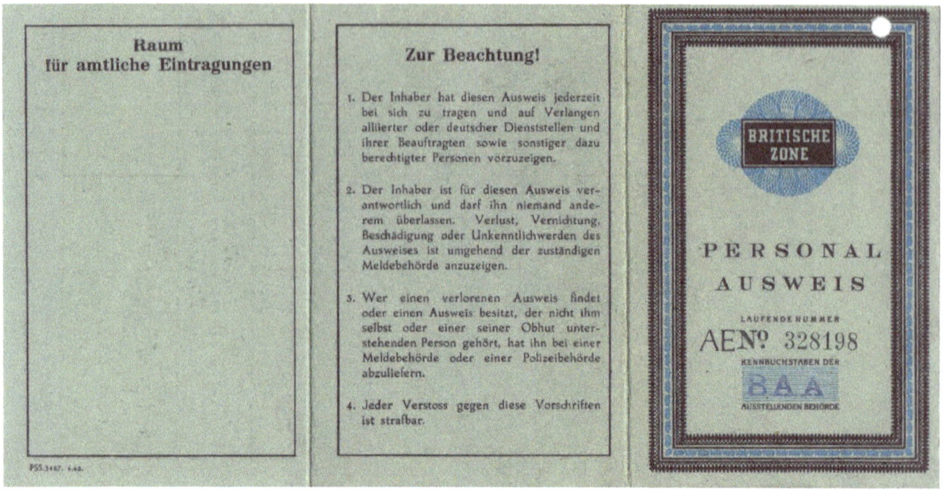

Raum
für amtliche Eintragungen

PSS 3467. 4.46.

Zur Beachtung!

1. Der Inhaber hat diesen Ausweis jederzeit bei sich zu tragen und auf Verlangen alliierter oder deutscher Dienststellen und ihrer Beauftragten sowie sonstiger dazu berechtigter Personen vorzuzeigen.

2. Der Inhaber ist für diesen Ausweis verantwortlich und darf ihn niemand anderem überlassen. Verlust, Vernichtung, Beschädigung oder Unkenntlichwerden des Ausweises ist umgehend der zuständigen Meldebehörde anzuzeigen.

3. Wer einen verlorenen Ausweis findet oder einen Ausweis besitzt, der nicht ihm selbst oder einer seiner Obhut unterstehenden Person gehört, hat ihn bei einer Meldebehörde oder einer Polizeibehörde abzuliefern.

4. Jeder Verstoss gegen diese Vorschriften ist strafbar.

BRITISCHE ZONE

PERSONAL AUSWEIS

LAUFENDE NUMMER

AE№ 328198

KENNBUCHSTABEN DER

BAA

AUSSTELLENDEN BEHÖRDE

Abbildung 133: Personalausweis der britischen Zone für Erwachsene

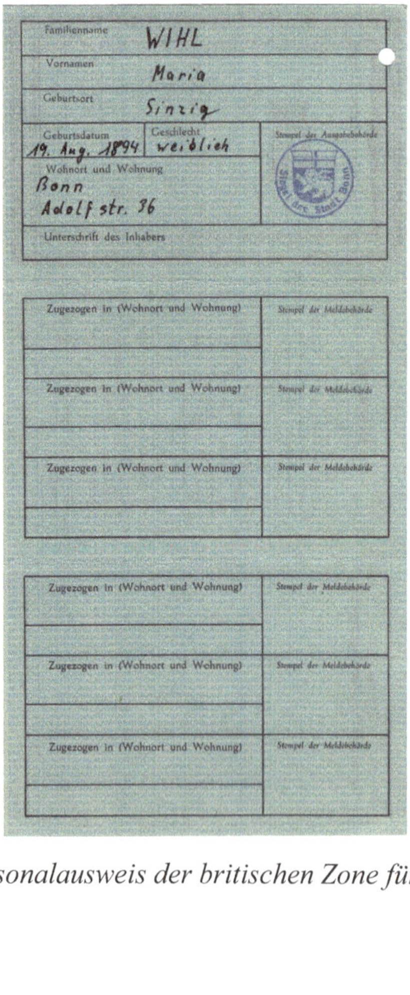

Familienname WIHL

Vornamen Maria

Geburtsort Sinzig

Geburtsdatum 19. Aug. 1894 | Geschlecht weiblich

Wohnort und Wohnung Bonn Adolf str. 36

Stempel der Ausgabebehörde

Unterschrift des Inhabers

Zugezogen in (Wohnort und Wohnung) | Stempel der Meldebehörde

Zugezogen in (Wohnort und Wohnung) | Stempel der Meldebehörde

Zugezogen in (Wohnort und Wohnung) | Stempel der Meldebehörde

Zugezogen in (Wohnort und Wohnung) | Stempel der Meldebehörde

Zugezogen in (Wohnort und Wohnung) | Stempel der Meldebehörde

Zugezogen in (Wohnort und Wohnung) | Stempel der Meldebehörde

Abbildung 134: Personalausweis der britischen Zone für Erwachsene, innen

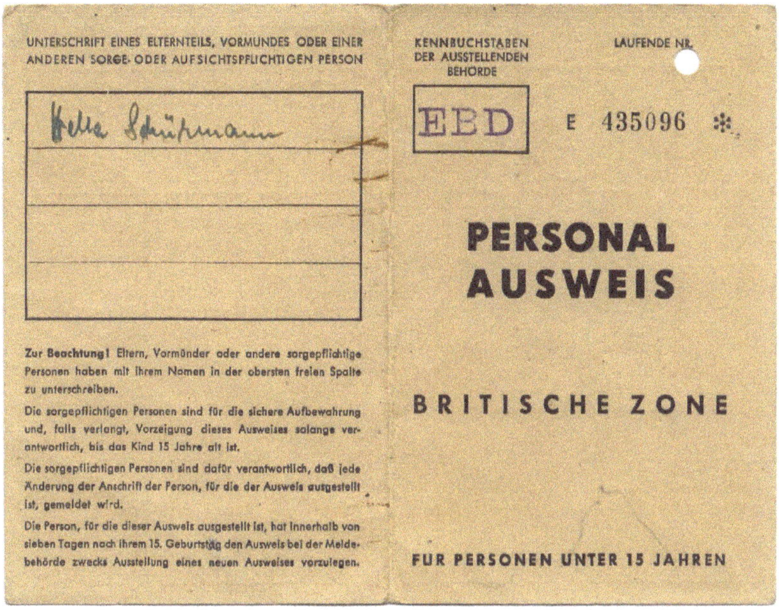

UNTERSCHRIFT EINES ELTERNTEILS, VORMUNDES ODER EINER ANDEREN SORGE- ODER AUFSICHTSPFLICHTIGEN PERSON

Hella Schürmann

Zur Beachtung! Eltern, Vormünder oder andere sorgepflichtige Personen haben mit ihrem Namen in der obersten freien Spalte zu unterschreiben.

Die sorgepflichtigen Personen sind für die sichere Aufbewahrung und, falls verlangt, Vorzeigung dieses Ausweises solange verantwortlich, bis das Kind 15 Jahre alt ist.

Die sorgepflichtigen Personen sind dafür verantwortlich, daß jede Änderung der Anschrift der Person, für die der Ausweis ausgestellt ist, gemeldet wird.

Die Person, für die dieser Ausweis ausgestellt ist, hat innerhalb von sieben Tagen nach ihrem 15. Geburtstag den Ausweis bei der Meldebehörde zwecks Ausstellung eines neuen Ausweises vorzulegen.

KENNBUCHSTABEN DER AUSSTELLENDEN BEHÖRDE — LAUFENDE NR.

EBD — E 435096

PERSONAL AUSWEIS

BRITISCHE ZONE

FÜR PERSONEN UNTER 15 JAHREN

Abbildung 135: Personalausweis der britischen Zone für Kinder ab einem Alter von 15 Jahren

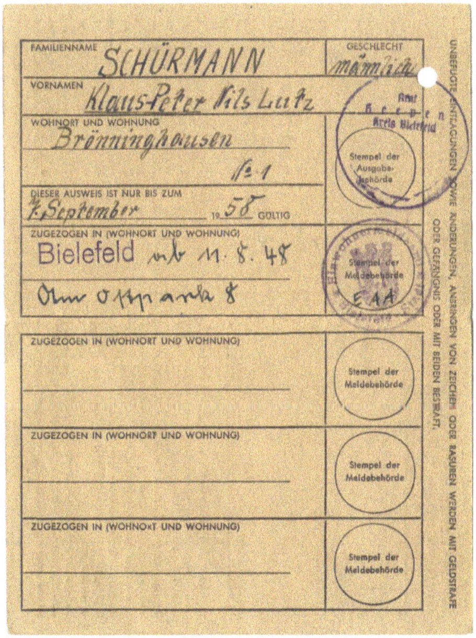

FAMILIENNAME: SCHÜRMANN — GESCHLECHT: männlich

VORNAMEN: Klaus-Peter Nils Lutz

WOHNORT UND WOHNUNG: Brönninghausen Nr. 1

DIESER AUSWEIS IST NUR BIS ZUM 7. September 1958 GÜLTIG

Stempel der Ausgabebehörde

ZUGEZOGEN IN (WOHNORT UND WOHNUNG): Bielefeld ab 11. 8. 48

Stempel der Meldebehörde

ZUGEZOGEN IN (WOHNORT UND WOHNUNG) — Stempel der Meldebehörde

ZUGEZOGEN IN (WOHNORT UND WOHNUNG) — Stempel der Meldebehörde

ZUGEZOGEN IN (WOHNORT UND WOHNUNG) — Stempel der Meldebehörde

UNBEFUGTE EINTRAGUNGEN SOWIE ÄNDERUNGEN, ANBRINGEN VON ZEICHEN ODER RADIEREN WERDEN MIT GELDSTRAFE ODER GEFÄNGNIS ODER MIT BEIDEN BESTRAFT.

Abbildung 136: Personalausweis der britischen Zone für Kinder ab einem Alter von 15 Jahren, innen

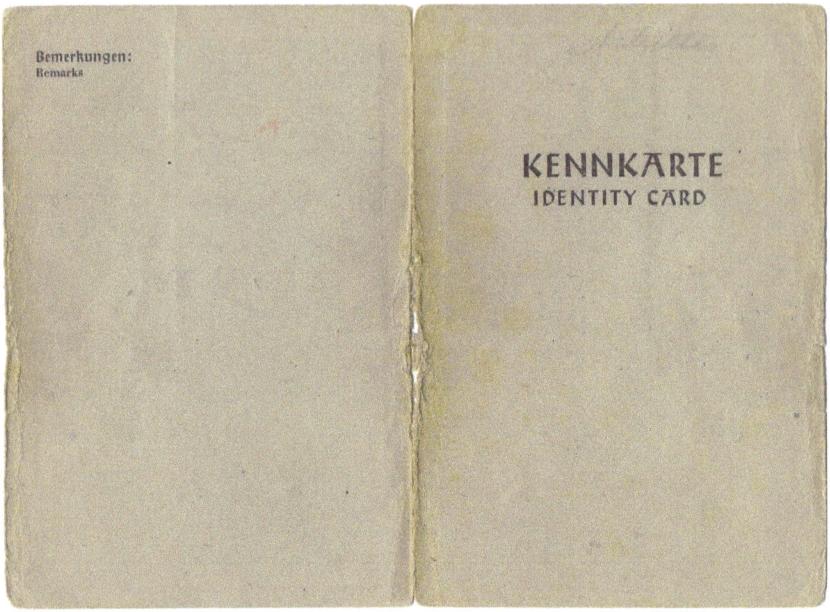
Bemerkungen:
Remarks

KENNKARTE
IDENTITY CARD

Abbildung 137: Kennkarte der britischen Zone 1946 vor Einführung des blauen Personalausweises

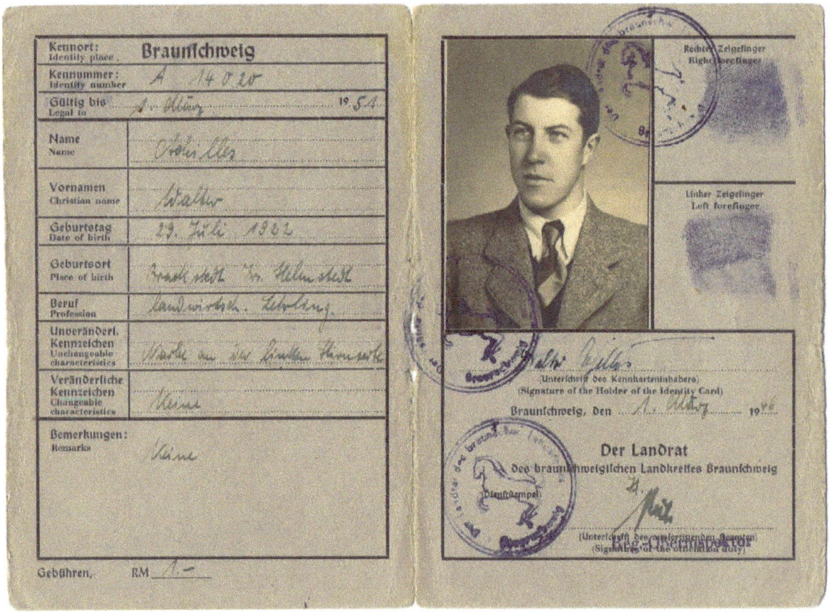
Kennort: Identity place	Braunschweig
Kennummer: Identity number	A 14020
Gültig bis Legal to	19
Name Name	
Vornamen Christian name	Walter
Geburtstag Date of birth	29. Juli 1922
Geburtsort Place of birth	
Beruf Profession	landwirtsch. Lehrling
Unveränderl. Kennzeichen Unchangeable characteristics	
Veränderliche Kennzeichen Changeable characteristics	keine
Bemerkungen: Remarks	keine

Gebühren, RM 1.–

Rechter Zeigefinger
Right forefinger

Linker Zeigefinger
Left forefinger

(Unterschrift des Kennkarteninhabers)
(Signature of the Holder of the Identity Card)

Braunschweig, den 1. März 1946

Der Landrat
des braunschweigischen Landkreises Braunschweig

(Unterschrift des ausfertigenden Beamten)
(Signature of the officer on duty)

Abbildung 138: Kennkarte der britischen Zone 1946 vor Einführung des blauen Personalausweises, innen

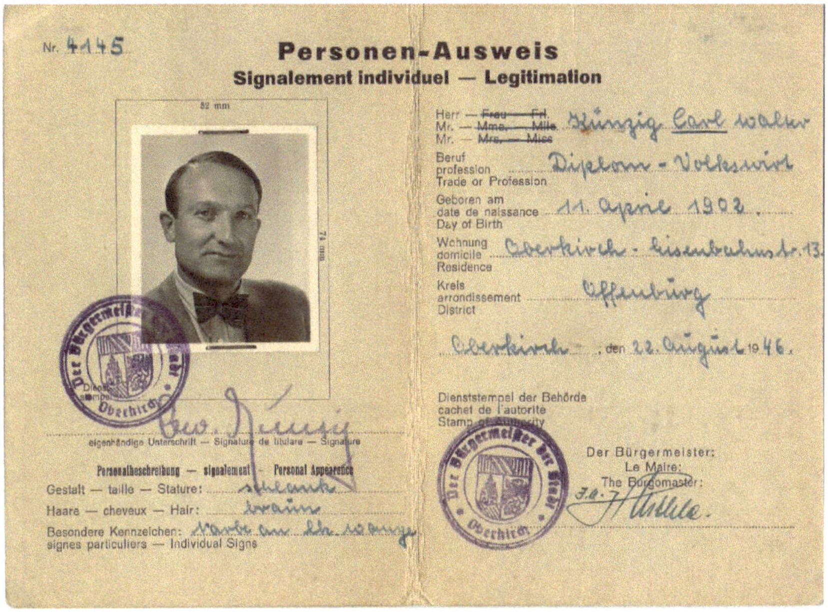
Nr. 4145

Personen-Ausweis

Signalement individuel — Legitimation

Herr — Frau — Frl.
Mr. — Mme. — Mlle
Mr. — Mrs. — Miss: Künzig Carl Walter

Beruf / profession / Trade or Profession: Diplom-Volkswirt

Geboren am / date de naissance / Day of Birth: 11. April 1902.

Wohnung / domicile / Residence: Oberkirch - Eisenbahnstr. 13

Kreis / arrondissement / District: Offenburg

Oberkirch, den 22. August 1946.

Dienststempel der Behörde / cachet de l'autorité / Stamp of Authority

Der Bürgermeister: / Le Maire: / The Burgomaster:

eigenhändige Unterschrift — Signature de titulare — Signature

Personalbeschreibung — signalement — Personal Appearance

Gestalt — taille — Stature: schlank

Haare — cheveux — Hair: braun

Besondere Kennzeichen: / signes particuliers — Individual Signs: Narbe an lk. Wange

Abbildung 139: Personen-Ausweis der Französischen Zone, 1946

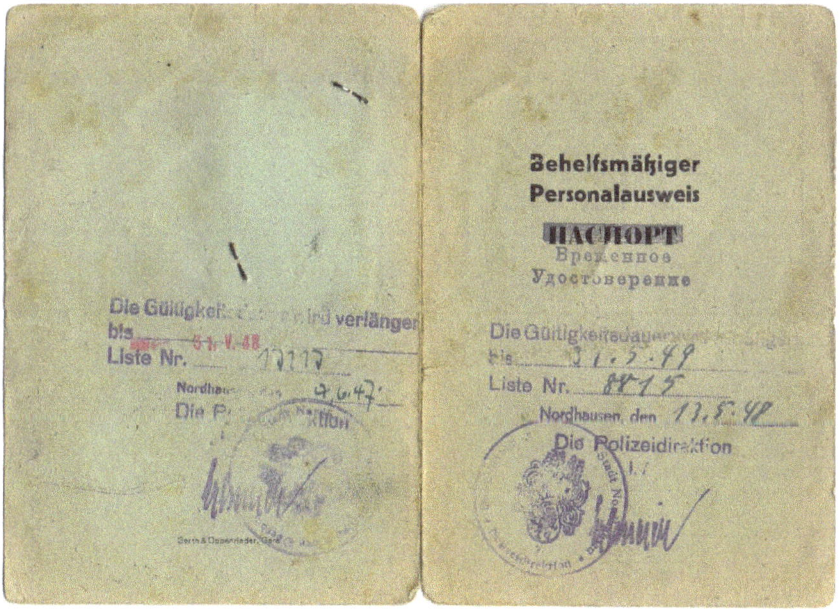
Die Gültigkeitsdauer wird verlänger[t]
bis 31. V. 48
Liste Nr. 17117

Behelfsmäßiger
Personalausweis
ПАСПОРТ
Временное
Удостоверение

Die Gültigkeitsdauer ...
bis 31.5.49
Liste Nr. 8815
Nordhausen, den 17.5.48
Die Polizeidirektion

Abbildung 140: Behelfsmäßiger Personalausweis der Russischen Zone, Nordhausen, 1946

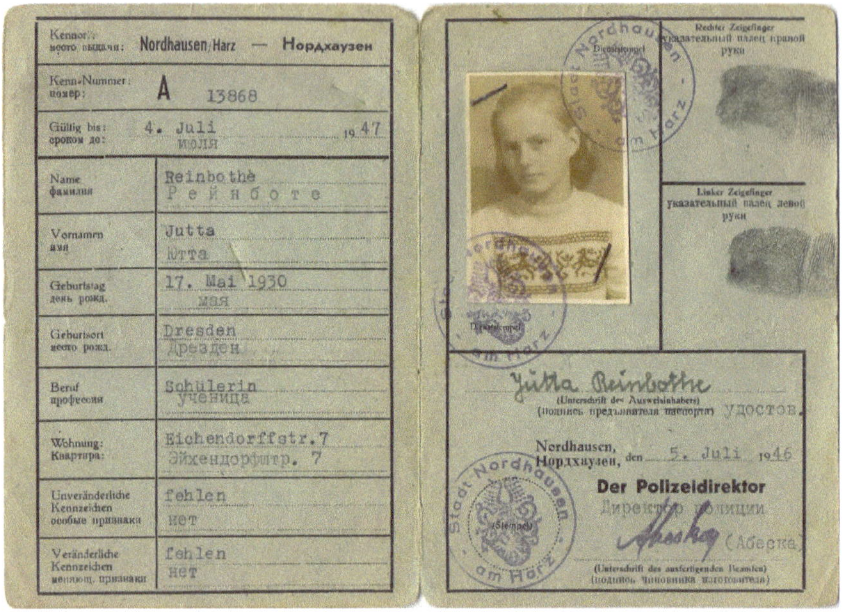

Kennort: Nordhausen/Harz — Нордхаузен
Kenn-Nummer: A 13868
Gültig bis: 4. Juli 1947
Name: Reinbothe
Vorname: Jutta
Geburtstag: 17. Mai 1930
Geburtsort: Dresden
Beruf: Schülerin
Wohnung: Eichendorffstr. 7
Unveränderliche Kennzeichen: fehlen
Veränderliche Kennzeichen: fehlen
Rechter Zeigefinger
Linker Zeigefinger
Jutta Reinbothe
(Unterschrift des Ausweisinhabers)
Nordhausen, den 5. Juli 1946
Der Polizeidirektor
(Unterschrift des ausfertigenden Beamten)

Abbildung 141: Behelfsmäßiger Personalausweis der Russischen Zone, Nordhausen, 1946, innen

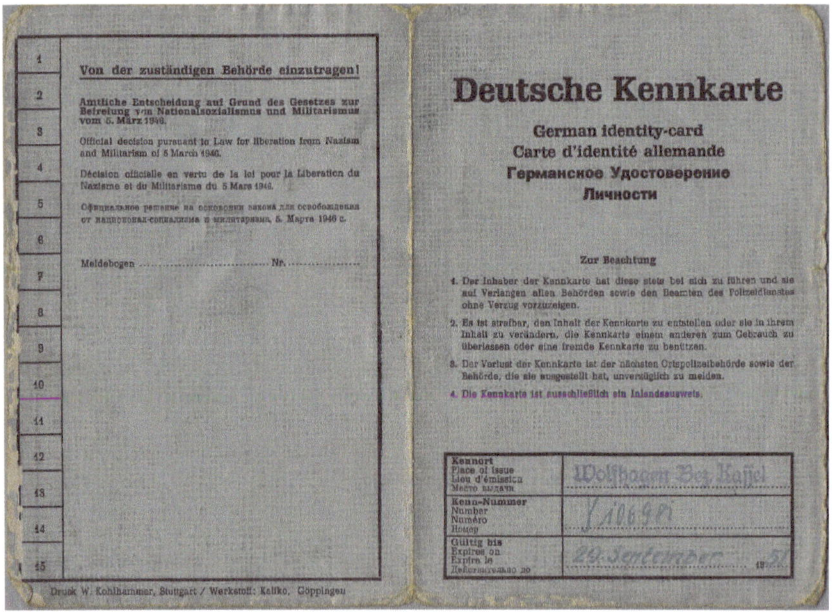

Von der zuständigen Behörde einzutragen!

Amtliche Entscheidung auf Grund des Gesetzes zur Befreiung von Nationalsozialismus und Militarismus vom 5. März 1946.

Official decision pursuant to Law for liberation from Nazism and Militarism of 5 March 1946.

Décision officielle en vertu de la loi pour la Liberation du Nazisme et du Militarisme du 5 Mars 1946.

Meldebogen .... Nr. ....

Druck W. Kohlhammer, Stuttgart / Werkstoff: Kaliko, Göppingen

Deutsche Kennkarte
German identity-card
Carte d'identité allemande
Германское Удостоверение Личности

Zur Beachtung

1. Der Inhaber der Kennkarte hat diese stets bei sich zu führen und sie auf Verlangen allen Behörden sowie den Beamten des Polizeidienstes ohne Verzug vorzuzeigen.
2. Es ist strafbar, den Inhalt der Kennkarte zu entstellen oder sie in ihrem Inhalt zu verändern, die Kennkarte einem anderen zum Gebrauch zu überlassen oder eine fremde Kennkarte zu benützen.
3. Der Verlust der Kennkarte ist der nächsten Ortspolizeibehörde sowie der Behörde, die sie ausgestellt hat, unverzüglich zu melden.
4. Die Kennkarte ist ausschließlich ein Inlandsausweis.

Kennort / Place of issue / Lieu d'émission / Место выдачи: Wolfhagen Bez. Kassel
Kenn-Nummer / Number / Numéro / Номер: J 106981
Gültig bis / Expires on / Expire le: 29. September 1951

Abbildung 142: Deutsche Kennkarte der Amerikanischen Zone, Wolfshagen/ Kassel, 1946

Die Direktive des Kontrollrates Nr. 42[147] vom 24. Oktober 1946 regelte den Grenzübertritt deutscher Arbeiter und Angestellter, die in der einen Zone wohnten und in der anderen arbeiten, und damit den kleinen Grenzverkehr. Dazu mussten die Grenzgänger über eine Kennkarte oder einen Personalausweis der Wohn-Zone verfügen. Ebenso musste die Arbeitserlaubnis in der anderen Zone durch einen entsprechenden Nach- oder Ausweis bescheinigt werden. Der Grenzübertritt hatte dabei an den für den regelmäßigen Verkehr eingerichteten Übergangsstellen zu erfolgen. Der sicherlich bekannteste dieser Übergänge ist der vom amerikanischen in den russischen Sektor in der Friedrichstraße in Berlin, später bekannt unter dem Namen „Checkpoint Charlie“.

Abbildung 143: Checkpoint Charlie, Fotografie

Während die vorgenannte Direktive den regelmäßigen täglichen Grenzverkehr der im Grenzgebiet Arbeitenden regelte, machte aber vor allem die große Zahl der Spontanreisenden und Arbeitssuchenden eine effiziente Grenzkontrolle unmöglich. Der Kontrollrat sah sich somit gezwungen, quasi zeitgleich auch dafür eine Lösung zu finden. Mit der KR-Direktive Nr. 43 vom 29. Oktober 1946[148] wurden Interzonen-Pässe für die einmalige Hin- und Rückreise für die deutsche Zivilbevölkerung eingeführt. Diese Pässe durften von den Militärkommandanten (mindestens in dem Range eines Oberst) der Wohn-Zone für eine Dauer von 15 Tagen[149] ohne erforderliche Einwilligung der Behörden der Besuchszone ausgestellt werden. Während die Direktive Nr. 43 lediglich die Ausstellung der Interzonenpässe an Deutsche vorsah, wurde mit der Direktive Nr. 49 der Begriffe „Deutsche“ durch „Personen“ ersetzt, um auch den in Deutschland lebenden Ausländern den vereinfachten Zonenübertritt zu ermöglichen.

Die Pässe waren selbstverständlich in den Sprachen aller Besatzungsmächte sowie in Deutsch auszustellen. Am Besuchsort war der Pass durch einen Militäroffizier zu visieren.

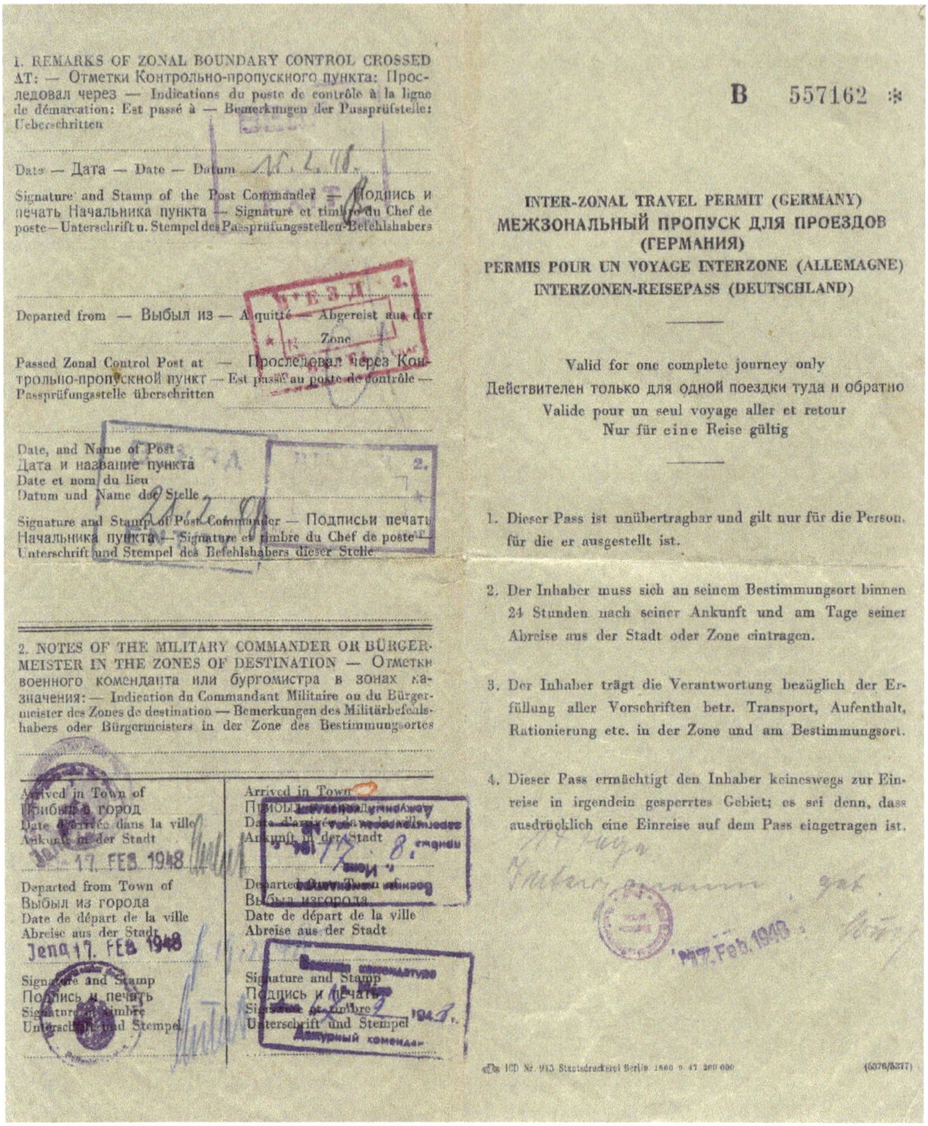

1. REMARKS OF ZONAL BOUNDARY CONTROL CROSSED AT: — Отметки Контрольно-пропускного пункта: Проследовал через — Indications du poste de contrôle à la ligne de démarcation: Est passé à — Bemerkungen der Passprüfstelle: Ueberschritten

Date — Дата — Date — Datum

Signature and Stamp of the Post Commander — Подпись и печать Начальника пункта — Signature et timbre du Chef de poste — Unterschrift u. Stempel des Passprüfungsstellen-Befehlshabers

Departed from — Выбыл из — Acquitté — Abgereist aus der Zone

Passed Zonal Control Post at — Проследовал через Контрольно-пропускной пункт — Est passé au poste de contrôle — Passprüfungsstelle überschritten

Date, and Name of Post
Дата и название пункта
Date et nom du lieu
Datum und Name der Stelle

Signature and Stamp of Post Commander — Подписьи печать Начальника пункта — Signature et timbre du Chef de poste — Unterschrift und Stempel des Befehlshabers dieser Stelle

2. NOTES OF THE MILITARY COMMANDER OR BÜRGERMEISTER IN THE ZONES OF DESTINATION — Отметки военного коменданта или бургомистра в зонах назначения: — Indication du Commandant Militaire ou du Bürgermeister des Zones de destination — Bemerkungen des Militärbefehlshabers oder Bürgermeisters in der Zone des Bestimmungsortes

Arrived in Town of / Прибыл в город / Date d'arrivée dans la ville / Ankunft in der Stadt — 17. FEB 1948	Arrived in Town of / Прибыл в город / Date d'arrivée dans la ville / Ankunft in der Stadt
Departed from Town of / Выбыл из города / Date de départ de la ville / Abreise aus der Stadt — Jena 17. FEB 1948	Departed from Town of / Выбыл из города / Date de départ de la ville / Abreise aus der Stadt
Signature and Stamp / Подпись и печать / Signature et timbre / Unterschrift und Stempel	Signature and Stamp / Подпись и печать / Signature et timbre / Unterschrift und Stempel

B 557162 *

INTER-ZONAL TRAVEL PERMIT (GERMANY)
МЕЖЗОНАЛЬНЫЙ ПРОПУСК ДЛЯ ПРОЕЗДОВ (ГЕРМАНИЯ)
PERMIS POUR UN VOYAGE INTERZONE (ALLEMAGNE)
INTERZONEN-REISEPASS (DEUTSCHLAND)

Valid for one complete journey only
Действителен только для одной поездки туда и обратно
Valide pour un seul voyage aller et retour
Nur für eine Reise gültig

1. Dieser Pass ist unübertragbar und gilt nur für die Person, für die er ausgestellt ist.
2. Der Inhaber muss sich an seinem Bestimmungsort binnen 24 Stunden nach seiner Ankunft und am Tage seiner Abreise aus der Stadt oder Zone eintragen.
3. Der Inhaber trägt die Verantwortung bezüglich der Erfüllung aller Vorschriften betr. Transport, Aufenthalt, Rationierung etc. in der Zone und am Bestimmungsort.
4. Dieser Pass ermächtigt den Inhaber keineswegs zur Einreise in irgendein gesperrtes Gebiet; es sei denn, dass ausdrücklich eine Einreise auf dem Pass eingetragen ist.

17. Feb. 1948

Abbildung 144: Interzonen-Reisepass, 1948

And to proceed to
И проехать в
Et à se rendre à
Und zur Weiterreise nach Jena, Graitschen

Purpose of Journey
Цель поездки
But de voyage
Reisezweck Abholung von Flüchtlingsgut

Date of Issue
Дата выдачи
Date de délivrance du laissez-passer
Ausstellungsdatum 15. Februar 1948

Date of Expiration
Дата истечения срока действия
Date d'expiration
Ablauf der Reisegenehmigung 14. März 1948

Signature of official issuing pass and his position rank/appointment
Подпись официального лица, выдающего пропуск, и его должность
Signature et fonction de l'employé ayant délivré le laissez-passer
Unterschrift des ausstellenden Beamten und seine Stellung CMGO
HQ RB Det old (Minden)

Seal
Печать
Cachet
Siegel

Registered
Зарегистрирован
No du registre
Eingetragen 507/ORBC/615/11
Kr.Det./1/48/49ol

Surname and Christian Names, Address
Фамилия и имена, адрес
Nom et Prénoms, Adresse
Name, Vornamen, Adresse Anna von Mutius,
Hiddesen/Detmold, Nr. 357
Britisch Zone

Date and Place of Birth
Дата и место рождения
Date et lieu de naissance
Geburtsdatum und -ort 28.5.1893/Osnabrück

Identity Document No. and Type
Номер и вид удостоверения личности
Pièce d'identité numéro et genre
Personalausweis Nr. und Art AR 352988 OLP

Profession and Occupation
Профессия и род занятий
Profession et emploi
Beruf und Beschäftigung ohne

Representative of Firm or Concern
Представитель фирмы или предприяпия
Représentant de la maison de commerce ou de l'entreprise
Vertreter der Firma oder des Konzerns ——

Bearer is authorised to cross the Demarcation Line at
Предъявитель имеет право проезда через демаркационную линию в пункте
Le porteur est autorisé à traverser la ligne de démarcation
Inhaber ist ermächtigt zum Grenzübertritt bei Eisenach-Bebra
Obersuhl

Abbildung 145: Interzonen-Reisepass, 1948, Rückseite

3 Bundesrepublik und Deutsche Demokratische Republik

3.1 Pass- und Ausweisrecht in der Bundesrepublik 1949 - 1987

Mit der Verfassung der Bundesrepublik Deutschland vom 23. Mai 1949 wurde die Bundesrepublik mit Wirkung zum 24. Mai 1949 konstituiert. Allerdings stand die Bundesrepublik noch unter Besatzungsrecht und wurde erst am 5. Mai 1955 souverän. Passanträge waren in den ersten Monaten noch bei den Dienststellen der Besatzungsmächte zu stellen. Erst ab dem 1. Januar 1950 gab es eine eigene deutsche Behörde, das „Deutsche Amt für Ein- und Ausreiseangelegenheiten". Diese unterstand gemäß den Besatzungsstatuten jedoch nach wie vor der Alliierten Hohen Kommission für Deutschland.

Erst ein Jahr später, also am 1. Januar 1951, trat ein neues Personalausweisgesetz[150] in Kraft, mit dem die Regelungen des Nationalsozialismus außer Kraft gesetzt wurden. Mit diesem Gesetz wurde die Personalausweispflicht für alle Personen im Bundesgebiet eingeführt, die nach der Meldeordnung meldepflichtig waren und das 16. Lebensjahr vollendet hatten. Interessant und den Bestimmungen des Besatzungsrechts geschuldet ist, dass das Gesetz schon am 6. Oktober 1950 im Bundestag beschlossen worden war, die Verkündung aber bis zum Ablauf der Einspruchsfrist der alliierten Besatzungsmächte zurückgestellt werden musste. Bereits einen Monat nach Inkrafttreten des Personalausweisgesetzes, am 1. Februar 1951, ging auch die Passhoheit zurück an die deutschen Behörden.[151] Rechtsgrundlage bildeten nach wie vor die rechtlichen Bestimmungen der Vorkriegszeit, natürlich ohne die diskriminierenden Regelungen des Nationalsozialismus, also das Gesetz über das Passwesen von 1867, die Verordnung von 1916 (in der Fassung von 1919) sowie die Passbekanntmachung von 1932.

Ab Anfang 1951 wurden somit wieder einheitliche Pässe und Personalausweise auf einer allgemeingültigen, das heißt für die gesamte Bundesrepublik (ohne West-Berlin) geltenden Rechtsgrundlage ausgestellt.

Da das Passrecht immer noch auf das Bismarck'sche Gesetz von 1867 zurückging, war nach immerhin 85 Jahren eine Neuauflage angezeigt. Das neue Gesetz über das Passwesen[152] vom 4. März 1952 setzte die bestehenden Regelungen außer Kraft und regelte die Passpflicht für Deutsche beim Grenzübertritt sowie für Ausländer sowohl für den Grenzübertritt als auch für den Aufenthalt im Bundesgebiet. Anders als heute bestanden also keine selbständigen ausländerrechtlichen Passregelungen. Mit Rechtsverordnung konnte der Bundesminister des Innern Regelungen für den Sichtvermerkszwang erlassen. Die Landesregierungen wurden ermächtigt, den kleinen Grenzverkehr zu regeln. Passversagungsgründe wurden erstmals präzise gefasst, zum Beispiel um Steuerhinterziehung entgegenzutreten. Einer der konkret genannten Passversagungsgründe mutet heute eher ungewöhnlich an und war selbst im Jahr 1952 nicht mehr wirklich nachzuvollziehen: Unter Bezugnahme auf die „Mißstände im Auswanderungswesen“[153] von 1924 war Mädchen unter 18 Jahren die Passerteilung zu versagen, wenn sie ohne Vorlage einer Genehmigung des Vormundschaftsgerichts und ohne ihre Erziehungsberechtigten auswandern wollten („Mädchenklausel“). Welche Missstände es in 1924 gab, die es wert machten, die Regelung in das Passgesetz von 1952 zu übernehmen, ließ sich leider nicht ermitteln.

Wenige Tage nachdem das neue Gesetz in Kraft getreten war, wurde am 25. März 1952 in Frankfurt am Main der abgebildete Reisepass für die Familie Hax ausgestellt. Dieser Familienpass war zwei Jahre gültig und beinhaltete Visa Italiens (Zielort) sowie Österreichs und der Schweiz zur Durchreise.

Abbildung 146: Reisepass der Bundesrepublik Deutschland, 1952, Familie Hax

Abbildung 147: Reisepass der Bundesrepublik Deutschland, 1952, Familie Hax, S. 1

Abbildung 148: Reisepass der Bundesrepublik Deutschland, 1952, Familie Hax, S. 2. / S. 3

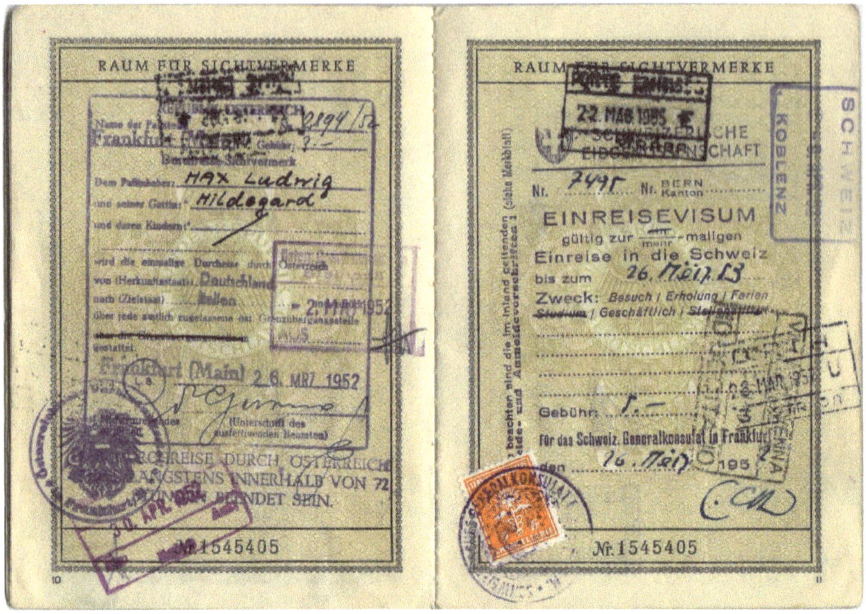

Abbildung 149: Reisepass der Bundesrepublik Deutschland, 1952, Familie Hax, S. 10 - S. 11 mit Visa

Die weiteren passrechtlichen Änderungen bis 1986 waren in erster Linie verwaltungsrechtlicher Natur, zum Beispiel zur Regelung von Ordnungswidrigkeiten oder betrafen Einzelfragen, wie etwa die Änderung der Passversagungsgründe. So wurde beispielsweise die „Mädchenklausel“ (siehe oben) 1975 gestrichen.[154] Offensichtlich waren die Missstände von 1924 inzwischen behoben. Da das Passgesetz zudem keine Regelungen zur Festlegung der Passmuster enthielt und dazu auch keine Verordnung vorsah, konnte das Bundesministerium des Innern (BMI) diese durch Verwaltungsvorschriften selbst bestimmen. Die nachfolgenden Abbildungen zeigen zwei Muster des grünen Reisepasses, wie er bis 1987 nach den Vorgaben des BMI ausgestellt wurde.

Abbildung 150: Reisepass der Bundesrepublik Deutschland, 1955 – 1974

Abbildung 151: Reisepass der Bundesrepublik Deutschland, 1974 - 1987

Das Personalausweisgesetz von 1951 sah bereits ein einheitliches Muster (Abbildungen 152/153) vor, das vom Bundesminister des Innern mit Zustimmung des Bundesrates zu bestimmen war. Alte Ausweise und Kennkarten blieben jedoch bis zum 31. Dezember 1954 gültig, sofern sie noch nicht abgelaufen waren. Ab dem 1. April 1960 wurde der Personalausweis als achtseitiges graues Büchlein herausgegeben (Abb. 154).[155]

Auch das Personalausweisgesetz von 1951 wurde bis Anfang 1980 nur in einzelnen Vorschriften geändert. Beispielsweise wurden die 1946 eingeführten „Berliner behelfsmäßigen Ausweise“ (vgl. Kapitel 3.3) weiterhin als Personalausweise anerkannt, während andere behelfsmäßige Ausweise – wie bereits für die Kennkarten vorgesehen – zum 1. Januar 1955 ungültig wurden.[156] Erst die Gesetzesänderung von 1980 führte in den folgenden Jahren zu einer völlig neuen Ausweisgeneration und löste die erste große Datenschutzdiskussion (vgl. Kapitel 4) in Deutschland aus.

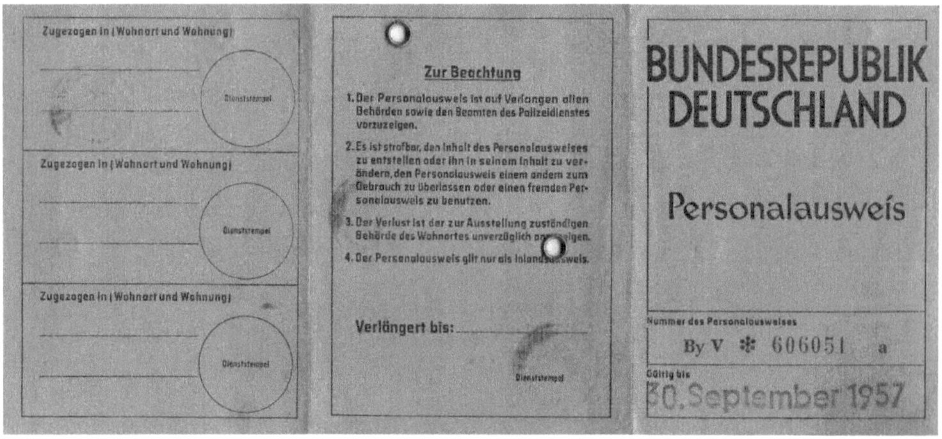

Zugezogen in (Wohnort und Wohnung)
Dienststempel
Zugezogen in (Wohnort und Wohnung)
Dienststempel
Zugezogen in (Wohnort und Wohnung)
Dienststempel

Zur Beachtung

1. Der Personalausweis ist auf Verlangen allen Behörden sowie den Beamten des Polizeidienstes vorzuzeigen.
2. Es ist strafbar, den Inhalt des Personalausweises zu entstellen oder ihn in seinem Inhalt zu verändern, den Personalausweis einem andern zum Gebrauch zu überlassen oder einen fremden Personalausweis zu benutzen.
3. Der Verlust ist der zur Ausstellung zuständigen Behörde des Wohnortes unverzüglich anzuzeigen.
4. Der Personalausweis gilt nur als Inlandsausweis.

Verlängert bis:
Dienststempel

BUNDESREPUBLIK DEUTSCHLAND
Personalausweis
Nummer des Personalausweises
By V ✻ 606051 a
Gültig bis
30. September 1957

Abbildung 152: Personalausweis der Bundesrepublik Deutschland, 1952

Name (bei Ehefrauen auch Geburtsname)
D i e s e l
geborene Stauber
Vornamen (Rufnamen unterstreichen)
Aloisia
Geburtstag
24.November [illegible]
Geburtsort (Land, Kreis)
Wien, Österreich
Staatsangehörigkeit
deutsch
Größe
150 cm
Farbe der Augen
braun
Unveränderliche Kennzeichen
fehlen

Unterschrift des Inhabers
Erlangen, 1.Oktober 1952
Ort Datum
Landratsamt
I.A.
Ausstellende Behörde
Unterschrift des ausstellenden Beamten

Wohnort und Wohnung
Heroldsberg
Kohlengasse 25
Zugezogen in (Wohnort und Wohnung)
Dienststempel
Zugezogen in (Wohnort und Wohnung)
Dienststempel

Abbildung 153: Personalausweis der Bundesrepublik Deutschland, 1952, innen

Abbildung 154: Personalausweis der Bundesrepublik Deutschland ab dem 1. April 1960

3.2 Pass- und Ausweisrecht in der DDR

Vier Jahre nach Ende des Zweiten Weltkrieges wurde auf dem Gebiet der sowjetischen Besatzungszone am 7. Oktober 1949 die „Deutsche Demokratische Republik“ gegründet, die bis zur deutschen Wiedervereinigung am 3. Oktober 1990 als souveräner Staat knapp 41 Jahre Bestand hatte.

Souveräne Staaten sind naheliegenderweise für die Herausgabe eigener Pässe und Personalausweise verantwortlich, so dass sich die DDR schnell von den bestehenden Regelungen des Deutschen Reichs, aber auch von denen der sowjetischen Besatzungsmacht trennte. Am 29. Oktober 1953 wurde zunächst die Personalausweisverordnung vom 18. November 1948 (s. o.) der russischen Zone aufgehoben und die „Verordnung über die Ausgabe von Personalausweisen der Deutschen Demokratischen Republik“[157] erlassen. Mit dieser Verordnung regelte die DDR erstmalig und umfassend die Ausgabe von Identitätsdokumenten durch die Deutsche Volkspolizei an die eigene Bevölkerung. Abweichend von der westdeutschen Regelung wurde die Personalausweispflicht bereits für Jugendliche ab einem Alter von 14 Jahren festgesetzt. Zudem bestand anders als im Westen Mitführungspflicht. Kinder unter 14 Jahren wurden in den Personalausweis der Eltern eingetragen. Bemerkenswert ist auch, dass man beim Verlassen des Territoriums der DDR den Personalausweis zuvor bei der zuständigen Polizeibehörde abgeben musste. Zu diesem Zeitpunkt konnte man die DDR ohne Weiteres noch verlassen.

Abbildung 155: Personalausweis der DDR

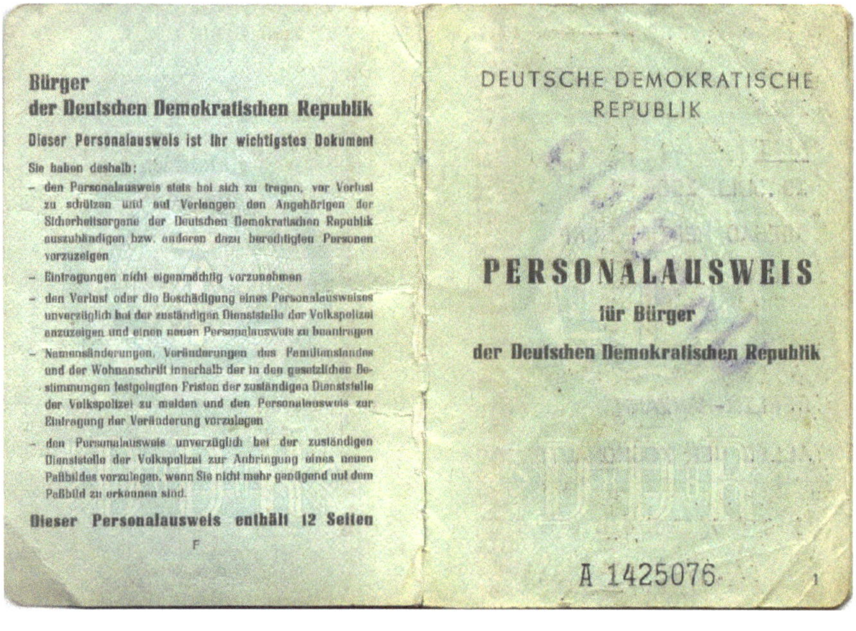

Abbildung 156: Personalausweis der DDR, S. 1

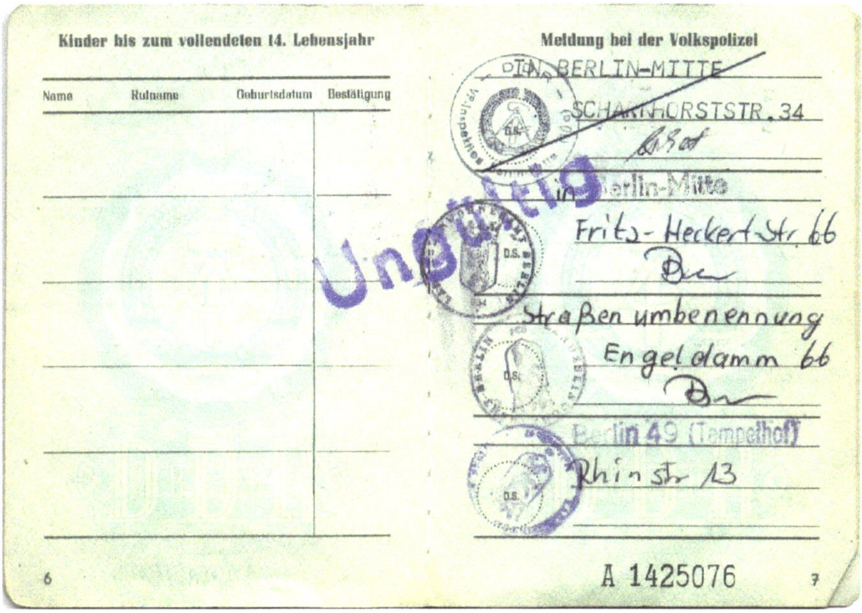

Abbildung 157: Personalausweis der DDR, S. 6 / S. 7

In den Personalausweis wurde nach der „Ersten Durchführungsbestimmung“[158] von 1953 auch der Beruf des Personalausweisinhabers eingetragen oder aber der Hinweis „ohne erlernten Beruf“. Mit der „Zweiten Durchführungsbestimmung“[159] von 1954 wurde das Verlassen der DDR konkreter geregelt. Der Personalausweis war wie bisher bei der Polizeidienststelle abzugeben, und man erhielt einen Reiseausweis. In der DDR lebende Ausländer erhielten im Tausch gegen ihre Aufenthaltserlaubnis einen Fremdenreiseausweis. Außerdem wurden sogenannte Sammellisten für gemeinschaftliche Reisen eingeführt. Bei gemeinschaftlichen Reisen waren die Personalausweise nicht abzugeben sondern mitzuführen. Die Verordnung wurde zweimal geändert: 1955 wurde die maximale Gültigkeit der Personalausweise von zwei auf zehn Jahre erhöht, und seit 1961 wurden auch Personalausweise an ausländische Bürger der DDR ausgegeben. Die Verordnung wurde schließlich am 23. September 1963 durch eine neue Verordnung[160] aufgehoben, welche durch den Mauerbau (13. August 1961) und die allgemeine politische Lage des kalten Krieges erforderlich geworden war. Wie schon in der Fassung der Verordnung von 1961 war es den Bürgern der DDR verboten, Personaldokumente Westberlins oder Westdeutschlands zu besitzen. Mit der neuen Verordnung wurde jedoch der Besitz von Personaldokumenten anderer Staaten zugelassen. Ihr Besitz war allerdings den Polizeidienststellen anzuzeigen. Auch fehlten in der Verordnung – nachvollziehbar – die Regelungen zur Abgabe der Personalausweise, falls man die DDR zeitweise verlassen wollte. Es war in diesem Zusammenhang lediglich eine Klausel verblieben, die es der Volkspolizei und den Grenzkontrollorganen ermöglichte, bei Reisen zum zeitweisen Verlassen der DDR die Personalausweise einzuziehen. Die Umformulierung lässt erkennen, wer von nun an über das Verlassen des Territoriums der DDR entschied. Jedenfalls nicht mehr die Bürgerinnen und Bürger.

Die Verordnung wurde in den Jahren 1968, 1974 und 1978 geändert und durch den Einigungsvertrag[161] vom 31. August 1990 faktisch aufgehoben.

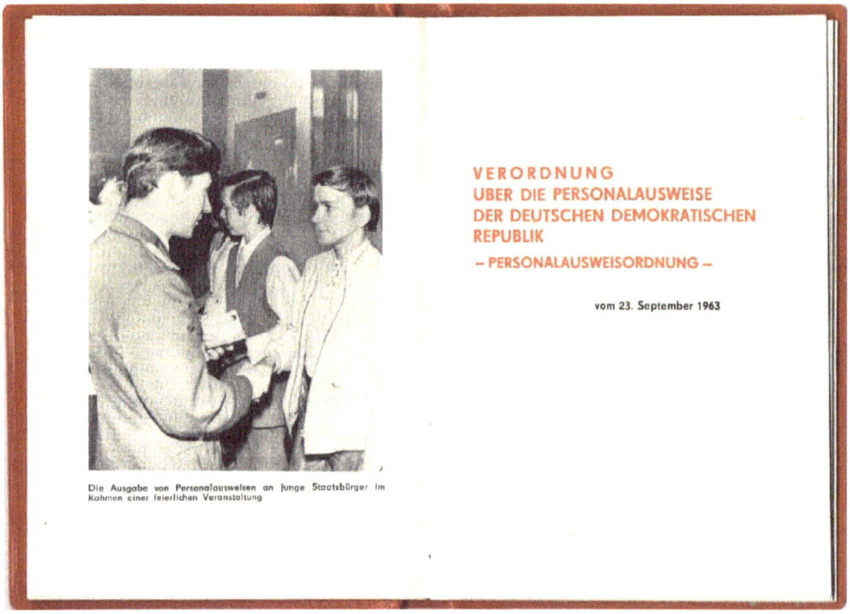

Abbildung 158: „Ausgabe von Personalausweisen an junge Staatsbürger im Rahmen einer feierlichen Veranstaltung“[162]

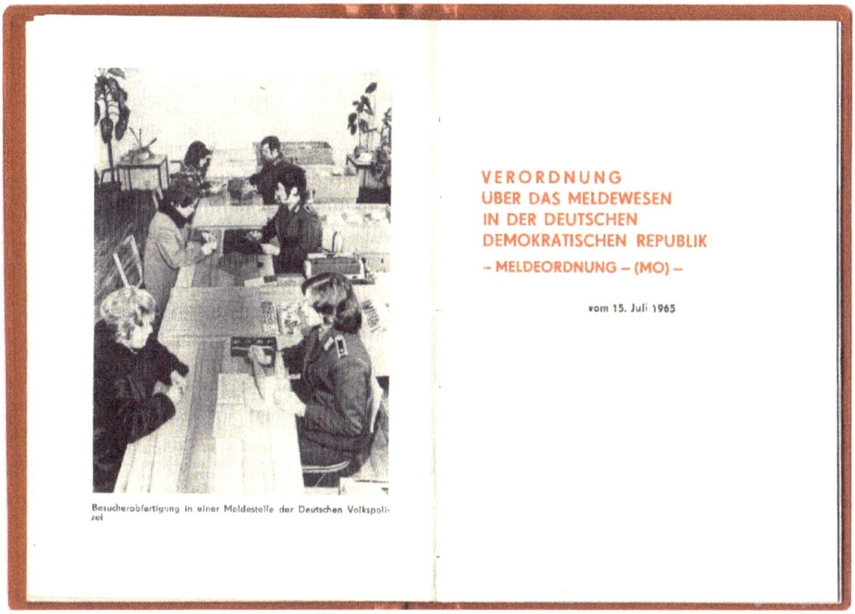

Abbildung 159: „Besucherabfertigung in einer Meldestelle der Deutschen Volkspolizei“[163]

Etwa ein Jahr nach der Einführung der Personalausweise wurde mit dem Paß-Gesetz der Deutschen Demokratischen Republik vom 15. September 1954[164] auch die Passsouveränität wieder hergestellt. Das Passgesetz von 1867 wurde außer Kraft gesetzt, ebenso die darauf basierenden Bestimmungen der Weimarer Republik und des Nationalsozialismus. Die Zweite Durchführungsbestimmung zur Verordnung über die Ausgabe von Personalausweisen wurde durch die Regelungen des Passgesetzes obsolet. Das Gesetz regelte die Passpflicht für Bürger der DDR beim Grenzübertritt, sowie für Ausländer die Passpflicht auch für den Aufenthalt – insoweit also analog zu den westdeutschen Bestimmungen. Die eingeführte Visumpflicht beim Grenzübertritt galt aber für alle Reisenden, also auch für DDR-Bürger.

Entscheidend für die langjährigen Reiseerschwernisse der eigenen Bürgerinnen und Bürger ist aber § 8 des Gesetzes. Wer das Land verlassen wollte, benötigte dazu eine explizite Genehmigung. Wer ohne diese Genehmigung das Land verließ wurde mit Gefängnis bis zu drei Jahren bestraft. Auch der Versuch war strafbar. Zunächst war man offensichtlich der Auffassung, eine derartige Drohung würde die Bürger von der Republikflucht abhalten. Wie wir heute wissen, war dem nicht so. 1957[165] wurde diese Regelung daher angepasst. Zum einen waren jetzt auch Geldstrafen vorgesehen, zum anderen wurde auch die Vorbereitung (der Republikflucht) strafbar. Im Jahr 1968 wurde das Gesetz hinsichtlich der Ordnungswidrigkeiten und

Ordnungsstrafen angepasst und schließlich am 28. Juni 1979 durch ein neues Passgesetz[166] ersetzt.

Dieses – letzte – Passgesetz der DDR erleichterte die Einreise für DDR-Bürger, da deren Visumpflicht aufgehoben wurde. Die Ausreise blieb jedoch mit Ausnahme für einige Länder des Ostblocks visumpflichtig. Erst mit der Öffnung der Grenzen von Ungarn nach Österreich am 11. September 1989 sah man sich auf DDR Seite wieder zum Handeln gezwungen und führte die Visumpflicht zunächst für Ungarn, später auch für die Tschechoslowakei ein. Die Tschechoslowakei hatte ihre Grenzen Anfang November 1989 geöffnet. Man erinnert sich natürlich an die Bilder, die Ende 1989 um die Welt gingen, als Bürger der DDR ihre Urlaubsreisen in befreundete Ostblockstaaten dazu nutzten, in den Westen zu fliehen. Die Mauer fiel in der Folge der Ereignisse in der Nacht vom 9. auf den 10. November 1989. Die DDR Regierung änderte daraufhin zwischen Januar und Juni 1990 dreimal das Passgesetz, wobei mit dem Gesetz vom 31. Mai 1990[167] die freie Ausreise nach Westberlin und in die Bundesrepublik mit Wirkung zum 1. Juni 1990 nicht nur weiter vereinfacht, sondern vor allem auch deutlich dokumentiert wurde:

> *"§ 1. Bürger der Deutschen Demokratischen Republik können Reisen nach der Bundesrepublik Deutschland und Berlin (West) mit dem Personalausweis oder Reisepaß für Bürger der Deutschen Demokratischen Republik durchführen."*

Wie schon das Personalausweisgesetz wurde auch das Passgesetz durch den Einigungsvertrag vom 31. August 1990 aufgehoben.

Abbildung 160: Reisepass der DDR, hellblau

Abbildung 161: Reisepass der DDR, S. 1, hellblau

Abbildung 162: Reisepass der DDR, dunkelblau

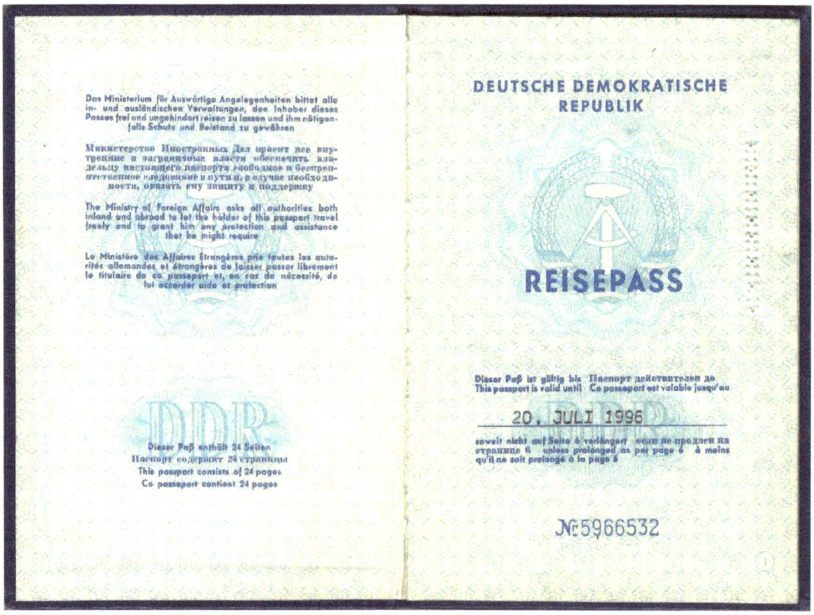

Abbildung 163: Reisepass der DDR, S. 1 dunkelblau

3.3 Sonderstatus Berlin

Mit 4,3 Millionen Einwohnern war Berlin 1939 eine der größten Industriestädte Europas gewesen. Nach dem Krieg lebten dort nur noch 3,2 Millionen Menschen. Berlin war größtenteils zerstört und in vier Sektoren aufgeteilt worden. Die gemeinsame Verwaltung der Stadt oblag der Alliierten Kommandantur Berlin, die dem Kontrollrat unmittelbar unterstellt war. Bis zur Gründung der DDR im Oktober 1949 sprach man von der Stadt als Groß-Berlin. Danach wurde die sowjetisch besetzte Zone Berlins als „Ost-Berlin" durch die sowjetischen Besatzer an die DDR übertragen. Die drei verbliebenen Sektoren wurden als „West-Berlin" bzw. „Berlin (West)" – im Osten jedoch „Westberlin" – bezeichnet. Ein politischer Zusammenschluss mit der Bundesrepublik erfolgte bis zur Wiedervereinigung in 1990 nicht. Zwar akzeptierten die drei Westmächte mit der *Verfassung für Berlin (West) vom 1. Oktober 1950* Berlin als zum Territorium der Bundesrepublik zugehörig, der Status Berlins als eigene politische Einheit blieb jedoch unverändert. Im Viermächte-Abkommen[168] (1971) wurde festgehalten, dass „diese Sektoren so wie bisher kein Bestandteil der Bundesrepublik Deutschland sind und auch weiterhin nicht von ihr regiert werden". Die Organe der Bundesrepublik hatten also weiterhin keine unmittelbare Staatsgewalt in Berlin und die Abgeordneten West-Berlins kein Stimmrecht im Bundestag. Aufgrund des Sonderstatus Berlins war auch die Gesetzgebung der Bundesrepublik für Berlin nicht bindend. Gesetze mussten erst vom Berliner Abgeordnetenhaus übernommen und von den Westalliierten genehmigt werden.

Die Berlin spezifischen Regelungen im Pass- und Ausweisrecht hatten ihren Anfang mit der „Order der Alliierten Kommandantura Berlin BK/O (46) 61 vom 24. Januar 1946"[169]. Diese war bis zur Wiedervereinigung die maßgebende Rechtsgrundlage und wurde mehrmals, zuletzt 1987, geändert.

Mit dieser Order wurde die Herausgabe provisorischer Identitätskarten für Berlin sowie die Registrierung der Berliner Bevölkerung geregelt. Der Originaltext der Order war in der Fassung von 1946 nicht ermittelbar. Die Anordnung der Alliierten Kommandatura Berlins durch den Vorsitzenden Stabschef, R. U. Ruw, in einem einseitigen Schreiben vom 28. Januar 1946 an den Oberbürgermeister der Stadt Berlin liegt jedoch vor.[170] Danach hatte der Oberbürgermeister den Polizeipräsidenten anzuweisen, zum einen „eine Registrierung aller in Berlin anwesenden Zivilisten jeder Nationalität (ausgenommen Angehörige der Besatzungsbehörden) durchzuführen". Zum anderen hatten sich die so bezeichneten Zivilisten „bei der Polizei des Bezirks, in dem sie wohnen, registrieren zu lassen". Ihnen waren „behelfsmäßige Personalausweise laut beiliegendem Muster auszugeben".

Das Schreiben machte zudem Vorgaben zur Erfassung des Fingerabdrucks des Zeigefingers der rechten Hand und ordnete die Anbringung eines Vermerks „Nicht nachgewiesen" auf dem Personalausweis an, wenn keine ordnungsgemäßen Papiere zur Identifikation vorgezeigt werden konnten. Dies war in Anbetracht der Situation im zerstörten Berlin nämlich keine Seltenheit. Die Personalausweispflicht in Berlin bestand ab einem Alter von 15 Jahren. Kinder waren im Personalausweis der Eltern einzutragen. Ausländer hatten sich in der zweiten Abteilung in der Ausländer-Abteilung des Polizeipräsidiums registrieren zu lassen.

Der Polizeipräsident hatte nach Zugang der Anordnung 45 Tage Zeit, dieser Folge zu leisten. Für eine Millionenstadt war dies sicherlich kein leichtes Unterfangen. Die Veröffentlichung der dazu erforderlichen Maßnahmen erfolgte am 13. Februar 1946 im Verordnungsblatt der Stadt Berlin.[171]

Mit dem Personalausweisänderungsgesetz vom 25. Dezember 1954[172] wurden die Berliner behelfsmäßigen Personalausweise zu gleichwertigen Personalausweisen der Bundesrepublik Deutschland erklärt und dienten den Berlinern damit auch als Ausweisdokument im ganzen Bundesgebiet. In Folge der Änderung des Musters des Personalausweises für das Bundesgebiet zum 1. April 1960 wurde auch das Muster für Berlin geändert und als achtseitiges – jedoch grünes – Büchlein herausgegeben. Aufgrund der eigenen Gesetzgebungskompetenz des Landes Berlin waren in den bundesrechtlichen Bestimmungen jedoch keine Rechtsfolgen für Berlin enthalten. Hier musste das Berliner Abgeordnetenhaus von sich aus aktiv werden.

Für das Passrecht war das anders. Verfassungsrechtlich lag (und liegt heute immer noch) die ausschließliche Gesetzgebungskompetenz beim Bund. Während passrechtliche Bestimmungen in den übrigen Bundesländern unmittelbar galten, mussten diese einerseits aufgrund der generellen Bundeskompetenz und anderseits aufgrund des besonderen Status Berlins auf das Land Berlin formal übertragen werden. Nach § 13 Absatz 1 des Dritten Überleitungsgesetzes[173] war Bundesrecht, das für den übrigen Geltungsbereich des Grundgesetzes gleichzeitig gelten sollte (also zum Beispiel das Passrecht, nicht jedoch das Personalausweisrecht), im Land Berlin innerhalb eines Monats nach seiner Verkündung gemäß Artikel 87 Absatz 2 der Berliner Verfassung auch dort in Kraft zu setzen. Das entsprechende Bundesrecht musste dazu eine entsprechende Berlin-Klausel mit dem Hinweis auf die Geltung in Berlin beinhalten. Während das Passgesetz von 1952 noch lediglich an einzelnen Stellen einen solchen Hinweis enthielt, beinhalteten die passrechtlichen Vorschriften seitdem den formalen Hinweis: „Dieses Gesetz gilt nach Maßgabe des § 13 Abs. 1 des Dritten Überleitungsgesetzes vom 4. Januar 1952 (Bundesgesetzbl. I, S. 1) auch im Land Berlin."

Reisepässe für West-Berliner wurden auf dieser Grundlage durch eine Außenstelle des Bundesministeriums des Innern in Berlin-Lichtenberg ausgestellt (vgl. Abbildung 171). Das Muster entsprach dem des Bundes.

Mit der BK/O (87) 1 vom 1. April 1987 wurde die BK/O (46) 61 (siehe oben) schließlich so geändert, dass die Einführung der maschinenlesbaren Personalausweise (vgl. nachfolgendes Kapitel) auch in Berlin übernommen werden konnte. Schließlich wurde die Durchführungsverordnung zur BK/O (46) 1 und damit faktisch auch die BK/O selbst durch das Berliner Landespersonalausweisgesetz vom 1. November 1990 mit Wirkung zum 11. November 1990 außer Kraft gesetzt. Damit gab es nach der Wiedervereinigung zwar noch kein einheitliches Personalausweisrecht in Deutschland, die Gesetzgebungskompetenz lag nämlich bis zum 31. August 2006 nach wie vor bei den Bundesländern, dieses unterlag aber jedenfalls nicht mehr den besatzungsrechtlichen Regelungen.

Das Bundesgesetz zur Einführung der maschinenlesbaren Reisepässe (vgl. nachfolgendes Kapitel) wurde in Berlin hingegen durch das Übernahmegesetz vom 5. Mai 1986[174] übernommen.

Abbildung 164: Berliner Behelfsmäßiger Personalausweis für Deutsche, 1946

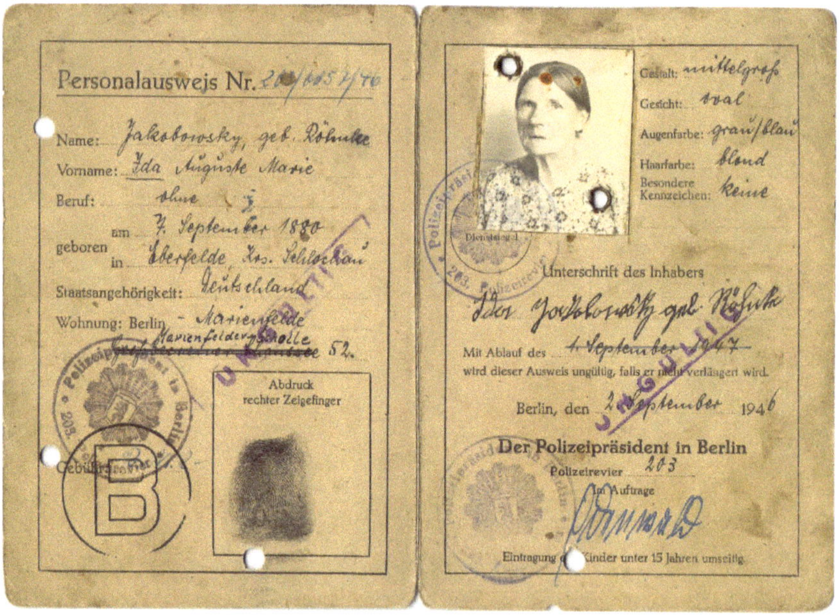

Abbildung 165: Berliner Behelfsmäßiger Personalausweis für Deutsche, 1946, innen

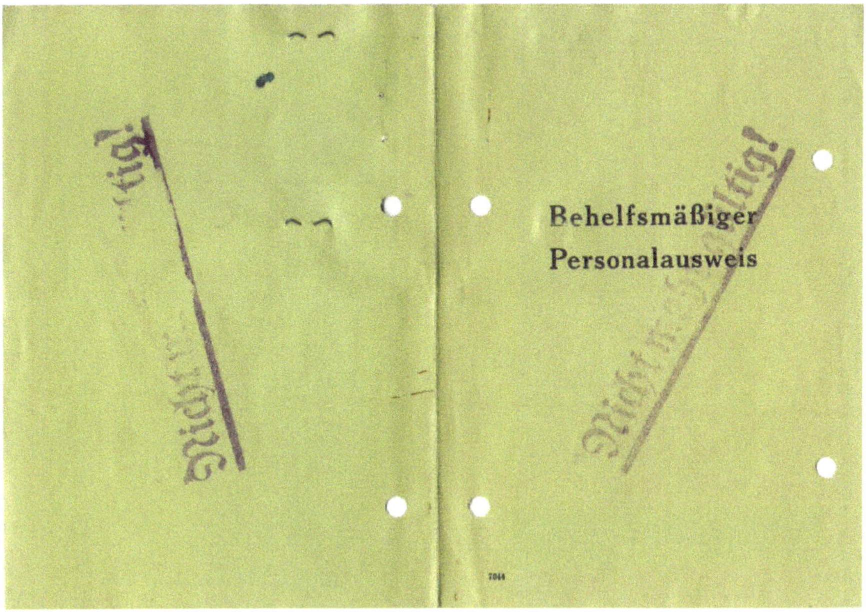
Behelfsmäßiger
Personalausweis

Abbildung 166: *Berliner Behelfsmäßiger Personalausweis für Ausländer, 1945*

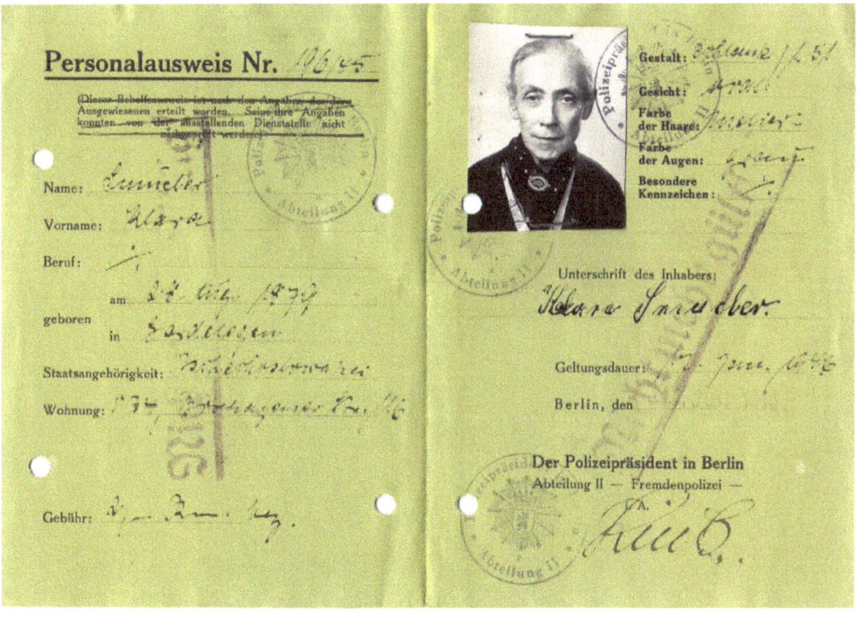
Personalausweis Nr.

(Dieser Behelfsausweis ist nach den Angaben des/der Ausgewiesenen erteilt worden. Seine/ihre Angaben konnten von der ausstellenden Dienststelle nicht nachgeprüft werden.)

Name:
Vorname:
Beruf:
geboren am
in
Staatsangehörigkeit:
Wohnung:
Gebühr:

Gestalt:
Gesicht:
Farbe der Haare:
Farbe der Augen:
Besondere Kennzeichen:

Unterschrift des Inhabers:

Geltungsdauer:
Berlin, den

Der Polizeipräsident in Berlin
Abteilung II — Fremdenpolizei —
I. A.

Abbildung 167: *Berliner Behelfsmäßiger Personalausweis für Ausländer, 1945, innen*

*Abbildung 168: Berliner Behelfsmäßiger Personalausweis, Muster, 195_*

Abbildung 169: Berliner Behelfsmäßiger Personalausweis, Muster, grün

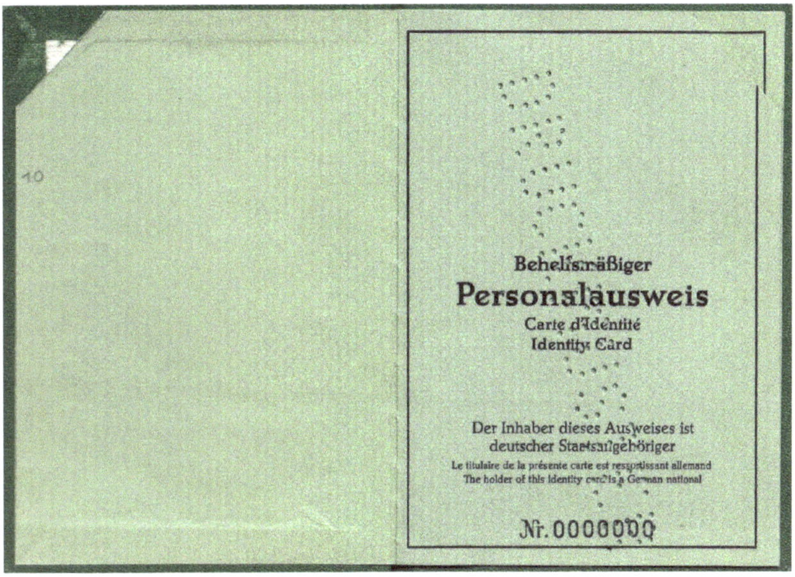

Abbildung 170: Berliner Behelfsmäßiger Personalausweis, Muster, grün, S. 1

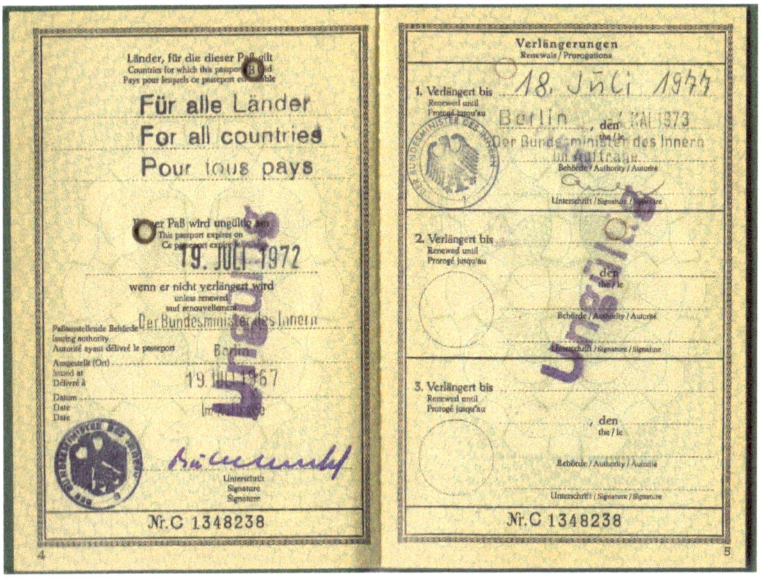

Abbildung 171: Reisepass der Bundesrepublik Deutschland ausgestellt durch BMI in Berlin-Lichtenberg, S. 4 – S. 5

4 Pass- und Ausweisrecht von 1987 bis heute

Die klassischen Regelungen wie sie seit 1952 Bestandteil des Pass- und Ausweisrechts sind, also zur Passpflicht, zu den bei der Antragstellung zu erbringenden Nachweisen, zu den Erteilungsvoraussetzungen, zu den Sichtvermerken, zu Passersatzpapieren, bestehen in den wesentlichen Grundzügen bis heute fort und werden hier nicht weiter behandelt. Neu sind hingegen die Möglichkeiten der Informationstechnik und die Aspekte des Datenschutzes. Sie sollen im Folgenden im Vordergrund stehen.

Schon mit dem Gesetz zur Änderung des Personalausweisgesetzes vom 6. März 1980[175] wurde ein Datenschutzparagraph in das Personalausweisrecht übernommen, nach dem Fingerabdrücke nicht mehr aufgenommen und die Seriennummer als auch der Personalausweis selbst nicht zum automatischen Zugriff auf weitere Dateien verwendet werden durften[176]. Dies war neu und trug unserer gesellschaftlichen Entwicklung im Hinblick auf eine immer stärker um sich greifende Automatisierung Rechnung. In den 80er Jahren sprach man zwar noch nicht von *Informationsgesellschaft*, erste Schritte dorthin waren aber erkennbar, als 1982 aus dem eher militärischen Forschungszwecken dienenden Arpanet das Internet entstand.

Bereits im Jahr 1968 hatte die internationale zivile Luftfahrtbehörde ICAO (International Civil Aviation Organisation), eine Unterorganisation der Vereinten Nationen, erkannt, dass die Zukunft hoheitlicher Identifizierungsdokumente in ihrer Maschinenlesbarkeit liegt. Dabei dachte man zunächst nicht an Prozessorchips in den Dokumenten. Vielmehr ging es darum, Reisepässe durch einen normierten Bereich mithilfe eines Scanners automatisiert lesen zu können. Es dauerte aber immerhin bis 1980 bis die ICAO die erste Spezifikation dazu erarbeitet hatte: „ICAO Doc 9303 – A Passport with Machine Readable Capability", oder kurz: „Der maschinenlesbare Reisepass".

Der normierte Bereich wurde als ein zweizeiliger Code festgelegt, „Maschinenlesbare Zone" genannt und MRZ abgekürzt, nach der englischen Bezeichnung „Maschine Readable Zone". Dort sind Nachname, Vornamen, Seriennummer, Geburtsdatum, das Ende der Gültigkeit sowie Prüfziffern enthalten.

Abbildung 172: Maschinenlesbare Zone eines Reisepasses ab 1988

4.1 Einführung maschinenlesbarer Dokumente in 1987/1988

Was sich zunächst unscheinbar anhörte, nämlich die „Einführung der maschinenlesbaren Zone“, entwickelte sich in den 80er Jahren zum politischen Dauerbrenner. Am 22. Juni 1978 beschlossen die Innenminister des Bundes und der Länder vor allem zur Erhöhung der Fälschungssicherheit verbesserte Personalausweise einzuführen. Die Abbildungen 173 und 174 zeigen einen verfälschten Personalausweis aus dem Jahr 1983, bei dem man die Lichtbildauswechslung anhand des versetzten Siegelabdrucks unter dem Mikroskop erkennen kann. Mit dem bloßen Auge war dies nicht zu sehen.

Die Fälschungssicherheit sollte unter anderem durch die Maschinenlesbarkeit verbessert werden. Der deutsche Bundestag entschied daraufhin am 17. Januar 1980 ohne Gegenstimmen bei zwei Enthaltungen, den neuen Personalausweis zum 1. Oktober 1981 einzuführen. Dieser sollte das bis dahin gültige graue Personalausweisbuch durch eine Plastikkarte mit maschinenlesbarer Zone ablösen. Das schon erwähnte Änderungsgesetz vom 6. März 1980 regelte dabei erstmals die abschließende Aufzählung der zulässigen Datenfelder bereits durch Gesetz anstatt auf Verordnungsebene. Neben der Einführung einer eindeutigen *Seriennummer*, wurden *Ordens- und Künstlernamen* aufgenommen, ebenso wie die biometrischen Merkmale *Größe*, *Augenfarbe* und *unveränderliche Merkmale* (z. B. Narben). Die Datenschutzklausel (§ 3) wurde bereits erwähnt. Gleichzeitig sollte der Personalausweis nunmehr auch als Standardidentifizierungsinstrument für den privaten Rechts- und Geschäftsverkehr etabliert werden.

Doch das Projekt ließ sich nicht umsetzen. Die Einführung des neuen Dokumentes war aufgrund der Gebührenfreiheit nicht finanzierbar und scheiterte. Der Bundestag musste erneut befasst werden und legte den Einführungstermin nunmehr auf den 1. November 1984 fest. Auch dies gelang nicht. Diesmal lag es nicht an der Finanzierbarkeit, da man mit der Einführung inzwischen eine von den Bürgerinnen und Bürgern zu entrichtenden Gebühr von 10,- DM vorgesehen hatte. Vielmehr wurde die Einführung schlichtweg aufgehoben, da man im Nachgang zum so genannten Volkszählungsurteil vom 15. Dezember 1983 datenschutzrechtliche Bedenken vor allem wegen der MRZ hatte. Das Personalausweisgesetz wurde daraufhin durch eine Vielzahl datenschutzrechtlicher Regelungen ergänzt und die Einführung schließlich auf den 1. April 1987 festgelegt. Dieser Termin konnte schließlich gehalten werden.

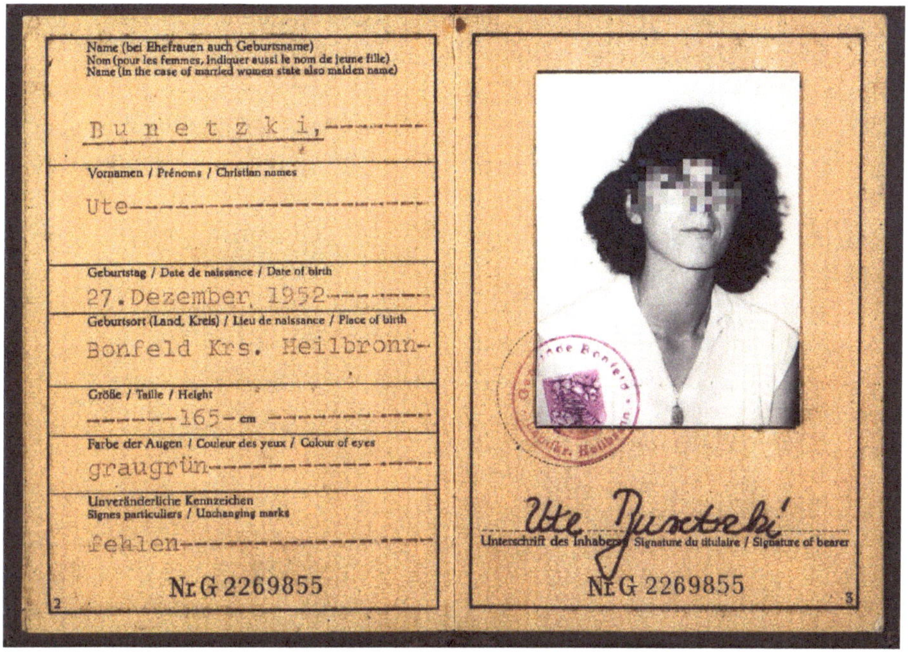

Abbildung 173: Gefälschter Personalausweis, 1983

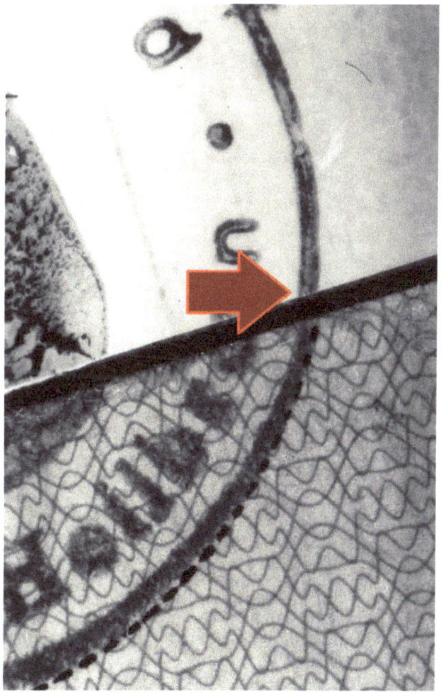

Abbildung 174: Gefälschter Personalausweis, 1983, Siegelabdruck

Inzwischen hatten die EG-Mitgliedstaaten in Brüssel beschlossen (23. Juni 1981), einen Europapass einzuführen, der auch eine maschinenlesbare Zone enthalten konnte. Die MRZ war jedoch keine Pflicht. Auch sollten sich die Mitgliedstaaten nur „bemühen“, den Pass mit einem bordeaux-violetten Einband und der möglichen MRZ bis zum 1. Januar 1985 einzuführen. Offensichtlich war man in Brüssel aufgrund der ersten Erfahrungen in Deutschland vorsichtig geworden. Der Wunschtermin aus Brüssel konnte jedenfalls für den deutschen Reisepass auch nicht gehalten werden, da die gleichen Probleme diskutiert wurden, wie schon beim Personalausweis. Dennoch waren Deutschland und Großbritannien die ersten europäischen Staaten, die die Vorgaben erfolgreich umsetzen konnten. Schon wenige Monate nach dem Personalausweis wurde der maschinenlesbare Europapass in Deutschland am 1. Januar 1988 eingeführt. Die Sicherheitseigenschaften des neuen deutschen Reisepasses galten dabei international als vorbildlich.

Abbildung 175: Personalausweismuster 1987

Wie wir noch sehen werden, sollte Deutschland seine weltweit führende Position bei der Dokumentensicherheit sogar noch weiter ausbauen können.

Bisher konnte das jeweilige Muster des Reisepasses durch eine Verwaltungsvorschrift des Bundesinnenministers erlassen werden (vgl. Kapitel 3.1). Jetzt war jedoch durch das „Paßgesetz und Gesetz zur Änderung der Strafprozeßordnung" vom 19. April 1986[177] festgelegt worden, dass das Muster nach Befassung des Bundesrates durch eine Verordnung des Bundesministers des Innern im Benehmen mit dem Auswärtigen Amt zu bestimmen sei. Auch die Muster für Dienstpässe, Diplomatenpässe und Ministerialpässe sollten durch die Rechtsverordnung festgelegt werden.

Abbildung 176: Muster eines Bordeaux farbenen Reisepasses, 1988

Abbildung 177: Muster eines Dienstpasses, 1988

Abbildung 178: Muster eines Diplomatenpasses, 1988

Abbildung 179: Muster eines Ministerialpasses, 1988

Kommen wir noch einmal zurück auf die geführte Datenschutzdiskussion. Da die Daten der MRZ standardisiert sind, lassen sie sich durch einen handelsüblichen Scanner sehr einfach einlesen, sind also maschinenlesbar. Das „Problem“ liegt in der Weiterverarbeitbarkeit dieser Daten. Mit der eingelesenen Seriennummer kann man etwa in einer Datenbank nach weiteren persönlichen Daten suchen. Während ein solcher Suchvorgang bei der Grenzkontrolle nachvollziehbar und legitim ist, um festzustellen, ob es sich vielleicht um ein gestohlenes oder verlorenes Dokument handelt, muss ausgeschlossen werden, dass Unbefugte anhand der Seriennummer oder mittels Name und Geburtsdatum Zugriff auf Bankdaten, Reise-Buchungsdaten oder Ähnliches erhalten können. Im Zusammenhang mit der Datenschutzdiskussion in Folge des Volkszählungsurteils aus 1983 hatte der Gesetzgeber daher den automatisierten Abruf weiteren Daten mit dem Personalausweis verboten. Die MRZ sollte lediglich die Kontrolle des Dokumentes und des Reisenden durch dazu berechtigte Personen und Behörden erleichtern. Eine private und kommerzielle Nutzung der MRZ zum Datenabruf oder –abgleich war nicht zulässig und rechtlich ausgeschlossen. Für den Pass galt dies gleichermaßen. Dies ist für beide Dokumente heute immer noch so.

4.2 Der elektronische Reisepass ab 2005

Alles begann mit den verheerenden Anschlägen in den USA am 11. September 2001. Weltweit sahen sich die Sicherheitspolitiker in der Verantwortung, neue und bessere Maßnahmen zur Terrorismusabwehr anzugehen. Eine dieser Maßnahmen bestand darin, die Missbrauchs- und Fälschungssicherheit von Reise- und Identitätsdokumenten wie schon 1987 zu verbessern.

Ausgangspunkt für diese Überlegungen war die Nutzung gefälschter Dokumente durch die Attentäter. Der damalige Bundesinnenminister Otto Schily führte in seiner Pressekonferenz am 1. Juni 2005 zur Ankündigung der Einführung des Elektronischen Reisepasses aus: *„Terroristen haben sich diese Sicherheitslücken zunutze gemacht: Der 21. Attentäter des 11. September 2001 ist mit einem gefälschten französischen Pass eingereist. Und das ist kein Einzelfall. Bei einer Razzia in fünf Bundesländern am 12. Januar dieses Jahres wurde ein islamistisches Netzwerk aufgedeckt: Neben Schriftgut, das zum Kampf gegen die Ungläubigen aufruft, fand man zwei inhaltlich gefälschte europäische Pässe und 20 Totalfälschungen, vor allem nach französischem und belgischem Muster.“*[178]

Doch der Reihe nach: Unmittelbar in Folge des 11. Septembers beschloss der Deutsche Bundestag in seinem Gesetz vom 9. Januar 2002 rückwirkend zum 1. Januar 2002 das Gesetz zur Bekämpfung des internationalen Terrorismus[179]. Damit wurde auch das bestehende Passgesetz um die folgenden Ausführungen erweitert: *„Der Pass darf neben dem Lichtbild und der Unterschrift weitere biometrische Merkmale von Fingern oder Händen oder Gesicht des Passinhabers enthalten. Das Lichtbild, die Unterschrift und die weiteren biometrischen Merkmale dürfen auch in mit Sicherheitsverfahren verschlüsselter Form in den Pass eingebracht werden. Auch die in Absatz 1 Satz 2 aufgeführten Angaben über die Person dürfen in mit Sicherheitsverfahren verschlüsselter Form in den Pass eingebracht werden.“* und *„Die Arten der biometrischen Merkmale, ihre Einzelheiten und die Einbringung von Merkmalen und Angaben in verschlüsselter Form nach Absatz 3 sowie die Art ihrer Speicherung, ihrer sonstigen Verarbeitung und ihrer Nutzung werden durch Bundesgesetz geregelt. Eine bundesweite Datei wird nicht eingerichtet."*

Abbildung 180: Muster eines ePass' mit alphanumerischer Seriennummer, 2007

Die Vereinten Nationen sahen sich veranlasst, das ICAO Dokument 9303 um eine Spezifikation zur *Integration von Prozessorchips in Personaldokumente* zu erweitern, um die Missbrauchs- und Fälschungssicherheit der Reisepässe weiter zu verbessern. Die Spezifikation wurde 2004 verabschiedet. Auch Brüssel reagierte: Am 13. Dezember 2004 beschloss der Rat der Europäischen Union die Pässe der Mitgliedsstaaten mit maschinenlesbaren biometrischen Daten des Inhabers auszustatten.[180] Am 22. Juni 2005 billigte das Bundeskabinett daraufhin die Einführung eines solchen Reisepasses. Ein Gesetz war wegen der unmittelbar geltenden EG Verordnung für die sogenannte *Erste Phase der elektronischen Reisepässe* (auch ePässe genannt) mit einem im Chip gespeicherten biometrischen Lichtbild nicht erforderlich. Erst die Einführung der Fingerabdrücke (Zweite Phase) in die deutschen Pässe zum 1. November 2007 machte eine erneute Befassung des Parlaments erforderlich, welches auch dieser Neuerung schließlich am 24. Mai 2007 zustimmte.

Doch mit dem Gesetz allein war es nicht getan. Die neuen Pässe sollten schließlich einen Prozessorchip enthalten. Die Bundesdruckerei wurde vom Innenministerium mit der Produktion beauftragt. Die sogenannte „Passstraße“ musste dazu unter anderem um eine weitere Maschine ergänzt werden, mit der die personenbezogenen Daten im Chip gespeichert werden können. Der Chip wird kontaktlos und mit einer Antenne im vorderen Pappdeckel eingebracht (vgl. Abbildung 181). Man kann ihn also nicht sehen. Angesprochen wird er über Funk mit speziellen Lesegeräten. Das funktioniert nur bis zu einer Entfernung von wenigen Zentimetern, wie das Bundesamt für Sicherheit in der Informationstechnik (BSI) mit Sitz in Bonn nachgewiesen hat.[181] Die Sorge, der Chip könne beispielsweise in einer Menschenmenge oder in der U-Bahn vom Nachbarn ausgelesen werden, wird zwar von einigen Kritikern immer wieder vorgetragen, ist aber danach unberechtigt.

Abbildung 181: Schichtengrafik eines ePass' mit sichtbarer Antenne und Chip

Bundesdruckerei

Am 6. Juli 1879 wurde aus der „Königlichen Geheimen Ober-Hofdruckerei von Decker" und der „Königlich-Preußischen Staatsdruckerei" die Reichsdruckerei gegründet.

Abbildung 182: Bundesdruckerei

Die Druckerei Georg Jakob Deckers war bereits 1763 gegründet worden und hatte von Friedrich dem Großen die Lizenz zum Drucken für den königlichen Hof erhalten. Am 1. Juli 1877 wurde die Druckerei für 6,78 Mio. Mark an das Reich verkauft. Die Staatsdruckerei Preußens wurde am 1. Juli 1852 auf dem Gelände der Hauptverwaltung der Staatschulden in der Berliner Oranienstr. 92 - 94 gegründet und am 18. Juni 1879 gegen eine Zahlung von 3,473 Mio. Mark Staatsbesitz.

Die Reichsdruckerei wurde nach dem Zweiten Weltkrieg am 1. Juni 1945 der Stadt Berlin als Staatsdruckerei Berlin zugewiesen und nur wenige Monate nach ihrer Konstituierung von der Bundesrepublik am 1. September 1949 übernommen. Sie wurde 1951 in Bundesdruckerei umbenannt und als nachgeordnete Behörde des Bundesfinanzministerium geführt.[182]

1994 wurde die Bundesdruckerei in eine GmbH umgewandelt, 2000 an einen privaten Investor (APAX Partners & Co.) veräußert und 2002 in eine eigens dafür gegründete Holding (Authentos GmbH) integriert. Aufgrund finanzieller Schwierigkeiten kaufte der Bund die Bundesdruckerei von der Authentos in 2009 für einen Euro zurück. Seit dem ist die Bundesdruckerei wieder zu 100% im Staatsbesitz und firmiert nach wie vor in der Oranienstraße in Berlin.

Damit die Daten im Chip des Reisepasses hinreichend geschützt sind, wurden zusätzlich mehrere Sicherheitsmechanismen im Betriebssystem des Chips implementiert. Diese wurden ebenfalls vom BSI entwickelt und sind inzwischen internationaler Standard:[183] [184]

1. Damit die Daten nicht unbemerkt verändert und als staatliche Daten erkannt werden können, sind alle Daten von der Bundesdruckerei elektronisch unterschrieben. Man spricht von einer „Elektronischen Signatur“.[185]
2. Außerdem sollen die Daten nur durch berechtigte Personen und Behörden gelesen werden können. Und schon gar nicht, ohne dass der Passinhaber dies merkt. Dazu wurde ein Zugangsschutz mit dem Namen „Basic Access Control“ (BAC) eingerichtet, der einen speziellen Zugangscode für den Zugriff auf die Daten im Chip verlangt und der sich aus der MRZ ableiten lässt. Um den Zugangscode komplizierter zu machen, wurde aus Sicherheitsgründen auch der Aufbau der Seriennummer geändert, die ja Bestandteil der MRZ ist. Bis dahin bestand diese Nummer lediglich aus Zahlen. Jetzt waren auch Buchstaben hinzugekommen. Lesegeräte müssen also zunächst die MRZ scannen, daraus den Zugangscode berechnen und können dann damit die Daten aus dem Chip lesen. [186]
3. Selbst das war den Verantwortlichen im Bundesinnenministerium für den Schutz der Fingerabdrücke noch zu wenig. Nur diejenigen Behörden, die laut Gesetz zur Identitätskontrolle berechtigt sind, sollen technisch überhaupt in der Lage sein, Zugang zu den Fingerabdrücken zu bekommen, egal ob der Zugangscode bekannt ist oder nicht. Hierzu verstärkte man den Zugangsschutz um die sogenannte „Extended Access Control“, für die man explizite Berechtigungen und geheime Schlüssel benötigt.[187]

Der Zugriff auf die Fingerabdrücke ist damit technisch ausgesprochen komplex und nur möglich, wenn man dazu tatsächlich berechtigt ist. Um etwa die Fingerabdrücke aus dem Pass in den Passbehörden anschauen zu können, musste die Bundesdruckerei eine aufwendige Infrastruktur in rund 5300 Behörden aufbauen und dazu spezielle Lesegeräte sowie geheime Zugriffschlüssel zur Verfügung stellen. Fragen Sie mal bei Gelegenheit in Ihrer Behörde nach, wie das funktioniert.

Abbildung 183: ICAO Logo für elektronische Reisepässe

Die auf dem Chip gespeicherten Daten ermöglichen den zur Identitätsfeststellung berechtigten Behörden, wie z.B. der Bundespolizei im Rahmen einer Grenzkontrolle, eine deutliche effektivere und sicherere Personenkontrolle. Die biometrischen Daten auf dem Chip, also das Lichtbild und die Fingerabdrücke, können dabei mit den „live“ erhobenen Merkmalen verglichen werden. Zum Beispiel wird bei der Grenzkontrolle mit einer Digitalkamera ein Foto des Reisenden aufgenommen und unabhängig davon das Bild aus dem Chip ausgelesen. Beide Bilder werden dann mithilfe eines Computers verglichen. Für diesen automatischen Vergleich der elektronischen Fotografien kommt eine speziell entwickelte Software zum Einsatz. Dieses Verfahren funktioniert analog auch für die Überprüfung der Fingerabdrücke. Es ist offensichtlich, dass die Nutzung biometrischer Daten die Bindung zwischen Ausweisinhaber und Dokument deutlich erhöht und damit die Identitätsprüfung verbessert. Der Vorteil liegt auf der Hand. Verlorengegangene Reisepässe können durch Dritte nicht missbraucht werden, selbst wenn sie versuchen mit Perücke und Schminke so auszusehen wie die Person auf dem Lichtbild. Spätestens bei der Überprüfung der Fingerabdrücke fliegt der Schwindel auf.

Dass ein Reisepass einen Chip enthält, erkennt man weltweit an dem auf dem Deckel aufgebrachten ICAO Logo für elektronische Reisedokumente.

4.3 Der Neue Personalausweis ab 2010

Nach Vorarbeiten, die bereits in 2003 begonnen hatten, legte das Bundesministerium des Innern in 2008 einen Gesetzesentwurf für einen Personalausweis in Chipkartenformat vor. Dieser „Neue Personalausweis“ sollte an die Sicherheitsfunktionen des elektronischen Reisepasses anknüpfen, also in einem Chip biometrische Daten enthalten, sowie – und das war neu – eine Identifizierung auch im Internet ermöglichen.

Die Biometriefunktion war jedoch über Monate Gegenstand politischer Auseinandersetzungen der Koalitionspartner der CDU/CSU auf der einen und der SPD auf der anderen Seite. Der Vorschlag des Bundesinnenministeriums, von der CDU/CSU gestützt, sah beim neuen Personalausweis grundsätzlich auch die Speicherung der Fingerabdrücke wie beim Reisepass vor. Das war aber mit der SPD nicht zu machen. Schließlich einigte man sich darauf, dass die Bürgerinnen und Bürger in jedem Fall selbst entscheiden können sollten, ob sie ihre Fingerabdrücke im Chip ihres Personalausweises speichern lassen oder nicht. Das Lichtbild hingegen sollte Pflicht und immer im Chip zu speichern sein.

Die Einführung des neuen Dokumentes wurde im Ergebnis der Einigung auf den 1. November 2010 festgelegt. Also erneut der 1. November! Wie schon beim elektronischen Reisepass in 2005 und auch in 2007.

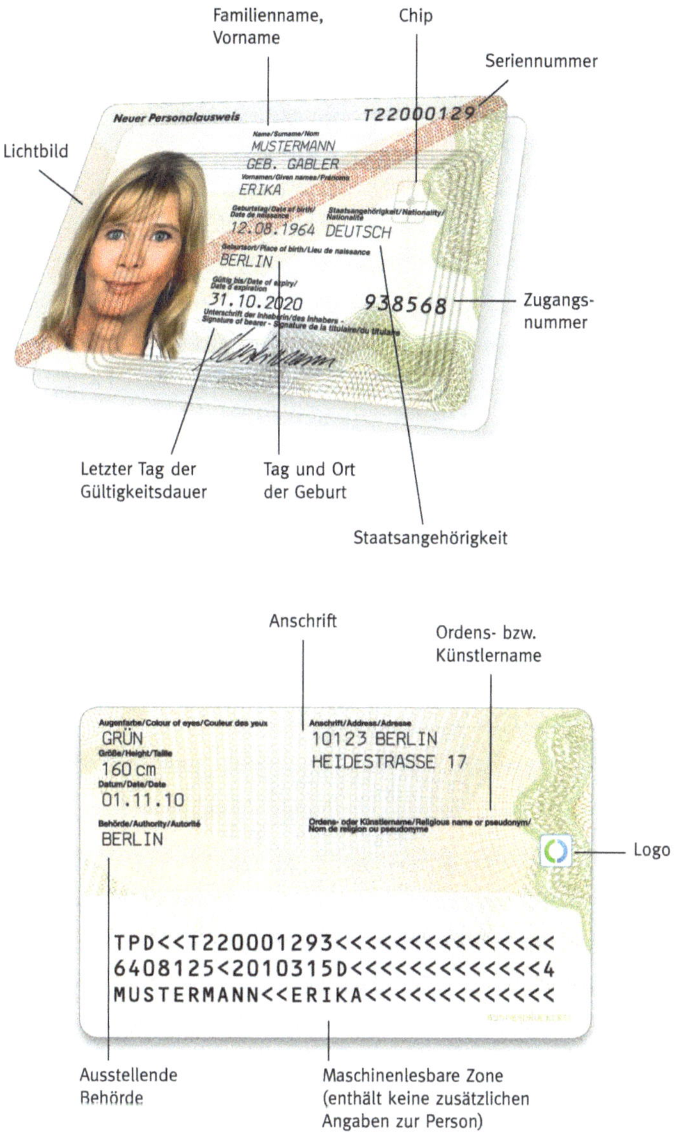

Abbildung 184: Schichtengrafik zum Neuen Personalausweis

Während die Online-Ausweisfunktion völlig neuartig war, wurde die Funktionsweise der Biometriefunktion analog zum Reisepass implementiert, wobei – wie schon gesagt – die Fingerabdrücke im Personalausweis freiwillig sind. Jenseits aller politischen Diskussion um die biometrischen Funktionen des neuen Ausweises[188] sollte dieser aber vor allem mehr Sicherheit für die Kommunikation in den neuen Medien leisten. Ein Argument für die Einführung des Dokumentes war etwa, den

Identitätsmissbrauch, zum Beispiel das Ausspähen von Benutzernamen und Passwörtern („Phishing"), im Internet zukünftig besser verhindern zu können. Heute übliche Zugangsmechanismen stützen sich meist nur auf das „Wissen" einer Nummer (PIN) oder eines Passwortes. Ein physikalischer Gegenstand wie eine personalisierte Chipkarte, in dessen „Besitz" nur der Berechtigte selbst ist, kommt meist nicht zum Einsatz. Phishing-Angriffe zielen aber immer nur auf das „geheime Wissen" und nicht auf den „Besitz" eines Gegenstandes. Sie gehen also beim neuen Personalausweis ins Leere.

Der neue Personalausweis ist dabei weit mehr als ein reines Identifizierungsdokument. Es handelt sich um ein hochgradig komplexes Gesamtsystem mit zahlreichen neuen Nutzungsmöglichkeiten.[189] [190] Diese Nutzungsmöglichkeiten zielen vorwiegend auf Anwendungen im privaten Bereich und weniger auf den Identitätsnachweis gegenüber Behörden, da mittlerweile mehr und mehr Lebensbereiche in das Internet verlagert werden.

Möglich wird dies über die neue Online-Ausweisfunktion. Neben der schon erwähnten Biometriefunktion für den hoheitlichen Bereich wurde dazu der sogenannte „Elektronische Identitätsnachweis (kurz eID-Funktion)" im Chip realisiert. Dieser erlaubt erstmalig eine verlässliche und standardisierte Identifizierung bei der Kommunikation im Internet und ist damit für den elektronischen Rechts- und Geschäftsverkehr mit Unternehmen (E-Business) oder mit Behörden (E-Government) ein neues wichtiges Instrument. Optional bietet der neue Personalausweis aber noch eine weitere, dritte Funktion: nämlich die „Qualifizierte Elektronische Signatur". Analog zur herkömmlichen Unterschrift können damit Transaktionen oder Geschäfte, die die Schriftform erfordern, rechtsverbindlich durchgeführt werden. Also zum Beispiel der Abschluss eines Versicherungsvertrages. Die Qualifizierte Elektronische Signatur ersetzt dabei die herkömmliche Unterschrift.

Wie beim Reisepass ist der Chip kontaktlos und mit einer Antenne im Ausweis eingebracht (Abb. 184). Auch hier ist die Sorge, der Chip könne aus der Ferne unberechtigt ausgelesen werden – wie schon beim Reisepass – unberechtigt.

Die Funktionsweise der Online-Ausweisfunktion verdient eine etwas nähere Betrachtung:

Bei der Umsetzung dieser Funktion stand das Recht der Bürgerinnen und Bürger auf informationelle Selbstbestimmung im Vordergrund.[191] Der Ausweisinhaber soll zu jeder Zeit selbst darüber entscheiden können, wer auf die gespeicherten Daten im Chip überhaupt zugreifen kann. Betrachtet man die private Nutzung des Personalausweises in der echten Welt, so stellt man fest, dass die Identifizierung in der Regel immer gegenseitig erfolgt. Einerseits weist sich der Ausweisinhaber gegenüber einer anderen Person, z.B. gegenüber einem Geschäftspartner oder einem Behördenvertreter, mit dem für seine Person ausgestellten Dokument aus und weist damit nach, dass er tatsächlich derjenige ist, der er vorgibt zu sein. Dabei wird in der Regel die Echtheit des Dokuments z.B. durch Begutachtung der Sicherheitsmerkmale und die Übereinstimmung von Dokument und Person, z.B. an Hand des auf dem Ausweis aufgedruckten Bildes und der im Dokument aufgedruckten Personendaten, geprüft. Andererseits ist in der Regel auch dem Ausweisinhaber bekannt, wem gegenüber er gerade seine Identität nachweist. Im geschäftlichen oder behördlichen Umfeld betritt man etwa die Räumlichkeiten einer Institution und hat dadurch implizit Kenntnis über den Gesprächspartner. Es findet also, wie bereits beschrieben, eine gegenseitige Identifizierung statt. Diese Eigenschaft der „echten" Welt wird mit dem elektronischen Identitätsnachweis des neuen Personalausweises in die „virtuelle" Welt übertragen.

Während man sich in der realen Welt gegenübersteht und von Angesicht zu Angesicht identifiziert, müssen in der elektronischen Welt andere Mechanismen gefunden werden. Die Prüfung von Sicherheitsmerkmalen, d.h. das Überprüfen, ob ein echter Personalausweis vorliegt, kann durch geeignete kryptographische Echtheitsnachweise geschehen. An Stelle der Überprüfung der Übereinstimmung körperlicher Merkmale (Abgleich des Gesichtsbildes) tritt in der elektronischen Welt die Eingabe einer geheimen Nummer, der PIN. Durch diesen Prozess beweist der Besitzer des Personalausweises auch Inhaber, d.h. rechtmäßiger Besitzer, des Personalausweises zu sein. Der entsprechende Nachweis, die „Authentisierung", des Diensteanbieters im Netz geschieht über so genannte Berechtigungszertifikate, die diese erhalten. In diesen sind neben Angaben zur Gültigkeit und zum Inhaber des Zertifikates auch die Kategorien der Daten genannt, die der Diensteanbieter vom Chip des Personalausweises lesen darf. Diese Berechtigungen werden durch eine staatliche Stelle, der Vergabestelle für Berechtigungszertifikate (VfB), vergeben. Dabei muss der Dienstanbieter ein berechtigtes Interesse nachweisen, personenbezogene Daten aus dem elektronischen Personalausweis auslesen zu wollen. Das berechtigte Interesse wird durch die VfB überprüft und stellt die Voraussetzung für die Vergabe von Berechtigungszertifikaten dar. Beispielsweise erhalten Dienste, die eine Altersverifikation durchführen müssen, lediglich Zugriff auf das Datum, das beschreibt, ob der Inhaber ein gewisses Alter über- oder unterschritten hat. Andere Dienste, wie zum Beispiel Online-Versandhäuser, können darüber hinaus auch Zugriff auf Daten wie Name, Vorname und Wohnadresse erhalten. Der elektronische Personalausweis bietet weiterhin die Möglichkeit einer Nutzung von Internetdiensten mit Pseudonym. Diese Funktionalität ist sinnvoll, um auch wiederholte Anmeldungen z.B. an einem Internportal ohne Preisgabe personenbezogener Daten vornehmen zu können.

Nachwort

Der neue Personalausweis wird jetzt seit eineinhalb Jahren ausgegeben. Mehr als 13 Millionen Bundesbürger besitzen ihn bereits. Obwohl dies erst rund 16 % der deutschen Bevölkerung sind, findet man schon eine gewisse Anzahl attraktiver Angebote im Internet, bei denen man sich mit dem neuen Ausweis anmelden kann. Beispielsweise ist es auf der Internetseite der *Deutschen Rentenversicherung Bund* möglich, die Höhe der zu erwartenden Rente ausrechnen und den Versicherungsverlauf anzeigen lassen. Auch zahlreiche Versicherungen bieten bereits den Zugang zu den Versicherungskonten mit dem Ausweis an. Webshops und E-Government Angebote zum Beispiel der Städte Ingolstadt, Hagen und Münster sind gleichfalls im Netz zu finden. Auch der Zugang zum „Punktekonto" im Verkehrszentralregister in Flensburg ist mit dem Personalausweis online möglich. Den aktuellen Stand aller im Netz verfügbaren Angebote findet man jederzeit unter www.personalausweisportal.de.

Sicherlich sind dies noch zu wenig Anwendungen. Aber mit Einführung des Mobilfunks in den 80er Jahren hatte man sich zunächst auch gefragt, wozu das alles? Und heute gibt es in Deutschland mehr Mobilfunkverträge als Einwohner. Der Personalausweis wird seinen Weg finden, will man den jüngsten Presseerklärungen großer Unternehmen folgen, die den Personalausweis in ihre Web-Angebote übernehmen wollen. Nur ein bisschen Zeit braucht er noch. So wie der Mobilfunk damals.

Wie bei jeder neuen Technik stellt sich aber auch beim neuen Personalausweis die Frage – es sei an die Datenschutzdiskussion von 1983 erinnert –, wie es um die Sicherheit der neuen Ausweise bestellt ist. Sind die Daten aus dem Chip durch Unberechtigte auslesbar? Oder gar fälschbar? Die Diskussion in den Medien ist hierzu noch im Gange, auch wenn inzwischen sogar einige der Kritiker auf die hohe Sicherheit des Dokumentes hinweisen. Schließlich kommen beim Ausweis, die gleichen Sicherheitsmechanismen zum Einsatz wie beim elektronischen Reisepass. Und dort sind seit seiner Einführung in 2005 keine Sicherheitsprobleme aufgetaucht. Im Gegenteil: mehr als 70 Staaten weltweit setzen inzwischen diese Technologie erfolgreich in ihren Pässen ein.

Das Thema Sicherheit hat jedenfalls höchste Priorität. Neben optischen Sicherheitsmerkmalen wie z.B. Hologrammen, die den Personalausweis fälschungssicherer machen, wurden eigens für den elektronischen Pass und den neuen Personalausweis Schutzmechanismen entwickelt, die den unberechtigten Zugriff auf die im Chip gespeicherten Daten sicher verhindern. Der Zugriff auf die Daten im Personalausweis ist zudem nur über die in Kapitel 4 beschriebenen Berechtigungszertifikate möglich. Liegt ein solches vom Staat ausgestelltes Zertifikat für den Diensteanbieter oder die Grenzkontrollbehörde nicht vor, bleibt der Chip stumm. Sobald aber ein berechtigter Zugriff erfolgt und Daten, wie etwa Name, Vorname und Adresse, übertragen werden, geschieht dies immer verschlüsselt. Dritte können also niemals mitlesen.

Die Sicherheitsfunktionalitäten detaillierter zu behandeln, würde an dieser Stelle jedoch zu weit gehen. Wer tiefer in die Sicherheitsmechanismen und die Kryptographie einsteigen möchte, dem empfehle ich die Webseiten und Veröffentlichungen des Bundesamtes für Sicherheit in der Informationstechnik www.bsi.bund.de.

Andreas Reisen, Berlin im Mai 2012

Danksagung

So ist es wahrscheinlich immer: Einer schreibt ein Buch und alle anderen leiden. Und zwar unter den unzähligen Fragen des Autors oder entgangener Zeit. Letzteres musste vor allem meine Familie hinnehmen. Meiner lieben Ehefrau Bogumila gilt daher mein Dank an erster Stelle. Mit viel Geduld hat sie meine Tage, Wochen und Monate der Recherchen und des Schreibens hingenommen. Auch mein Sohn Tim Lukas hatte großes Verständnis aber vor allem großes Interesse an den schönen Dokumenten des 19. Jahrhunderts. Danke Euch beiden!

Weiterhin danke ich den Mitarbeiterinnen der Bibliothek im BMI, die mich bei meinen Recherchen ebenso unterstützt haben, wie Herrn Dr. Keiper aus dem Politischen Archiv des Auswärtigen Amtes, der mir wertvolles Dokumenten- und Bildmaterial zur Verfügung gestellt hat. Ohne ihn wären meine Recherchen zu Dr. Wilhelm Solf unvollständig geblieben. Nicht unerwähnt bleiben dürfen zudem: Alexander Ristic (Österreische Staatsdruckerei), Peter Honigmann (Zentralarchiv zur Erforschung der Geschichte der Juden in Deutschland), Jürgen Bahl (Landesamt für Bürger- und Ordnungsangelegenheiten, Berlin) und Julia Klöpfer (NOMOS Verlag).

Bedanken möchte ich mich auch bei jedem interessierten Leser, in dessen Hände dieses Buch seinen Weg gefunden hat. Ich wäre für Anregungen und Hinweise dankbar, die Licht in die von mir aufgeworfenen Fragen, insb. zur „Mädchenklausel" von 1924, bringen. Eventuelles Feedback können Sie gerne unter www.passexpedient.de hinterlassen.

Zu guter Letzt gilt mein Dank meinen Mitarbeiterinnen und Mitarbeitern im BMI sowie meinen Kolleginnen und Kollegen im Bundesamt für Sicherheit in der Informationstechnik, im Bundeskriminalamt und im Bundesverwaltungsamt. Ohne sie gäbe es heute keinen Personalausweis im Scheckkartenformat.

Ihr und Euer Andreas Reisen

Anhang

Dokumentenkonvolut des Malers Kaspar Braun 1807-1877

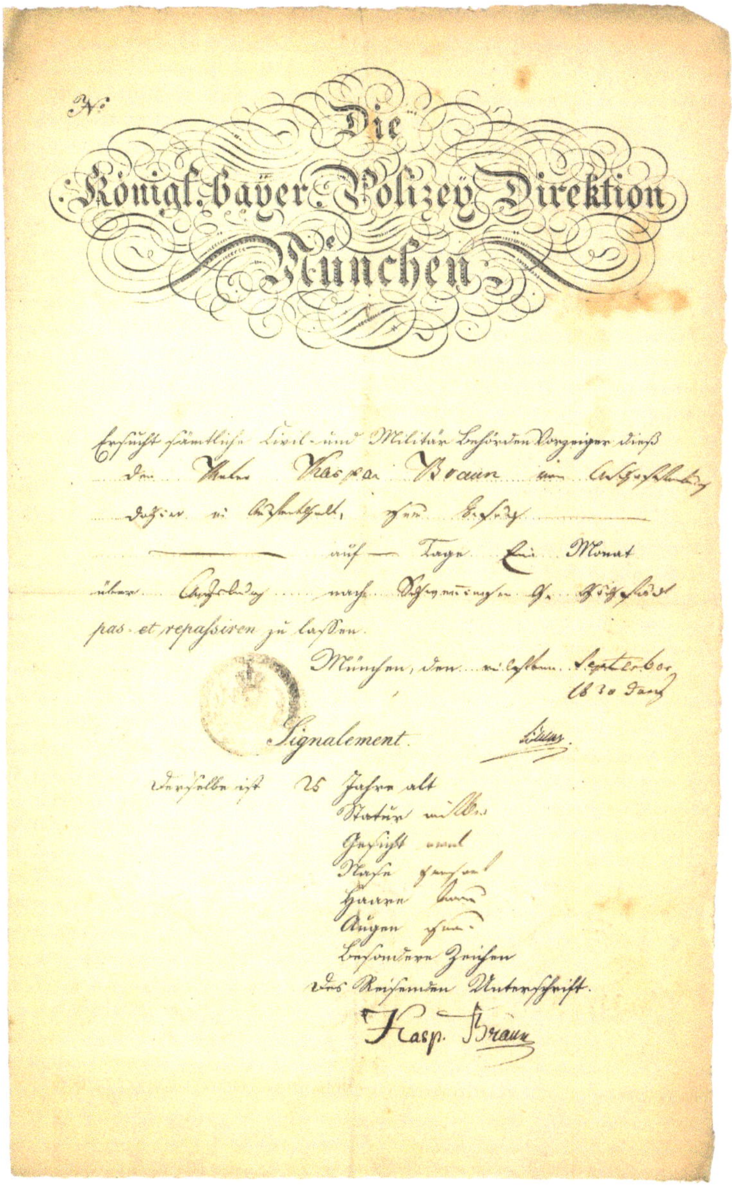

Abbildung 185: Reisepass, Königlich Bayerische Polizey Direktion München, September 1833

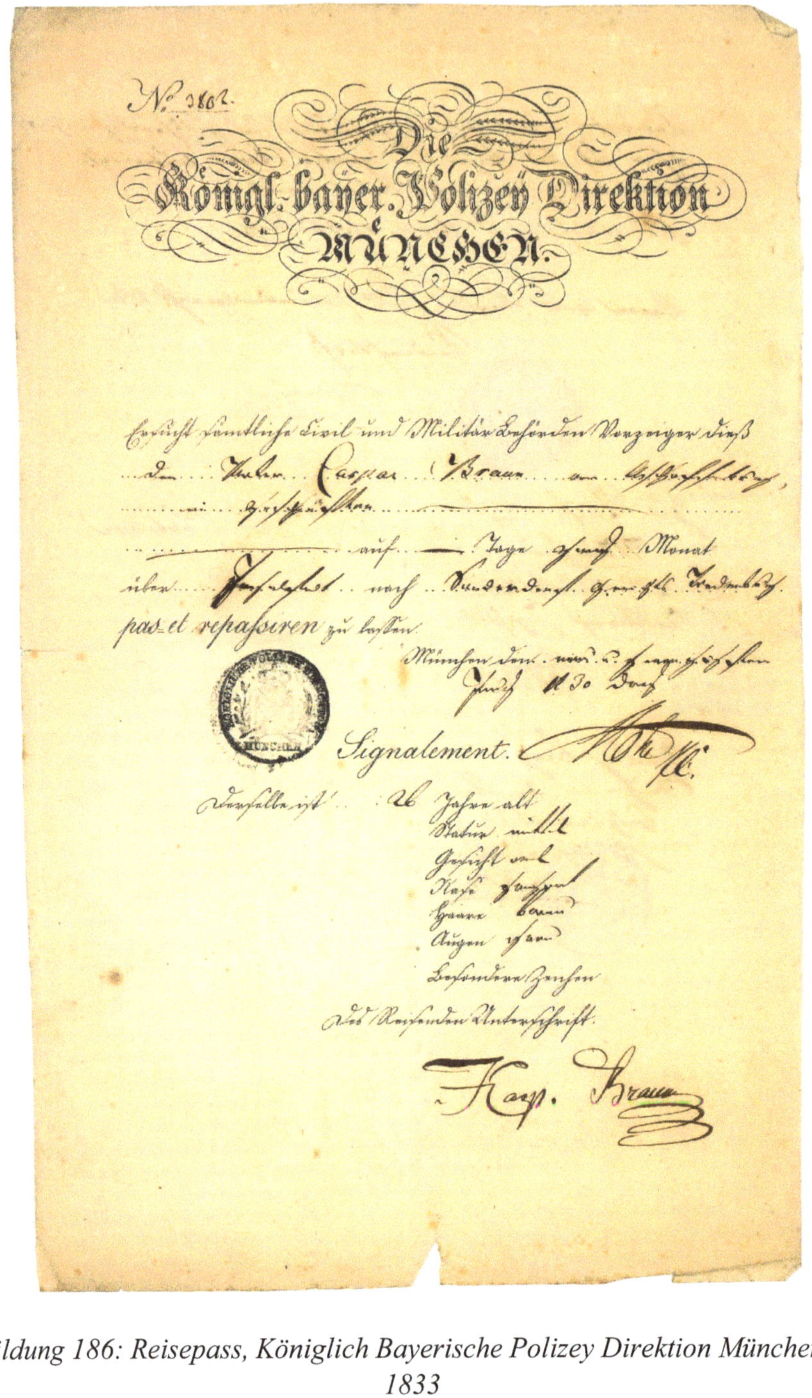

Abbildung 186: Reisepass, Königlich Bayerische Polizey Direktion München, Juli 1833

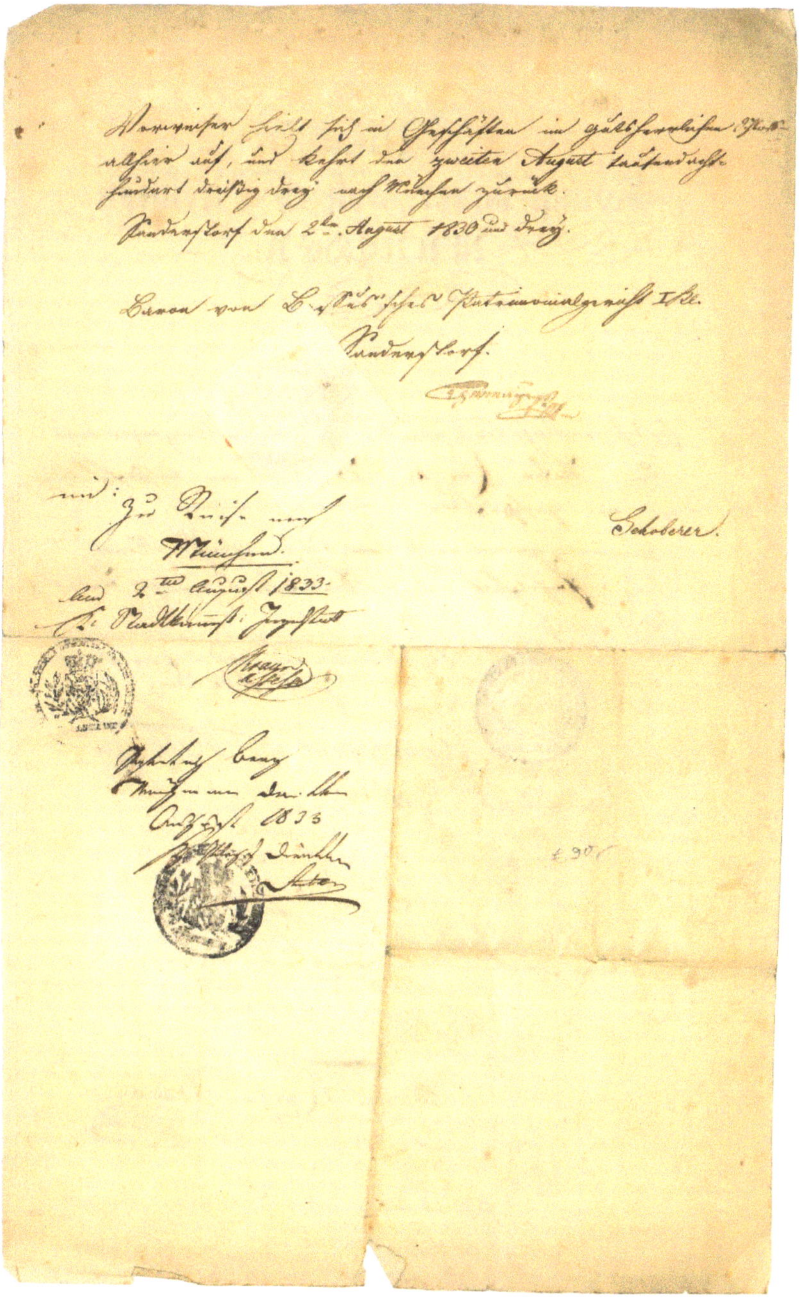

Abbildung 187: Reisepass, Königlich Bayerische Polizey Direktion München, Juli 1833, Rückseite mit Trockensiegel des "Baron von Bassus'schen Patrimonialgerichts 1. Klasse"

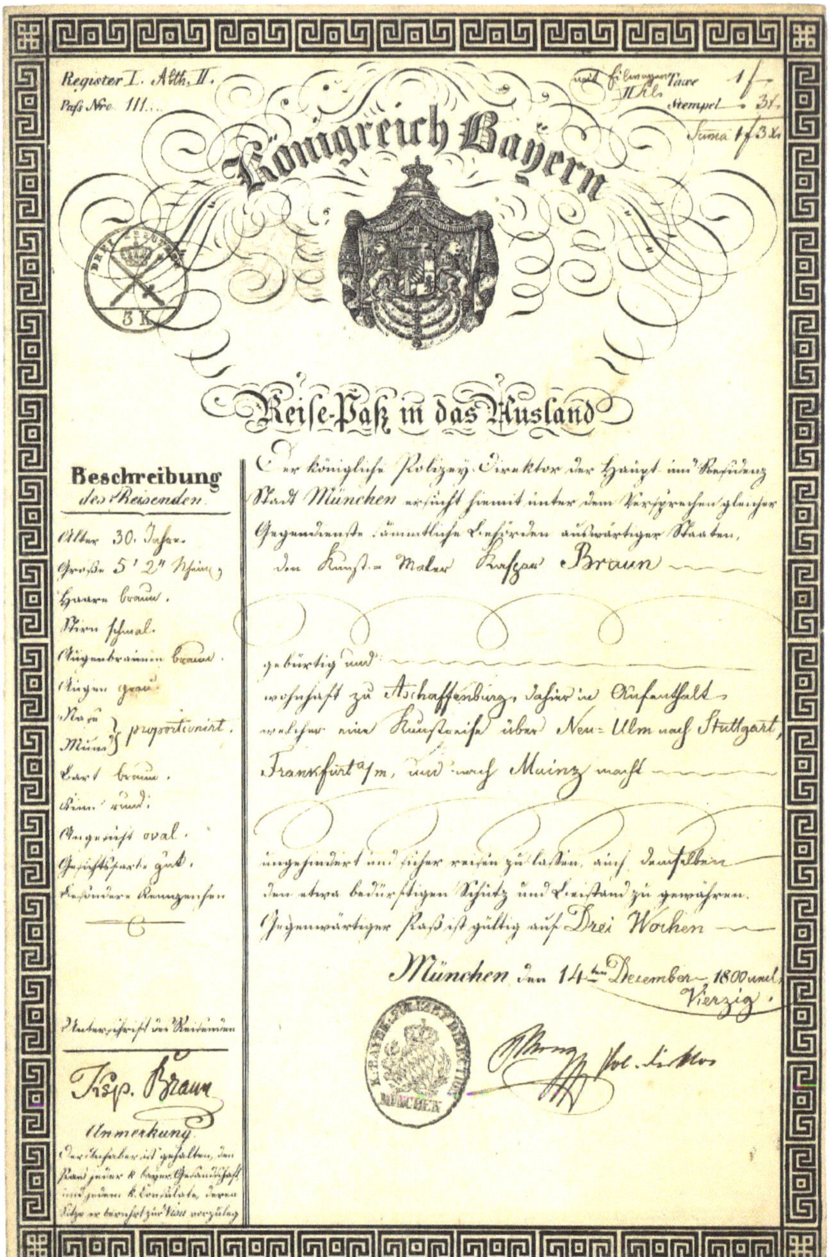

Register I. Abth. II.
Paß Nro. 111.

Taxe 1 f –
Stempel – 3 x.
Suma 1 f 3 x.

Königreich Bayern

Reise-Paß in das Ausland

Beschreibung des Reisenden

Alter 30. Jahre.
Größe 5' 2"
Haare braun.
Stirn schmal.
Augenbraunen braun.
Augen grau.
Nase, Mund proportionirt.
Bart braun.
Kinn rund.
Angesicht oval.
Gesichtsfarbe gut.
Besondere Kennzeichen

Unterschrift des Reisenden

Ksp. Braun

Anmerkung
Der Inhaber ist gehalten, den Paß jeder k. bayer. Gesandtschaft und jedem k. Consulate, deren Sitz er berührt, zur Visa vorzulegen.

Der königliche Polizey-Direktor der Haupt- und Residenz Stadt München ersucht hiermit unter dem Versprechen gleicher Gegendienste sämmtliche Behörden auswärtiger Staaten, den Kunst-Maler Kaspar Braun

gebürtig und wohnhaft zu Aschaffenburg, dahier in Aufenthalt welcher eine Kunstreise über Neu-Ulm nach Stuttgart, Frankfurt a/m, und nach Mainz macht

ungehindert und sicher reisen zu lassen, auch demselben den etwa bedürftigen Schutz und Beistand zu gewähren.

Gegenwärtiger Paß ist gültig auf Drei Wochen

München den 14ten December 1800 und Vierzig.

Pol. Direktor

Abbildung 188: Reise-Paß für eine Rundreise in das Ausland über Neu-Ulm, Stuttgart, Frankfurt und Mainz, Königreich Bayern, 1840

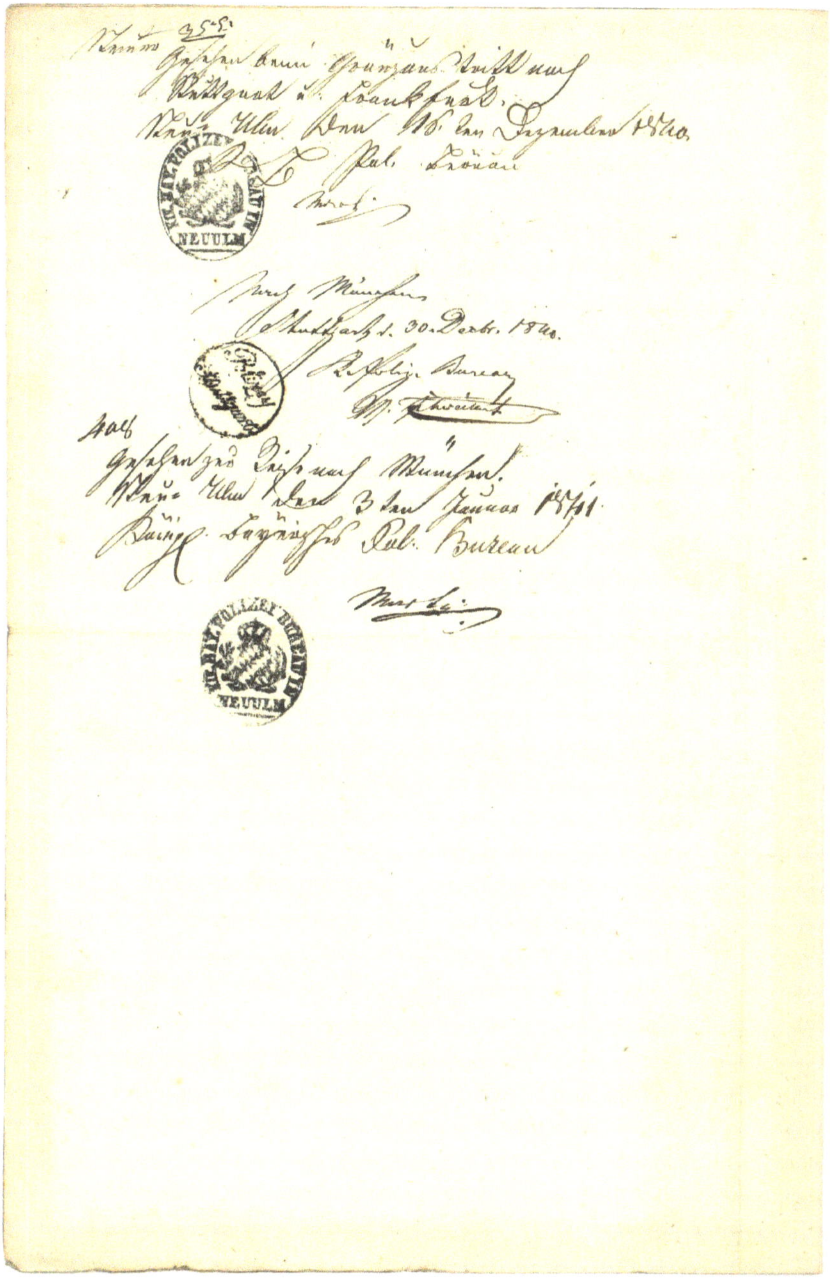

Abbildung 189: Reise-Paß, Königreich Bayern, 1840, Rückseite mit Visa von Neu-Ulm und Stuttgart

Register I. Abtheilung
Paß Nro. 877.
Taxe
Stempel

Königreich Bayern

Reise-Paß in das Ausland

Beschreibung des Reisenden

Alter 39 Jahre
Größe 5' 6 1/2"
Haare braun
Augenbraunen braun
Augen blaugrau
Nase } proportionirt
Mund }
Bart braun
Kinn oval
Angesicht oval
Gesichtsfarbe gesund

Unterschrift des Reisenden

Anmerkung

Der königliche Polizey-Direktor der Haupt- und Residenz Stadt München ersucht hiemit unter dem Versprechen gleicher Gegendienste sämmtliche Behörden auswärtiger Staaten,

Braun

gebürtig zu Aschaffenburg

wohnhaft zu München

Hof

Passau und Wien, den K. K. Österreichischen Staaten überhaupt, und auch Ungarn reiset,

ungehindert und sicher reisen zu lassen, auch demselben den etwa bedürftigen Schutz und Beystand zu gewähren.

Gegenwärtiger Paß ist gültig auf drey Monate

München den 18. August 1800 vierzig und sechs.

MÜNCHEN

Abbildung 190: Reise-Paß für eine Vergnügungsreise über Hof, Passau, Wien, den K. K. Österreichischen Staaten überhaupt nach Ungarn, Königreich Bayern, 1846

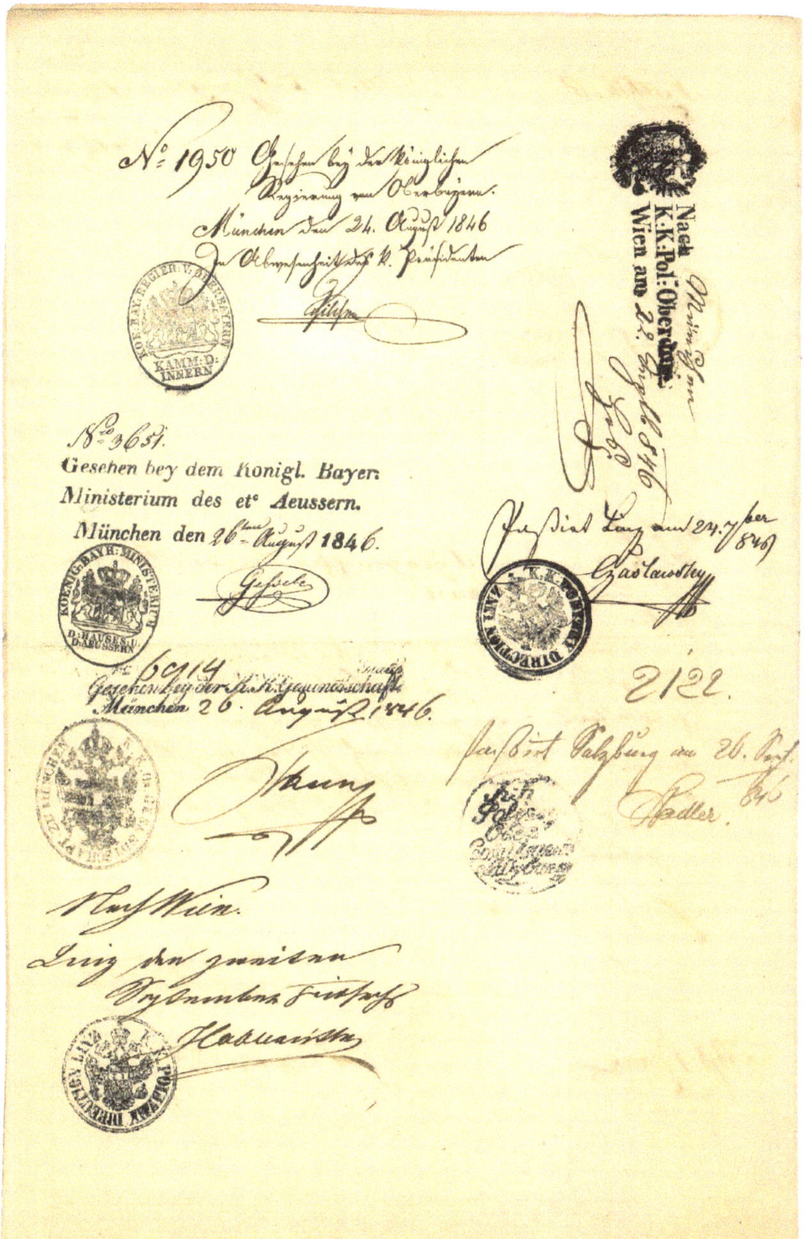
N° 1950 Gesehen bey der Königlichen Regierung von Oberbayern. München den 24. August 1846

KOE: BAY: REGIER: V: OBERBAYERN KAMM: D: INNERN

N° 3651.
Gesehen bey dem Königl. Bayer. Ministerium des etc Aeussern.
München den 26ten August 1846.

KOENIG. BAYR: MINISTERIUM D. HAUSES U. D. AEUSSERN

N° 6914
Gesehen bey der k. k. Gesandtschaft
München 26. August 1846.

Nach Wien.

Nach
K.K.Pol:Oberdirection
Wien am 29. August 1846

2122.

Abbildung 191: Reisepass, Königreich Bayern, 1846, Rückseite mit Visa des Außen- und Innenministeriums, von Linz, Salzburg und Wien

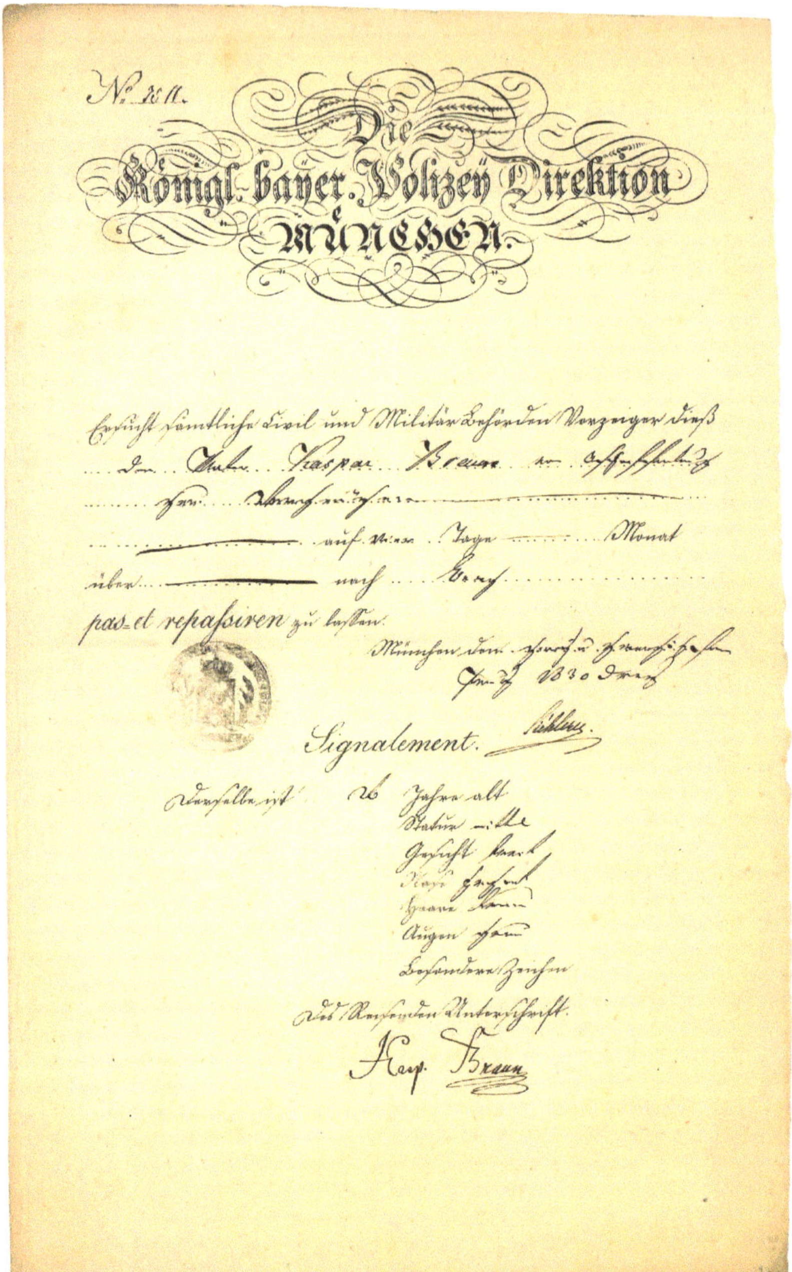

Abbildung 192: Reisepass, Königlich Bayerische Polizey Direktion München, Juli 1833

Abbildungsnachweis- und -verzeichnis

I. Abbildungen zu Dokumenten und aus Büchern aus dem Privatbesitz des Autors

Dokumente:

Bücher

Bei den nachfolgend genannten Abbildungen handelt es sich um Wiedergaben aus Büchern im Privatbesitz des Autors. Die jeweiligen Bilder sind aufgrund des Alters der jeweiligen Quelle gemeinfrei. Die Quellenangabe finden Sie jeweils im Text an der entsprechenden Stelle. Wiedergaben von Gesetz- oder Verordnungstexten sind grundsätzlich gemeinfrei.

II. Abbildungen des Bundesministeriums des Innern

Dokumente:

Bücher:

Bei den nachfolgend genannten Abbildungen handelt es sich um Wiedergaben aus Büchern aus dem Bestand der BMI Bibliothek. Die Quellenangabe finden Sie jeweils im Text an der entsprechenden Stelle. Wiedergaben von Gesetz- oder Verordnungstexten sind grundsätzlich gemeinfrei.

III. Abbildungen des Bundeskriminalamtes

IV. Abbildungen von Dokumenten aus dem politischen Archiv des Auswärtigen Amtes

V. Österreichische Staatsdruckerei

Abbildung 67: Österreichische Staatsdruckerei

VI. Bundesdruckerei

Abbildung 182: Bundesdruckerei

VII. Abbildungen mit Karten des Bundesamtes für Kartographie und Geodäsie

Die nachfolgend genannten Abbildungen wurden durch das Bundesamt für Kartographie und Geodäsie für die Zwecke dieses Buches erstellt und dem Autor zur Verfügung gestellt:

Abbildung 43: Territoriale Einteilung des Deutschen Bundes bis 1864

Abbildung 129: Die Besatzungszonen in Deutschland nach dem Zweiten Weltkrieg, sowie Berlin und das Saarland

Abbildung 130: Sektoren Berlins unter dem Besatzungsstatus nach dem Zweiten Weltkrieg

VIII. Landesamt für Bürger- und Ordnungsangelegenheiten, Berlin

Abbildung 164: Berliner Behelfsmäßiger Personalausweis für Deutsche, 1946

Abbildung 165: Berliner Behelfsmäßiger Personalausweis für Deutsche, 1946, innen

Abbildung 166: Berliner Behelfsmäßiger Personalausweis für Ausländer, 1945

Abbildung 167: Berliner Behelfsmäßiger Personalausweis für Ausländer, 1945, innen

IX. Zentralarchiv zur Erforschung der Geschichte der Juden in Deutschland

X. Veröffentlichung des Ministeriums des Innern, Hauptabteilung Paß- und Meldewesen

Die nachfolgend geannten Abbildungen zeigen Bilder aus einer Veröffentlichung des Ministeriums des Innern der damaligen DDR. Die Abbildungen sind dort mit „Bildautoren Link/ADN-ZB, Hyronimus, Hoffmann (87/11) Ag 106/713/75" gekennzeichnet.

Anmerkungen und Quellenhinweise

1 Königlich Preussischer Staats-Kalender für 1862 und 1863, Berlin, Verlag der Königlichen Geheimen Ober-Hofbuchdruckerei (R. Decker), S 220

2 Die Entwicklung und Reform des deutschen Paßwesens, Hugo Häpe, in: Deusche Vierteljahrs-Schrift, 1866, Erstes Heft, Cotta'sche Buchhandlung, Stuttgart, S. 219

3 Tourismus-Geschichte, Rüdiger Hachtmann, Vandenhoeck & Ruprecht, Göttingen, 2007, S. 27ff

4 Statutum in favorem principum, Nr. 171, Friderici II. Constitutioness, Mai 1232, in: Constitutiones et Acta Publica Imperatorum et Regum, Weiland Ludewicus, Hannover 1896, Bd. 2, S. 211ff, Monumenta Germaniae Historica digital

5 Hugo Häpe, ebenda, S. 221

6 ebenda

7 zitiert bei Hugo Häpe, ebenda, S. 222

8 Ullsteins Weltgeschichte, Geschichte der Neuzeit – Das religiöse Zeitalter 1500 - 1650, Ullstein und Co. Berlin, 1907, S. 280ff

9 Frühneuhochdeutsches Wörterbuch, Bd. 3, de Gruyter, 2001, unter: pasport, S. 83

10 Alexander von der Tann an den Landgrafen Philip von Hessen, 16. July 1532, in: Quellen und Erörterungen zur bayerischen und deutschen Geschichte, Vierter Band, Georg Franz, München 1857, S. 233

11 Deutsche Reichstagsakten, Reichsversammlungen 1556-1662, Der Reichstag zu Speyer, 2. Teilband. Göttingen, Vandenhoeck & Ruprecht, 1988, S. 1168

12 zitiert bei Hugo Häpe, ebenda, S. 223

13 Marseille in: Meyer's Neues Konversations-Lexikon, 2. Auflage, 11. Band, Hildburghausen, Druck und Verlag vom Bibliographischen Instituts, 1865

14 Der Schein der Person, Valentin Groebner, Verlag C.H. Beck, 2004, S. 126

15 ebenda, S. 149

16 Kontinuitäten und Brüche in der Entwicklung des deutschen Einwohnermeldewesens, Holger Mühlbauer, Europäischer Verlag der Wissenschaften, Frankfurt a.M., 1995

17 zitiert bei Hugo Häpe, ebenda, S. 225

18 Actenmäßige Geschichte der Räuberbanden an den beyden Ufern des Rheins, Becker, B., Fourier, Wiesbaden, 1979, Nachdruck der Originalausgabe von 1804

19 Hugo Häpe, ebenda, S. 226

20 Ausländergesetz vom 25. April 1965, BGBl. I, S. 353

21 Gesetz zu dem Wiener Übereinkommen vom 18. April 1961 über diplomatische Beziehungen, BGBl. Teil II, 1964, S. 957

22 Atlas der Geschichte, GEO Themenlexikon, Band 20, GEO Gruner + Jahr, Bibliographisches Institut, Mannheim, 2007, S. 1639

23 ebenda, S. 1640

24 Passwesen und Staatsbildung im Deutschland des 19. Jahrhunderts, Andreas Fahrmeir, in: Historische Zeitschrift, Band 271 Heft 1, Oldenburg 2000, S. 62

25 Neuer grosser Bildatlas zur Deutschen Geschichte, Chronik Verlag, 1999, S. 173

26 Valentin Groebner, ebenda, S. 162

27 Allgemeine Encyclopädie der Wissenschaft und der Künste, J. S. Ersch und J. G. Gruber, Sechster Theil, Leipzig, Druck und Verlag von Johann Friedrich Gleditsch, 1821, S. 291

28 Handbuch politisch-sozialer Grundbegriffe in Frankreich 1680-1820, Ausgaben 1-2, Rolf Reichardt, Eberhard Schmitt

29 Historischer Atlas Deutschland, Manfred Scheuch, Weltbild, Augsburg 2010, S. 92

30 Andreas Fahrmeir, ebenda, S. 64

31 J. S. Ersch und J. G. Gruber, ebenda, S. 291.

32 Aufenthaltskarten in: Meyer's Neues Konversations-Lexikon, 2. Auflage, 2. Band, Hildburghausen, Druck und Verlag vom Bibliographischen Instituts, 1862

33 signatum: Nürnberg, bey fürwährender allgemeinen fränkischen Kreisversammlung den 12ten December 1801

34 Anmerkung: der fränkische Kreis (Franken) war einer der zehn Reichskreise des Heiligen Römischen Reichs Deutscher Nation.

35 Becker, B., ebenda, Erster Theil, S. 3

36 Becker, B., ebenda, S. 6

37 Umrechung des Revolutionskalenderdatums in den Gregorianischer Kalender ergibt den 17. Dezember 1799

38 Becker, B, ebenda, Erster Theil, No. 2, S. 32

39 aus: Das deutsche Gaunertum, Friedrich Christian Benedict Avé-Lallemant, Leipzig, 1858, hier Neuauflage Fourier Wiesbaden, 1998, Anhang ohne Seitenangabe

40 Becker, B., ebenda, Erster Theil, No. 1, S. 8

41 Becker, B, ebenda, Erster Theil, No. 2, S. 40 und Zweyter Theil, S. 385

42 Hugo Häpe, ebenda, S. 226

43 Becker, B., ebenda, Erster Theil, No. 2, S. 50ff

44 Instruction für die mit der Paß-Polizey in den königl. Staaten beauftragten Provinzial- und Ortsbehörden (Paß-Instruktion), Breslau, 20. März 1813, in: Gouvernements-Blatt für die königlich-preußischen Provinzen zwischen der Elbe und der Weser, Halberstadt, 1814, Johann Christoph Dölle, Nr. 2, S. 52

45 Gesetz-Sammlung für die königlich preußischen Staaten – No. 9, 1813, Berlin, Georg Decker, Königl. Geheimer Ober-Hofbuchdrucker, S. 47 – 58.

46 Allgemeine Encyclopädie der Wissenschaft und der Künste, ebenda, S. 292

47 Details vgl. Paß-Instruktion vom 20. März 1813, ebenda

48 Paß-Instruktion, ebenda

49 vgl. „Pass- und Urkundenfälschungen Mitte des 19. Jahrhunderts" am Ende des Kapitels

50 Die Provinzen zwischen Elbe und Weser (z. B. Westfalen) hatte Preußen von Frankreich zurückerobert und faktisch aber noch nicht formal eingegliedert.

51 Verordnung wegen des Paß-Wesens, 19. April 1814, Gouvernements-Blatt für die königlich-preußischen Provinzen zwischen der Elbe und der Weser, Halberstadt, 1814, Johann Christoph Dölle, Nr. 1, S. 8ff

52 Instruction für die Schulzen, die Verwaltung der Fremden und Paß-Polizey auf dem platten Land betreffend, Gouvernements-Blatt für die königlich-preußischen Provinzen zwischen der Elbe und der Weser, Halberstadt, 1814, Johann Christoph Dölle, Nr. 1, S. 16

53 Kundschaften nannte man die durch die Zünfte ausgestellten Reiselegitimationen für wandernde Gesellen, entweder zur Arbeitssuche bzw. zur Erledigung bereits erteilter Aufträge.

54 Verordnung wegen des Paß-Wesens, 19. April 1814, ebenda, S. 15

55 Deklaration des Paß-Reglements vom 20sten März 1813. in Ansehung der Frachtfuhrleute, Handwerksgesellen und Viehhändler. Vom 20sten Februar 1814, Gesetz-Sammlung für die königlichen preußischen Staaten, 1814, Berlin, Georg Decker, Königl. Geheimern Ober-Hofbuchdrucker, S. 10

56 Allgemeines Paß-Edikt für die Preußische Monarchie. Vom 22sten Juni 1817, Gesetz-Sammlung für die königlichen preußischen Staaten, 1817, Berlin, Georg Decker, Königl. Geheimern Ober-Hofbuchdrucker, S. 152

57 Rüdiger Hachtmann, ebenda

58 aus: Die Gartenlaube, Jahrgang 1894, Verlag von Ernst Keil's Nachfolger in Leipzig, S. 21

59 Hugo Häpe, ebenda, S. 227 ff

60 etwa: Bekanntmachung der Landdrostei zu Osnabrück vom 9. August 1825, das Sammeln der Lumpen in der Grafschaft Bentheim und in dem Kreise Meppen und das Verbot, selbige ins Ausland zu bringen, betreffend, in: Hannoversche Gesetzgebung über das Paßwesen und die Fremdenpolizei, Hannover, Carl Meyer, 1866, S. 76ff

61 etwa: Bekanntmachung der Landdrostei zu Stade vom 6. April 1857, die polizeiliche Beaufsichtigung des Lumpensammlergewerbes betreffend, in: Hannoversche Gesetzgebung über das Paßwesen und die Fremdenpolizei, Hannover, Carl Meyer, 1866, S. 69

62 Allgemeines Landrecht für die Preußischen Staaten vom 5. Februar 1794, Theil II, 11. Titel, § 463

63 Ausschreiben der königlichen Landdrostei zu Hildesheim an die Obrigkeiten des Landdrosteibezirks, die Ausstellung von Leichenpässen betreffend. Hildesheim, den 12ten November 1849, in: Sammlung der Gesetze, Verordnungen und Ausschreiben für das Königreich Hannover vom Jahre 1849, Hannover, Carl Friedrich Kius, 1849, Dritte Abtheilung, No. 11, S. 78 f

64 Circulare des königl. Polizei-Ministeriums, das Verfahren bei Vagabonden-Transporten betreffend, in: Annalen der Preußischen innern Staats-Verwaltung, Berlin, 1818,S. 1088

65 Circular-Rescript des königl. Ministeriums des Innern und der Polizei an sämmtl. Königl. Regierungen, (ausschließlich derjenigen zu Erfurt) und abschriftlich an das Polzei-Präsidium zu Berlin, die Ausstellung von Reise-Routen, statt beschränkter Pässe betreffend, in: Annalen der Preußischen innern Staats-Verwaltung, Berlin, 1824,S. 884

66 Das große Sterben – Seuchen machen Geschichte, Michael Dorrmann, Jovis, Berlin, 1997

67 Tod in Hamburg, Richard J. Evans, Rowohlt, 1990, S. 9

68 Bekanntmachung der Landdrostei zu Stade vom 6. April 1857, ebenda, S. 68

69 ebenda, S. 71

70 Geschichte der Eisenbahn, Ralf Romann Rossberg, Sigloch Edition, Künzelsau, 1984, S. 34

71 ebenda, S. 355

72 ebenda, S. 39ff, S. 90

73 Handbuch der Deutschen Geschichte, Gebhardt, Band 15, Zehnte, völlig neu bearbeitete Auflage, Klett-Cotta, S. 37

74 ebenda, S. 98

75 Handbuch der Deutschen Geschichte, Gebhardt, Band 14, Zehnte, völlig neu bearbeitete Auflage, Klett-Cotta, S. 197

76 Ministerial-Blatt für die gesammte innere Verwaltung in den Königlich Preußischen Staaten, Bureau des Ministeriums des Innern, Berlin, 1841, Im Verlage des Königlichen Zeitungs-Komtoirs, S. 349

77 ebenda, S. 351

78 heute Köthen

79 Quell des Wissens, Band II, Ludwig Lewin und Adam von Moltke, Allg. Deutsche Verlagsgesellschaft / Eigenbrödler Verlag, Berlin, 1927, S. 62

80 Rayon = Zuständigkeitsbereich

81 Ministerial-Blatt für die gesamte innere Verwaltung in den Königlich Preußischen Staaten, Bureau des Ministeriums des Innern, Berlin, 1844, Im Verlage des Königlichen Zeitungs-Komtoirs, S. 12

82 Gesetz-Sammlung für das Königreich Hannover, Jahrgang 1845, I. Abtheilung, No. 8, Hannover, 3. Februar 1845, S. 21

83 siehe auch weiter unten zu Pass- und Urkundenfälschungen Mitte des 19. Jahrhunderts

84 Ministerial-Blatt für die gesamte innere Verwaltung in den Königlich Preußischen Staaten, Bureau des Ministeriums des Innern, Berlin, 1851, Im Verlage des Königlichen Zeitungs-Komtoirs, S. 7

85 ebenda, S. 11

86 ebenda, S. 42

87 Bekanntmachung des königlichen Ministeriums des Innern, betreffend den Paßkartenverein, Hannover, 21. Januar 1859, Sammlung der Gesetze, Verordnungen und Ausschreiben für das Königreich Hannover vom Jahre 1859, Hannover, Carl Friedrich Kius, 1859, S. 858

88 Neuer grosser Bildatlas der deutschen Geschichte, ebenda, S. 192 ff

89 Ullsteins Weltgeschichte, Geschichte der Neuzeit – Das nationale und soziale Zeitalter seit 1815, Ullstein und Co. Berlin, 1910, S. 308ff

90 Für Sachsen unterzeichnete im Übrigen Hugo Häpe (s.o.).

91 Hannoversche Gesetzgebung über das Paßwesen und die Fremdenpolizei, Hannover, Carl Meyer, 1866, S. 21

92 Gesetz über das Passwesen, 1867, Bundesgesetzblatt, S. 33

93 Zur ersten Orientierung mag für den interessierten Leser die Datenbank von Georg Vogeler zur Systematik der Diplomatik dienen: http://www.hgw-online.net/GHWBibliographie/systematik.php?Diplomatik. Ebenso: Georg Vogeler (Hrsg.): Digitale Diplomatik. Neue Technologien in der historischen Arbeit mit Urkunden. Böhlau Verlag, Köln u. a. 2009

94 Erfolgreich gefälscht - die Goldene Handfeste, Rainer C. Schwinges, in: Rainer C. Schwinges (Hrsg.), Berns mutige Zeit: Das 13. und 14. Jahrhundert neu entdeckt, Bern, Schulverlag blmv AG und Stämpfli Verlag AG, Bern 2003

95 Friedrich Christian Benedict Avé-Lallemant, Das deutsche Gaunertum, Leipzig, 1858, hier Neuauflage Fourier Wiesbaden, 1998

96 ebenda, S. 230ff

97 Neuer grosser Bildatlas der deutschen Geschichte, ebenda, S. 233

98 Deutsche Verfassungsgeschichte, Michael Kotulla, Springer, Berlin, 2008, S. 529

99 Dieses Gesetz sollte bis nach dem Zweiten Weltkrieg Bestand haben. In der DDR bis zum September 1954, in der Bundesrepublik bis 1952.

100 Harry von Arnim – Rivalisierender Diplomat und konservativer Frondeur, Heinz Wolter, in: Gestalten der Bismarckzeit, Gustav Seeber, Akademie Verlag Berlin 1978, S. 286

101 aus: Das Zeitalter des Kaisers Wilhelm, Zweiter Band, Wilhelm Oncken, Berlin, Grote'sche Verlagsbuchhandlung 1890, S. 535

102 Heinz Wolter, ebenda, S. 299

103 Wilhelm Solf – Botschafter zwischen den Welten, Eberhard von Vietsch, Rainer Wunderlich Verlag Hermann Leins, Tübingen 1961

104 ebenda, S. 136

105 ebenda, S. 296

106 Reichs-Gesetzblatt, 1914, Nr. 47, Berlin, Reichsamt des Innern, S. 263

107 ebenda, S. 264

108 Reichs-Gesetzblatt, 1914, Nr. 115, Berlin, Reichsamt des Innern, S. 521

109 Reichs-Gesetzblatt, 1916, Nr. 143, Berlin, Reichsamt des Innern, S. 599

110 ebenda, S. 601

111 Das Land Ober Ost – Deutsche Arbeit in den Verwaltungsgebieten Kurland, Litauen und Bialystok-Grodno, Verlag der Presseabteilung Ober Ost, Deutsche Verlags-Anstalt, Stuttgart und Berlin, 1917, S. 173 ff

112 ebenda, S. 436 (laut einer russische Zählung von 9. Februar 1897)

113 Integration und Antisemitismus in Deutschland (1914-1933), Thomas Rink, in: Holocaust. Der nationalsozialistische Völkermord und die Motive seiner Erinnerung, Deutsches Historisches Museum, 2002, S. 35ff

114 Heute an der Grenze Polen/Russland auf polnischer Seite.

115 Der Traum vom Urwald, Waleri Ripperger / Wjatscheslaw Semakow, Wage-Verlag, 2008

116 Bei den Reisepässen des AA heißt es stattdessen „Spezialbefehl".

117 Neuer Bildatlas zur Deutschen Geschichte, Chronik Verlag, 2002, S. 270ff

118 Verordnung über Abänderungen der Verordnung vom 21. Juni 1916 (RGBl. S. 509) betr. anderweitiger Regelung der Passpflicht vom 10. Juni 1919 (RGBl. S. 516

119 Reichsgesetzblatt Jahrgang 1924, Teil I, Bekanntmachung zur Ausführung der Passverordnung vom 4. Juni 1924, Berlin, 1924, S. 613

120 Vgl. Stichwortprotokoll, in: Neuer Bildatlas zur Deutschen Geschichte, Chronik Verlag, 2002, S. 298

121 Gesetz zur Behebung der Not von Volk und Reich, 24. März 1933, Reichsgesetzblatt 1933, Teil I, Nr. 25, S. 141

122 Neuer Bildatlas zur Deutschen Geschichte, Chronik Verlag, 2002, S. 299

123 Reichsgesetzblatt, 1933, Teil I, S. 480

124 Reichsbürgergesetz, 15. September 1933, Reichsgesetzblatt, 1933, Teil I, S. 1146

125 Gesetz zum Schutze des deutschen Blutes und der deutschen Ehre, 15. September 1933, Reichsgesetzblatt, 1933, Teil I, S. 1146

126 Passtechnische Behandlung der Wehrpflichtigen und der Arbeitsdienstpflichtigen [RMBl. i.V. Nr. 54/36], 12. Dezember 1936

127 Passtechnische Behandlung Jugendlicher bei Auslandsreisen, Runderlass des Reichs- und preußischen Ministers des Innern, vom 2. Juli 1937, PolSV. 6 1344/37-453-2

128 Anmerkung: Eintragungen in den Pass der Eltern und Reisen mit diesen waren möglich.

129 Anordnung vom 23. Juni 1937 VOBl. Nr. V/16 – RMBl. i.V. Nr. 27 S. 1088

130 Gesetz über das Pass-, das Ausländerpolizei- und das Meldewesen sowie über das Ausweiswesen vom 11. Mai 1937, RGBl. S. 589

131 Verordnung über Kennkarten vom 22. Juli 1938 (RGBl. I S. 913)

132 Erste Bekanntmachung über den Kennkartenzwang vom 23. Juli 1938, RGBl. I S. 921

133 Zweite Bekanntmachung über den Kennkartenzwang vom 23. Juli 1938, RGBl. I S. 922

134 Dritte Bekanntmachung über den Kennkartenzwang vom 23. Juli 1938, RGBl. I S. 922

135 Verordnung über Reisepässe von Juden vom 5. Oktober 1938, RGBl. I. S. 1342

136 Zweite Verordnung zur Durchführung des Gesetzes über die Änderung von Familiennamen und Vornamen vom 17. August 1938, RGBl. I, S. 1044

137 Verordnung über den Paß- und Sichtvermerkszwang sowie über den Ausweiszwang vom 10. September 1939, RGBl. I, S. 1739

138 Runderlass des Reichsführers SS und Chef der Deutschen Polizei im Reichsministerium des Innern vom 30. Januar 1940, Oberkommando, O (1) 1 Nr. 319/39

139 Der Passfälscher, Cioma Schönhaus, Scherz Verlag, Frankfurt am Main, 2004

140 Amtsblatt der Militärregierung Deutschland - Britisches Kontrollgebiet, No. 14, S. 321

141 Verordnung der Deutschen Verwaltung des Innern über die Ausgabe einheitlicher Personalausweise an die Bevölkerung der sowjetischen Besatzungszone Deutschlands, 18. November 1948, ZVOBl. 1948, S. 548 ff.

142 Sammlung der Länderratsgesetze, A. Bagel, Düsseldorf, 1950, S. III

143 ebenda, S. 119

144 ebenda, S. 121

145 Bremen, Ges.Bl. 1949, S. 3

146 Journal Officiel du Commandement en Chef Francais, 1948, S. 1686

147 Amtsblatt des Kontrollrates, KR-Direktive Nr. 42 vom 24. Oktober 1946, S. 213,

148 Amtsblatt des Kontrollrates, KR-Direktive Nr. 43 vom 29. Oktober 1946, S. 215

149 geändert auf 30 Tage durch KR-Direktive Nr. 46 vom 23. April 1947, Amtsblatt des Kontrollrates, S. 274

150 Gesetz über Personalausweise vom 19. Dezember 1950, BGBl. Nr. 53 vom 21.12.1950, S. 807

151 Ausstellung von Pässen, Mitteilung des BMdI vom 14. Dezember 1950 – 1211 C – 662/50, GMBl. S. 138

152 Bundesgesetzblatt, 1952, Teil I, S. 290

153 Verordnung gegen Mißstände im Auswanderungswesen, Vom 14. Februar 1924, Reichsgesetzblatt 1924, Teil I, S. 107

154 Gesetz zum Schutz der Auswanderer, Bundesgesetzblatt 1975, Teil I, S. 774, § 9 Änderung des Gesetzes über das Paßwesen

155 Gemeinsames Ministerialblatt, 1960, S. 64, Rundschreiben des BMI vom 12.2.1960, VI B 5 - 62560 A – 3/60

156 Gesetz zur Änderung des Gesetzes über Personalausweise, 25. Dezember 1954, BGBl. I, S. 508

157 Gesetzblatt Nr. 117 vom 7. November 1953, S. 1090,

158 Erste Durchführungsbestimmung zur Verordnung über die Ausgabe von Personalausweisen der Deutschen Demokratischen Republik vom 4. November 1953, GBl Nr. 117 vom 7. November 1953, S. 1091

159 Zweite Durchführungsbestimmung zur Verordnung über die Ausgabe von Personalausweisen der Deutschen Demokratischen Republik vom 24. Juni 1954, GBl Nr. 57 vom 25. Juni 1954, S. 573

160 Verordnung über die Personalausweise der Deutschen Demokratischen Republik vom 23. September 1963, GBl. II. S. 700

161 Einigungsvertrag vom 31. August 1990, BGBl. II. S. 885, Anl. I. Kap. II. Sachgebiet B, Abschnitt III, Nr. 3, 4 und 8

162 Veröffentlichung des Ministeriums des Innern, Hauptabteilung Paß- und Meldewesen; Bildautoren Link/ADN-ZB, Hyronimus, Hoffmann (87/11) Ag 106/713/75

163 ebenda

164 Gesetzblatt Nr. 81 vom 22. September 1954, S. 786

165 Paß-Gesetz der Deutschen Demokratischen Republik vom 11. Dezember 1957 (GBl. I. S. 650)

166 Paß-Gesetz der Deutschen Demokratischen Republik vom 28. Juni 1979, GBl. Nr. I, S. 148

167 Gesetz zur Regelung paßrechtlicher Fragen vom 31. Mai 1990, GBl. I S. 273

168 Das Viermächte-Abkommen über Berlin vom 3. September 1971, Presse- und Informationsamt der Bundesregierung, Bonn, 1971

169 Amtsblatt der Alliierten Kommandatura, Berlin, 1946 (weitere Details unbekannt)

170 Landesamt für Bürger- und Ordnungsangelegenheiten, Aktenbestand

171 ebenda

172 Gesetz zur Änderung des Personalausweisgesetzes vom 25. Dezember 1954, 1954, BGBl. I, S. 508

173 Gesetz über die Stellung des Landes Berlins im Finanzsystems des Bundes (Drittes Überleitungsgesetz) vom 4. Januar 1952, BGBl. I, S. 1

174 Gesetz- und Verordnungsblatt für Berlin, 1986, GVBl. S. 594

175 Gesetz zur Änderung des Personalausweisgesetzes vom 6. März 1980, BGBl. I, S. 270

176 Es bestehen Ausnahmen zur Feststellung missbräuchlicher Verwendung, im Zusammenhang mit der Grenzkontrolle, Strafverfolgung, Gefahrenabwehr durch die jeweils zuständigen Behörden sowie für eigene Zwecke der Pass- und Personalausweisbehörden.

177 Paßgesetz und Gesetz zur Änderung der Strafprozeßordnung vom 19. April 1986. BGBl. I, S. 537

178 Quelle: Webseite BMI

179 Gesetz zur Bekämpfung des internationalen Terrorismus (Terrorismusbekämpfungsgesetz), 2002, BGBl. I Nr. 3, S. 361

180 Verordnung (EG) Nr. 2252/2004 des Rates vom 13. Dezember 2004 über Normen für Sicherheitsmerkmale und biometrische Daten in von Mitgliedstaaten ausgestellten Pässen und Reisedokumenten, 2004, ABl der EU, Nr. L 385 S. 1

181 Bundesamt für Sicherheit in der Informationstechnik, Studie "Messung der Abstrahleigenschaften von RFID-Systemen (MARS)", 2008, Bonn, www.bsi.bund.de

182 100 Jahre Bundesdruckerei, Bundesdruckerei, Berlin, 1979

183 Sicherheitsmechanismen für kontaktlose Chips im deutschen Reisepass, Dennis Kügler / Ingo Naumann (BSI), in DuD 31 (2007), S. 176

184 Bundesamt für Sicherheit in der Informationstechnik, 2005, Bonn, Basic Access Control, Version 1.0

185 Vgl. Kügler und Naumann, ebenda, „Passive Authentisierung"

186 Basic Access Control, ebenda

187 Vgl. Bundesamt für Sicherheit in der Informationstechnik, 2006, Bonn, Advanced Security Mechanisms for Machine Readable Travel Documents – Extended Access Control (EAC), Technische Richtlinie TR-03110

188 vgl. z.B. Bundesbeauftragter für den Datenschutz und die Informationsfreiheit, Presseerklärung 17. Juni 2010, Webseite des BfDI, www.bfdi.bund.de

189 Die Architektur des elektronischen Personalausweises, Andreas Reisen, in: Sichere Wege in der vernetzten Welt: Tagungsband zum 11. Deutschen IT-Sicherheitskongress, SecuMedia Verlag, Bonn, 2009,

190 Ein Personalausweis für die reale und die elektronischen Welt, Andreas Reisen, Sonderdruck Innovative Verwaltung, 3/2009

191 Digitale Identität im Scheckkartenformat, Andreas Reisen, in DuD 3, 2008, S. 164

Personenverzeichnis

Ortsverzeichnis

Stichwortverzeichnis

Kolibri 360 GmbH
Ferdinand-Jühlke-Straße 7
99095 Erfurt, Deutschland
produktsicherheit@kolibri360.de